冯丛林
理论研究文集

冯丛林 著

中国社会科学出版社

图书在版编目(CIP)数据

冯丛林理论研究文集／冯丛林著．—北京：中国社会科学出版社，2020.8

ISBN 978-7-5203-4180-6

Ⅰ.①冯⋯ Ⅱ.①冯⋯ Ⅲ.①社会科学—文集 Ⅳ.①C53

中国版本图书馆 CIP 数据核字（2019）第 252474 号

出 版 人	赵剑英	
责任编辑	车文娇	
责任校对	王洪强	
责任印制	王　超	

出　　版	中国社会科学出版社	
社　　址	北京鼓楼西大街甲 158 号	
邮　　编	100720	
网　　址	http://www.csspw.cn	
发 行 部	010-84083685	
门 市 部	010-84029450	
经　　销	新华书店及其他书店	

印　　刷	北京明恒达印务有限公司	
装　　订	廊坊市广阳区广增装订厂	
版　　次	2020 年 8 月第 1 版	
印　　次	2020 年 8 月第 1 次印刷	

开　　本	710×1000　1/16	
印　　张	21.75	
插　　页	2	
字　　数	368 千字	
定　　价	128.00 元	

凡购买中国社会科学出版社图书，如有质量问题请与本社营销中心联系调换
电话：010-84083683
版权所有　侵权必究

首版序

冯丛林同志的文集《探索与争鸣》即将出版，这是一件值得庆贺的事。作为一位长期从事马克思主义理论研究的专家，把几十年的研究成果重新整理，并集结成集，在当今改革开放的关键时期出版，对于我们从整体上把握我国改革开放以来的马克思主义理论研究的发展脉络，厘清当前理论研究中的复杂问题，具有很重要的学术价值和现实意义。

冯丛林同志是坚定的马克思主义者，长期从事理论编辑和研究工作，广见博闻，理论功底深厚。他的文章思想解放，观点鲜明，逻辑严谨，语言流畅，可读性强，说服力强。本书精选了他在各时期发表在我国一些重要学术理论刊物上的53篇文章。正如文集标题，这些文章大体上可以分为理论探索性和学术争鸣性两类。

以马克思主义基本观点探索改革开放实践所提出的一些重大理论问题的文章，是本书的重要部分。这部分文章主要是围绕社会主义为什么要采取商品经济形式，为什么要利用市场、重视价值规律的作用这一中心课题，进行探索和分析。早在1980年的社会主义生产目的的大讨论中，他在《全面认识社会主义生产目的》一文中，提出了社会主义生产目的具有多层次性和结构性的特点，并从对劳动者个人、企业、国家和社会这三个层次生产目的的相互关系的逐层分析中，揭示出社会主义基本经济规律同按劳分配规律和价值规律作用的内在联系，揭示出社会主义要采取商品经济形式，要重视价值规律作用的内在要求。1981年在《社会主义生产目的与全民所有制的二重性》一文中，又进一步揭示了社会主义全民所有制企业是相对独立的商品生产者，阐明了社会主义要采取商品经济形式的内在根据。这两篇文章的学术理论价值已被我国经济理论界的著名学者宋则行所肯定。

1989年年初发表的《试析社会主义联合劳动的矛盾》一文，对社会主义联合劳动中的矛盾逐层次地进行了深入分析，从中进一步揭示出社会主义经济不仅要贯彻按劳分配和搞好国家的计划调节，也要采取商品经济形式，重视价值规律和市场调节的作用。而这个分析过程又清楚表明，社会主义联合劳动的矛盾无不植根于社会主义生产方式所特有的、生产资料公有制与劳动力的个人所有制的矛盾。社会主义联合劳动各个层次的矛盾都是这个矛盾运动的表现和反映。不久后在《光明日报》上发表的《社会主义生产方式基本矛盾简论》一文，则明确提出并概括地论述了这个矛盾就是社会主义生产方式的基本矛盾，它决定着社会主义条件下劳动者同生产资料结合的特有方式，决定着社会主义生产方式的特殊本质、内部结构、存在形式和运行规律。对社会主义生产方式内部矛盾的分析，特别是社会主义生产方式基本矛盾理论的提出，在理论上和实践上都具有重要意义。它对社会主义政治经济学体系的革新和完善，对彻底否定社会主义与商品经济的对立论、相斥论，都具有重要意义。

本书所收集的争鸣性文章中，最引人注目的是四驳劳动力商品论。20世纪80年代中后期，理论界出现一种观点，认为只要经过劳动力市场，劳动力就都是商品。而作者认为，只有经过劳动力市场流向私营企业的劳动力才具有商品性，流向公有制企业或在公有制经济中自由流动的劳动力则不具有商品性。因此，作者先后四次写出驳劳动力商品论的文章。这四篇文章都发表在国家级主要理论刊物上，商榷对象都是著名经济学家。作者如此锲而不舍地坚持驳劳动力商品论，目的在于坚持和维护职工群众的主人翁地位和作用，以确保企业的社会主义性质，发挥社会主义制度的优越性。这个问题在改革开放过程中一直是理论界争论的重大问题，也是一直需要解决的重大现实问题。这四篇驳论文章充分展示了作者的理论水平和政治敏锐性。其之所以引人注目，正如中央党校著名教授王珏同志所说的："冯丛林同志《对劳动力商品论若干论点的质疑》一文，是一篇理论观点正确，学术水平较高的文章。这篇文章把马克思主义基本原理和我国实际相结合，对实践中提出的新问题做了较为深入系统的研究，从理论上做出了崭新的阐述，令人信服地阐明了正确的观点，对不同的观点也做出了有说服力的评论。"我看其他三篇也是如此。

除了上述两类理论文章，本书还收录了能展现作者哲学成就的一些文章。他参与我国哲学界那次关于社会科学真理有无阶级性的大讨论所发表的四篇文章，特别是1979年在《哲学研究》上连续发表的那两篇《真理的阶级性与客观性》和《"真理面前人人平等"是无产阶级的重要口号》，反响很大，在那场辩论中起了重要的积极作用，受到我国哲学界的青睐和重视。另外，本书收录的一些发表在《理论与实践》上宣传辅导性的文章，也都是从理论上分析阐述改革开放、坚持党的基本路线、反对资产阶级自由化等重要问题的而又具有一定的学术理论价值的文章。

本书的思想理论内容，总的来说，一方面是在为改革开放和建设中国特色社会主义市场经济探索深层次的理论根据，并取得了值得进一步研究的重要成果；另一方面是在为坚持党的基本路线、坚持改革开放的社会主义方向而宣传，同党的基本理论和党的十七大精神完全一致。

胡锦涛同志在党的十七大报告中讲到"建设社会主义核心价值体系，增强社会主义意识形态的吸引力和凝聚力"时提出，要"推进马克思主义理论研究和建设工程，培养造就一批马克思主义理论家特别是中青年理论家"。这是一项具有深远意义的战略任务。这本文集的出版，将是对实现这项战略任务的积极贡献。祝本书早日与读者见面。

董万德

辽宁省政协原副主席

2008 年 7 月

再 版 前 言

——不忘初心与读者的欢迎

如首版"前言"所述，早在我参加革命之初，接触到马克思主义，发现她是伟大的科学真理，是革命胜利、民族复兴、人类解放的光辉灯塔，即暗下决心，要终身为学习、探索、宣传马克思主义真理而奋斗。在1954年防汛抢险斗争中挤时间写的万言处女作《关于我国过渡时期社会中有关基本经济法则的几个问题的商榷》，能在党中央理论刊物《学习》上全文刊出，是对我要实现这一终身夙愿而努力的巨大鼓舞。"文化大革命"后，改革开放实践所提出的种种理论问题，推动着我深入学习思考和探索，党把我安排到中共辽宁省委《理论与实践》杂志社工作，使我得以在党的思想理论战线上开展工作，为我学习、探索、宣传马克思主义，提供了有利的平台。一方面，我开辟栏目（如"读者信箱""学习问答""理论辅导"等）从理论上回答干部群众所提出的问题，宣传马克思主义和党的路线、方针、政策，受到了读者（特别是军队干部）的欢迎和赞扬；另一方面，我又挤时间在一些重大理论问题上参与学术理论界的探索与争鸣，也得到了学术理论界的肯定和好评。到2008年，我把这些思想理论成果加以选择汇集成书，以《探索与争鸣——若干理论问题文选》，由辽宁人民出版社纳入"金色夕阳"出版工程出版。由于销售渠道不通，担心销售困难，出版社第一次只印了500册。

书出版后很受读者的欢迎，专家学者给出了高度评价。如书刚出版不久，一位在省政府院里办刊物的同志打来电话，说他从出版局那边得到这本书，看到书里的文章很感兴趣。他特别提到了《略论马克思对社会主义设想中的空想因素》和《关于我国实践中的社会主义同马克思科学社会主义的关系》，对这两篇文章的阐述，他很感兴趣并表示赞赏，愿同我联系，想把他们办的杂志寄给我。再如，家乡辽阳市老统战部部长、离休干部胡萍同志来信说："受您之托，我已将书分别送给了市委档案局、市图书馆、地方志办等几个单位,他们要我转告代为致谢。特别是市档案局刘文高局长给我来电话,他对这本书大为赞扬,说内容特别好,能否再给他一本,作为个人学习用。他原是市委办公室副主任,多年来一直搞文字工作,对理论很感兴趣。所以我将手中尚存的一本给他了,他非常高兴。"再如,书出版后,我曾赠给辽宁大学马克思主义学院一本。后来得知,该学院的谢晓娟教授(当时是学院党总支书记,现为学院院长)到出版社买了20本,赠给她所带的研究生人手一册。更值得一提的是,中共丹东市委党校理论研究室的教传福老师在详细地阅读了本书之后,还专门写了一篇《一部探索社会主义经济发展和民主政治建设的力作——赞冯丛林先生〈探索与争鸣——若干理论问题文选〉的出版》的论文,发在2009年《辽宁理论宣传战线》第4期,后纳入2016年由中央党校出版社出版的重要著作《社会主义公有制研究》一书。此文给本书以极高评价。首先概括地介绍说:"全书共分八个部分,全部是围绕着改革开放以来,如何坚持马克思主义的真理观,如何坚持巩固和发展我国的社会主义公有制为主体的基本经济制度,加强社会主义民主政治建设,反对资产阶级自由化等若干深层次理论问题而进行的深刻探索与争鸣,是作者改革开放30多年从事理论研究工作最重要的思想结晶,堪称是……一部匠心力作!"接着,在引述恩格斯说马克思的"两大发现"使社会主义已经变成了科学时指出的"现在的问题首先是对这门科学的一切细节和联系作进一步的探讨"后,说"冯老这本书,从一定意义上讲,也是针对我国改革开放以来出现的新形势、新情况,对科学社会主义,特别是社会主义公有制的'一切细节和联系作进一步的探讨'的一部力作或有益之作!"然后,在讲本书特点时,则强调本书的"一个首要的最突出的特点是选题、提出问题、讨论问题,都是紧紧地围绕着我国改革开放的重大现实问题和重大理论问题"。然后又强调本书的第二个特点"是探索和论述问题有深度,有独立思考和创新性见解"。"如作者在书中对马克思主义真理观的科学阐述;对社会主义生产方式基本矛盾的分析;对社会主义生产目的与全民所有制二重性及联合劳动二重性所作的分析(选入本书的《社会主义生产目的与全民所有制的二重性》一文,在我看来,应被看作是研究社会主义政治经济学,思考、构建社会主义政治经济学学说体系的一篇极为重要的理论奠基之作);对社会主义公有制经济为什么要采取商品经济形式,以及是社会主义商品经济好还是资本主义商品经济好所作的客观分析；特别是对社会主义市场经济条件下"，在公有制内部流动的劳动力为什么不是商品……"所作的客观分析、理论回答深刻、具体，令人思考，令人折服"，并认为本书"关于反驳劳动力商品论的这五篇争鸣文章，堪称极为重要的马克思主义的宝贵文献"。正是基于如此评价，教传福同志才能既将此赞文纳入其重要著作《社会主义公有制研究》一书之正文，又将我的《探索与争鸣——若干理论问题文选》纳入其"重要参考书目"，而与吴易风、程恩富、樊纲、袁木等著名经济学家的相关重要著作并列其中。

再有，山东胜利油田大学政治理论课副教授郭守忠同志在看完本书后，专程来信对本书作了诸多赞扬，其中说："老冯，读着您的书，读完您的书，天天想，这是高校教师、高校学生、一切党政工作者、国家公务员的一本很有价值的参考读物，能提高其理论水平和分析问题、认识问题、解决问题的能力；也更能相信马列主义是真理，是科学社会主义真理，相信马克思主义经典作家对科学社会主义的预见的理论是永恒的真理；也有利于人们认识到党的路线、方针、政策都是正确的，是符合马克思主义的。从而更能坚定社会主义信念，更努力地学习马克思主义。"这是他经反复思考发出的肺腑之言，并说"据此，我觉得出版社可以向各级图书馆、阅览室推荐此书"。

面对读者和专家学者对本书如此的欢迎、赞扬和评价，我要寻求适当时机实现对本书的再版，让其发挥应有的作用，进一步实现我的终身夙愿。

2018年，是《探索与争鸣——若干理论问题文选》出版的10周年，也是我参加革命70周年，更是马克思200周年诞辰，能在这个时点上应读者的需求再版，更有特殊意义，可以作为纪念马克思200周年诞辰的一份献礼。

我的这个愿望得到中共辽宁省委宣传部领导的支持，经他们与辽宁人民出版社的沟通，辽宁人民出版社同意给予再版，并打算给予优惠。而且，蔡文祥总编还提醒我，向我建议说：你这本书出版合同期已到，让哪个出版社再版都行。按这本书的情况，完全可以请国家级出版社再版，那作用大不一样，又可以突破销售渠道上的困难，能在全国新华书店发行和网上热销，书可以到达全国各地广大读者手中，充分发挥作用。我想，对，这样才能使我要为马克思主义、科学社会主义奋斗终身的夙愿得到更好的实现。

　　这样，经过一番申请，我这本书最终能在中国社会科学出版社再版，我首先要感谢辽宁省委宣传部的大力支持，以及辽宁人民出版社蔡总编的提醒和建议。当然，更要感谢中国社会科学出版社，能同意给这本书再版的机会。能出版首先是要看本书的学术理论价值和读者的需求，但同时也是对我这个离休干部实现人生夙愿的支持。

　　这部文集能够出版和再版，我还要感谢中央党校王珏教授、辽宁大学宋则行教授、中国人民大学卫兴华教授、中国社会科学院项启源教授、北京大学萧灼基教授，以及教传福、陈广亮、晓亮等同志。他们通过不同的方式对我文章的发表、文集的出版，给予了重要的支持、鼓励、赞扬和评价，我自当向他们致以诚挚的谢意！

　　在这个再版前言中，尚需补充说明的有以下几点：

　　1. 此书原名为《探索与争鸣——若干理论问题文选》，这次再版时改为《冯丛林理论研究文集》。

　　2. 首版"前言"在回顾参与学术探索与争鸣的第五方面中所提到的、当时在《理论界》待发的《按劳分配、社会主义与商品经济相斥吗?》一文，现将其补充收入，删去了原有的一篇短文。这是因为，此文所探讨和回答的是我国社会主义实践中所面临的重大理论问题，只有给予马克思主义的科学回答，破除把按劳分配、社会主义同发展商品经济对立起来的种种论调，才能确保改革的社会主义方向，而这篇文章发表后，又被中国人民大学复印报刊资料全文转载。这样，在这一部分所收入的五篇就全是被中国人民大学复印报刊资料所全文转载的。

　　3. 首版"前言"对回顾的第六个方面只说是"关于房产经济改革方面的问题"。现在应补充些具体情况：这方面选入本书的有三篇，其中也有两篇被全文收入中国人民大学复印报刊资料。一篇是《我国房产经济改革的目标模式与实施办法》，原载北大《经济科学》1987年第3期。另一篇是《我国不应以售卖为实现住宅商品化的主要形式》，原载国家级刊物《房地产经济》1986年第2期。而且，此文标题在该期文章目录中又是作为重点文章，用黑体字打出的。房产经济改革实践中所出现的一些问题，也证实了此文的观点。现在国家已提出要大力发展租赁制住房建设。

　　4. 原书"前言"中回忆的第六个方面，在本书中是第六部分，所收入的十余篇文章的最后两篇，都是同高尚全同志在《炎黄春秋》2006年第9期发表的《深化改革是中国的唯一出路》一文的商榷文章。一篇是《对高尚全有中国特色社会主义基本特征的质疑》，再一篇是《对高尚全改革指导思想的评析》，分别批驳其文章中前后两个部分的内容，是紧密联系的姊妹篇，都很重要，都做出了深入分析和批驳，但后一篇涉及改革指导思想问题，则更具直接的实践性。所以接到"践行科学发展观"丛书编委会的邀稿函后，我把这后一篇寄去。不久接到的"入选通知"说：冯丛林同志，"您惠寄的《对高尚全所提改革指导思想之评析》一文，经中央党校孙钱章教授会同……等单位联合组成专家委员会审定，认为该文立意新颖，论述独到，行文流畅，具有较高的学术理论价值和指导、实用参考价值，完全符合时代主旋律。因此，……拟全文发表在《践行科学发展观》理论卷一书中"。

孙钱章同志确实是中共中央党校身兼数职的著名教授，而仔细看此评语，则又发现，那确实是他认真审阅了我这篇文章后所作出的精准的评论，句句符合文章的特点和情况。高是我国改革战线上有相当影响的人物，这篇评他的文章所讨论的又是关系着党和国家前途命运的重大问题，所以我十分重视和感谢孙教授和以他为首的评委会所做的这样的评语。把它介绍给读者，有利于重视这篇文章，消除高文的影响和危害。

我虽年近九旬，离休在家，但终生为马克思主义科学真理而奋斗的意志不会改变。但愿本书的再版不是我继续为马克思主义真理而斗争的最后一次努力。

光辉的马克思主义科学真理万岁！

社会主义、共产主义事业胜利万岁！

冯丛林

2018年9月于沈阳

前　言

一

我于 1930 年 5 月出生于辽宁省辽阳市的一个剥削阶级家庭。1947 年秋冬，受在家乡从事党的地下工作的三哥冯宝林同志的影响和介绍，我了解了解放区和苏联的一些真情，并开始接触马克思主义革命理论。次年 2 月，辽阳第一次解放。3 月参加市委民运部宣传队。两个月后，被分配到文圣区工作。7 月随军撤离辽阳，转移到海城一带山区打游击。8 月被抽到佳木斯中国人民解放军军需学校学习。经过三个月的预备教育，中队领导推荐我到政教队学习。

政教队是培养政治理论教员和政工干部的，只学马克思主义革命理论，主要是政治经济学。由当时学校政委、大革命时期曾任黄埔军校政治教官、我党一位老经济学家张庆孚同志主讲。讲得很深刻，使我深深地爱上了这门科学，暗下决心要深入学习，终身为宣传马克思主义政治经济学、探索我国社会主义建设道路而努力。

1949 年 9 月，我于中华人民共和国成立前夕毕业（此时学校已迁至湖南株洲，1951 年又迁至汉口，改为中国人民解放军后方勤务学校，现为军事经济学院）。毕业后做了三个月的区队工作，先后被调到政治部任政教干事、训练部政治系任政治理论教员，直至 1958 年转业。

当时的教学任务繁重，既讲政治理论常识，又紧跟政治运动，进行时事政策教育，但我还是挤时间学习马克思主义理论，并关注我国学术理论界的情况。即使在 1954 年保卫武汉长江大堤、抗洪抢险的艰苦斗争（荣立了二等功）中也是如此。处女作《关于我国过渡时期社会中有关基本经济法则的几个问题的商榷》一文，就是当时挤时间写出，并被全文刊登在党中央理论刊物《学习》杂志上的，引起了周围同志的震惊，给我以极大的鼓舞。1958 年转业到辽宁省实验中学任教，经再三请求，三年后离职到辽大哲经系学习政治经济学专业。

1965年大学毕业，被分配到铁岭地委宣传部。不久"文化大革命"开始，批斗"走资派"。我开始是积极参与，不久产生了怀疑。经申请，离开了铁岭地委宣传部，到新城子酒厂当工人，接受工人阶级再教育，坚持同工人一起劳动，几乎每年都被评为先进生产者。1975年被抽到区干校讲课，让我讲政治经济学。学员都是农民出身的生产队长、大队党支部书记。给他们讲政治经济学，能不能听懂，能不能接受，干校领导心中都没有底。但结果，学员们不仅听进去了，而且产生了兴趣。课堂上认真听讲，下课了还围过来问问题。从那以后，干校领导安排每期都让我讲政治经济学。

粉碎"四人帮"后，1977年10月，我被调到中共辽宁省委理论与实践杂志社。先后任编辑，编辑室副主任、主任，并被评为编审。1992年办理离休。

二

到理论与实践杂志社，为实现我终身夙愿，为宣传马克思主义，用马克思主义探索、回答实践中所提出的问题提供了条件。一方面，我依靠刊物这个阵地宣传马克思主义，宣传党的路线、方针、政策，用马克思主义基本观点来阐述党的路线、方针、政策，回答一些思想理论认识问题，特别是通过开办"理论辅导""学习问答""学习通讯""读者信箱"等专栏，组织稿件、撰写文章，深受干部群众的欢迎。另一方面，我又积极探索改革开放实践中所提出的一些重大理论问题，密切注视我国学术理论界对这些问题的回答，在编稿之余，挤时间，写文章，投向学术理论刊物，参与理论探索和学术争鸣。回顾起来主要有以下一些方面。

第一个方面是参与我国哲学界关于社会科学真理有无阶级性问题的讨论。我到杂志社不久，哲学界开展了关于真理有无阶级性的讨论，总编刘力同志让我关注一下这个问题讨论的情况，并提出我的看法。我查阅了有关文章，向刘力同志作了汇报。刘力同志觉得这个问题不适于在《理论与实践》上讨论，但他建议我把我的看法写成文章，投向学术刊物。于是我写出《真理的阶级性与客观性》，被《哲学研究》1979年第3期全文刊出。接着又写出《"真理面前人人平等"是无产阶级的重要口号》，又被《哲学研究》第9期刊出。《哲学研究》责任编辑安启民同志在信中说，"在《哲学研究》上，一个作者一年发表两篇，这是因文章质量而被破例的"。这两篇文章都被选入中国人民大学复印报刊资料和《真理有没有阶级性问题讨论文集》。辽宁社会科学院《社会科学辑刊》总编陈广亮同志和《哲学研究》编辑部安启民同志,都认为我的文章在哲学界引起了强烈反响,在辩论中起了积极作用。陈广亮同志说:"冯丛林同志在他的文章中,关于自然科学真理与社会科学真理的区别问题、社会科学真理的阶级性与客观性的关系问题、真理的客观内容与真理本身的思想形式问题等,所作的论证和阐述,都有一定的理论高度和学术水平,对这场讨论的健康发展,可以说,在一定程度上起了建设性作用。"

第二个方面,主要是参与 20 世纪 80 年代关于社会主义基本经济规律和社会主义生产目的的讨论。当时,省委宣传部刘德秀副部长知道我在党中央的理论刊物上发表过这方面的万言长文,所以,他在主持省直宣传口就这个问题所进行的讨论中一再地鼓励我发言。《辽宁大学学报》1980 年第 5 期上所发表的《全面认识社会主义生产目的》一文,就是对那次发言的整理。此文发表后,被全文收入《社会主义生产目的论文选》和中国人民大学复印报刊资料。八年后,我国著名经济学家宋则行教授对这篇文章作了这样的评价:"冯丛林同志 1980 年发表的《全面认识社会主义生产目的》一文,提出社会主义生产目的具有多层次性,除了全社会总体的生产目的外,还应包括企业的生产目的和劳动者个人的生产目的,社会主义生产目的是这三者的结合,并认为企业的生产目的具有相对独立性和二重性。现在这个观点已为理论界所普遍接受,而冯丛林同志早在 1980 年就提出了这个独立见解是难能可贵的。全文理论结合实际,说理明晰……"

与此同时,应总编刘力同志的要求,又写了《略论社会主义基本经济规律和社会主义生产目的》一文,发表在《理论与实践》1980 年第 2 期。此文本属面向一般干部学习,作辅导宣传,却被全文收入中国社会科学院编的《建国以来社会主义基本经济规律资料汇编》之中(1954 年那篇处女作也被选入其中)。

不久,我又写出《社会主义生产目的与全民所有制的二重性》一文,发表在《学习与探索》1981 年第 6 期,并被全文收入中国人民大学复印报刊资料《政治经济学》。此文的学术理论价值晓亮同志(时任《中国社会科学》经济编辑室主任)给予充分肯定,他在《中国所有制结构研究》(主编马洪、孙尚清)一书中,作了大段引用,认为我对全民所有制企业具有部分所有权,是相对独立的商品生产者的观点的提出,是比较早的。他认为蒋学模主编的《政治经济学教程》(1983年版)在这个问题上所提出的观点"同前面介绍的冯丛林的观点相类似"(见该书第69页)。

第三个方面是关于社会主义与商品经济关系的问题。为了进一步探索和阐明社会主义要采取商品经济形式,要重视价值规律作用的内在根据,我写出《社会主义生产方式的基本矛盾简论》一文,发表在《光明日报》1989年9月14日第三版。中央党校教授王珏同志对此文作了这样的评价:"冯丛林《社会主义生产方式的基本矛盾简论》一文,是运用马克思主义基本原理探讨现实社会主义基本问题有理论深度的文章,从文章的立论和基本观点看是有勇于探索和学术价值的……""文章论述的问题,是社会主义的重要的基本理论问题,这个问题的研究难度是很大的……冯丛林同志这篇文章的可贵之处还在于它可以推动理论界对这个问题的深入研究和开展讨论,从而能起到推动马克思主义更好地和我国以及整个社会主义运动实践相结合的积极作用。"此外,我还写出《试析社会主义联合劳动的矛盾》,发表在《辽宁大学学报》1989年第1期。这两篇文章都被全文收入中国人民大学复印报刊资料。

面对当时自由化思潮的喧嚣声,我写出《社会主义公有制与商品经济》,发表在《光明日报》1990年2月9日三版头题,以大半版全文刊出,回击和驳斥了把社会主义公有制与商品经济对立起来,否定公有制、宣扬私有化的自由化观点。《沈阳日报》理论信息栏作了摘介,还被中国人民大学复印报刊资料全文收入。

第四个方面是驳(公有制经济中)"劳动力商品论",共发表五篇文章。首先一篇是《关于我国社会主义条件下劳动力的自由流动及其性质》,发表在《辽宁大学学报》1986年第6期。此文从正面阐述了为发展社会主义商品经济、改革劳动工资制度、建立劳动力市场、实现劳动力的自由流动的客观必要性;阐明了这种劳动力市场同资本主义劳动力市场的本质区别,劳动力虽然都是经过劳动力市场,但流向公有制企业或在公有制企业之间的自由流动,不是劳动力的买卖,而是更好地实现社会主义劳动者的自愿联合和自由选择。此文也被全文收入中国人民大学复印报刊资料。

其余四篇则都是商榷性的。其中,《对劳动力商品论若干论点的质疑——与何伟、韩志国同志商榷》发表在《中国社会科学》1987年第1

期，被中国人民大学复印报刊资料的两个复印集同时选入。此文之所以能发表在《中国社会科学》上，韩志国（时任《中国社会科学》经济室副主任）说："我和何伟（中国人民大学经济系主任）的文章发出后，我们接到不少商榷文章，但唯有你写的这篇，打中了我们文章中可以被抓住的几个要害地方，所以用了你这篇。"中央党校教授王珏认为这篇文章"是一篇理论观点正确、学术水平较高的文章。这篇文章把马克思主义基本原理和我国实际相结合，对实践中提出的新问题做了较为深入系统的研究，从理论上作出了崭新阐述，令人信服地阐明了正确的观点，对不同的观点也作出有说服力的评论"。《再驳劳动力商品论——与杨坚白同志商榷》发表在《经济学动态》1995年第9期，被中国人民大学复印报刊资料的三个复印集同时选入。《如何看待劳动力商品论——与蒋学模同志商榷》发表在《高校理论战线》1996年第5期。此文刊出后，不仅被全文选入中国人民大学复印报刊资料的两个复印集，而且被《中国特色社会主义文库》《中国新时期社会科学成果荟萃》等十余部大型文集选入。《对劳动力商品论若干问题的评析》发表在《马克思主义研究》2001年第6期。此文被收入中国人民大学复印报刊资料。这四篇商榷性文章，都发表在国家级的重要学术理论刊物上。文章虽都较长，最后这篇14800字，但都是被全文发表的。四篇的商榷对象又都是我国经济学界颇有名望的专家，却没有一篇遭到反驳，反映出这些文章在这场讨论中，为捍卫科学社会主义、捍卫工人阶级的主人翁地位所发挥的作用。

第五个方面是参与商品经济条件下按劳分配问题的探讨和争鸣。1987年10月写出《商品经济条件下按劳分配若干问题探讨》，是为当时在烟台召开的社会主义商品经济与按劳分配理论讨论会撰写的论文。我虽然因故未能到会，但该文被《中国社会科学》编辑部选入《社会主义商品经济与按劳分配论文集》，在会议《讨论综述》（登在《中国社会科学》上）中，又有两处引述、介绍了该文的观点。而该文的第三部分"怎样认识社会主义商品经济条件下按劳分配的特点"单独在《理论内参》上刊出后，被收入中国人民大学复印报刊资料。

《对否定按劳分配原则若干论点之探析》（与崔向阳商榷），发表在《当代经济研究》2007年第6期，并被全文收入中国人民大学复印报刊资料。《按劳分配、社会主义与商品经济相斥吗》是与王建民在《文史哲》2006年第1期所发表的文章进行的商榷。《理论界》已审定该文，拟于

2008年第9期刊出，因目前尚未发表，未能选入本文集。

第六个方面是关于房产经济改革方面的问题。

此外，《科学技术是第一生产力与历史唯物主义的基本观点》一文发表在《真理的追求》1991年第9期，并作为该期的重点文章，文章标题被印在封面的要目上。全文被收入中国人民大学复印报刊资料的两个复印集，还被评为辽宁省优秀论文。

以上这些，就是过去我参与我国学术理论界在一些重大理论问题上进行争鸣、探讨所发表的一些主要文章的情况。这些文章大多数发表在我国一些重要学术理论刊物上，被中国人民大学复印报刊资料选入。当然，我所写的文章多数还是发表在《理论与实践》上的，一般都是坚持以马克思主义基本观点、科学社会主义的基本原理来阐明、宣传党的路线、方针、政策，宣传改革开放、坚持四项基本原则和反对资产阶级自由化等的必要性和重要性，具有较强的理论性和一定的学术价值。收入本文集的文章共53篇，已在刊物上发表的有51篇，其中33篇被中国人民大学复印报刊资料全文转载。另外2篇是近期所写的商榷性文章。

三

有些同志觉得我的文章逻辑性强。最近一位同学在看过我近期写的文章，包括驳高尚全的那两篇之后，来信表示看了我的文章甚感欣慰，说看我的文章是一大快事。他认为我在学术理论争鸣探讨中之所以一直未遭到对方的反驳，那是因为我的文章有不可克服的逻辑力量。其实，这并不是我个人的本事，而是马克思主义真理的力量。马克思主义揭示了人类社会历史发展的客观规律，是真正的科学。它透过客观事物复杂的现象，把握其内在联系，揭示事物的本质及其运动规律。掌握了它，依靠着它，就可以增强鉴别力，在复杂现象中看到本质、看到方向，不迷惑、不动摇；就可以对发展变化中的新情况、新问题作出符合实际的解释，作出创造性的分析和回答。而只有这样的分析和回答，才能有逻辑性、有说服力，并为实践所证明。

在自由化思潮一度猖獗泛滥的那些日子里，各种怪论、谣言甚嚣尘上，我都不信。有些同志问我的看法，同我探讨，我都旗帜鲜明地表明我的态度，说出我的认识。事后，省精神文明办的一位同志见到我说"老冯，事实说明，当时你的看法都是对的……"当时我一直是旗帜鲜明地反对资产阶级自由化。我之所以能够如此，靠的就是马克思主义这个照妖镜和显微镜。积近60年的经验和体会，我希望我国青年对马克思主义能够努力学习，结合实际，反复思索，融会贯通，深入掌握其精华，牢固树立其理想、信念。这是至关重要的，也是我努力要出版这本文集的一个重要原因。

这样，在我参加革命60周年之际，把我以前发表过的文章汇集成书，让它们继续发挥作用，便是我最大的心愿。希望本书对我国学术理论界的志士同人能有所参考，对我国青年能有所帮助，对推进马克思主义理论研究和建设工程能添砖加瓦。同时，也希望能得到我国学术理论界朋友们的批评、指正，推动我继续学习。

2008年年初于沈阳

目　录

第一部分　关于参与社会科学真理有无阶级性的探讨问题 …………（1）
真理的阶级性与客观性
　　——与周抗同志商榷 ……………………………………………（3）
真理阶级性问题的探讨 ……………………………………………（12）
"真理面前人人平等"是无产阶级的重要口号 …………………（22）
到底什么是真理
　　——与吴家麟同志商榷 …………………………………………（25）

第二部分　关于社会主义基本经济规律和社会主义生产目的
　　　　　问题 ………………………………………………………（33）
怎样认识政治经济学在马克思主义理论中的地位 ………………（35）
略谈社会主义基本经济规律和社会主义生产目的 ………………（37）
全面认识社会主义生产的目的 ……………………………………（42）
社会主义的生产目的与全民所有制的二重性 ……………………（48）
关于我国过渡时期社会中有关基本经济法则的几个问题的
　　商榷 ………………………………………………………………（58）

第三部分　关于社会主义与商品经济、计划指导与市场调节
　　　　　方面的问题 ………………………………………………（71）
计划经济与商品经济的统一 ………………………………………（73）
有计划按比例是不是客观经济规律 ………………………………（78）
社会主义经济的计划性与商品性 …………………………………（81）
商品经济的充分发展是社会经济发展的不可逾越的阶段 ………（85）
社会主义经济为什么要采取商品经济的形式 ……………………（87）
社会主义生产方式的基本矛盾简论 ………………………………（90）

试析社会主义联合劳动的矛盾 ·· (94)
社会主义公有制与商品经济
  ——《对单向度的困惑与全方位的思考》一文的剖析 ······· (103)
应重视有计划按比例发展规律的客观要求 ··························· (108)

第四部分　关于社会主义公有制条件下劳动力市场流动的性质问题 ·········· (115)

关于我国社会主义条件下劳动力的自由流动及其性质 ··········· (117)
对劳动力商品论若干论点的质疑
  ——与何伟、韩志国同志商榷 ·································· (124)
再驳劳动力商品论
  ——与杨坚白同志商榷 ··· (129)
如何看待劳动力商品论
  ——与蒋学模同志商榷 ··· (138)
对劳动力商品论若干问题的评析 ······································· (146)

第五部分　关于商品经济条件下按劳分配问题 ··························· (161)

实行商品经济对按劳分配有何影响 ·································· (163)
商品等价交换原则与按劳分配原则之间的关系 ····················· (167)
商品经济条件下按劳分配若干问题探讨 ····························· (170)
对否定社会主义按劳分配原则若干论点之探析 ····················· (183)
按劳分配、社会主义与商品经济相斥吗？
  ——与王建民商榷 ·· (190)

第六部分　有关经济体制改革问题 ··· (199)

论家庭承包责任制的历史地位和作用 ································ (201)
论我国城镇住宅经济的改革 ·· (211)
我国不应以售卖为实现住宅商品化的主要形式 ····················· (221)
我国房产经济改革的目标模式与实施办法 ··························· (227)
要把改革开放同坚持四项基本原则一致起来 ························ (234)
经济体制改革必须适应发展社会主义商品经济的要求 ············ (239)
坚持生产力标准同坚持四项基本原则的关系 ························ (245)
驳"公有制产权模糊"论 ··· (249)

既要坚持四项基本原则又要坚持改革开放 …………………（251）
　　社会主义是我国历史发展的必然选择 ……………………（254）
　　坚持科学社会主义的基本特征和基本原则 …………………（257）
　　对高尚全有中国特色社会主义基本特征的质疑 ……………（262）
　　对高尚全所提改革指导思想之评析 …………………………（268）

第七部分　有关社会主义民主政治建设的一些问题 ………（275）
　　如何理解自由化的资产阶级性质 ……………………………（277）
　　认清资产阶级自由、平等口号的虚伪性和欺骗性 …………（280）
　　怎样认识资产阶级自由化思潮长期存在的客观必然性 ……（284）
　　社会主义民主和社会主义法制不可分割 ……………………（288）
　　反对无政府主义　加强民主基础上的集中 …………………（292）
　　反对资产阶级自由化　发展社会主义的民主和自由 ………（296）

第八部分　其他问题 …………………………………………（299）
　　国家干预和按经济规律办事是否矛盾 ………………………（301）
　　宣传共产主义思想　执行党的现行政策
　　　——重读《新民主主义论》等著作的一点体会 …………（304）
　　略论马克思对社会主义设想中的空想因素 …………………（309）
　　关于我国实践中的社会主义同马克思科学社会主义的关系 …（312）
　　为人民谋利益是党的全部活动的出发点和归宿 ……………（316）
　　科学技术是第一生产力与历史唯物主义的基本观点 ………（319）

第一部分

关于参与社会科学真理有无阶级性的探讨问题

真理的阶级性与客观性[*]

——与周抗同志商榷

周抗同志在《主观唯心主义真理观的一个黑标本》一文中批判了《哲学小辞典》宣扬"四人帮"的主观唯心主义真理观的错误。这当然是必要的、正确的。但他同时否认了任何真理的阶级性,否认了社会科学真理的阶级性。他把真理的客观性和阶级性完全对立起来,以致把统一的马克思主义分割为反映阶级性的和反映客观性的两个不同的部分。这都是值得商榷的。本文提出我的粗浅认识向周抗及其他同志请教。

一

在考察真理有没有阶级性时,必须把自然科学真理和社会科学真理加以区分。马克思主义经典作家在谈到科学理论的阶级性时,总是把自然科学和哲学社会科学加以区分,认为哲学社会科学是阶级斗争的学问,或者是与阶级斗争密切相关的学问,属于社会的意识形态,属于社会的上层建筑的一部分,当然是有阶级性的;而自然科学则是生产斗争的学问,不属于上层建筑,其本身是没有阶级性的。

自然科学本身没有阶级性,自然科学真理也就没有阶级性,这是显而易见的。《哲学小辞典》硬说自然科学总的说来也是有阶级性的,是同毛泽东同志的科学论断相对抗的,是不符合事实的,自然科学真理所反映的是自然界物质运动的客观规律,它与阶级斗争没有直接联系,任何阶级都可以掌握、都可以利用,当然是没有阶级性的。"四人帮"之所以宣扬自然科学也有阶级性,无非是为了否认真理的客观性,为他们推行反革命修正主义路线服务,这当然是必须批判的,但这种批判不应导致否认一切科

---

[*] 本文原载于《哲学研究》1979年第3期。全文收入中国人民大学复印报刊资料和《真理有没有阶级性问题讨论文集》。

学真理的阶级性。

周抗同志是承认社会科学理论的阶级性的,但他把社会科学真理和社会科学理论分开,这是不对的。社会科学理论和社会科学真理基本上是一致的。社会科学理论是指反映社会发展和阶级斗争客观规律的科学理论,它也就是社会科学真理。否则就不能称之为社会科学,而只能称之为某种社会学说。当然,任何一种社会科学理论,其真理性都未必是百分之百的,但只有其基本内容是科学真理的理论,才能称之为科学理论。理论有是真理的,也有不是真理的,经过实践检验证明符合客观实际的理论就是真理。马克思主义就是从客观实际产生出来又在客观实际中获得了证明的最正确最科学最革命的真理。所以绝不能把社会科学真理同社会科学理论分开。承认社会科学理论的阶级性,也就意味着承认社会科学真理的阶级性。

周抗同志首先提出了他否认一切真理的阶级性的立论基础,这就是必须把思想和真理加以严格的区分。在他看来,毛泽东同志说的在阶级社会中"各种思想无不打上阶级的烙印"的思想是不包括反映了客观事物及其规律性的正确思想,即真理性的思想在内的,而只包括与客观事物的本来面目不相符合的错误思想。周抗同志说:"毛主席在这里说的是各种思想无不打上阶级的烙印,却没有说各种真理无不打上阶级的烙印,思想怎能同真理画等号呢?"是的,不能把思想同真理画等号。思想有正确的,也有错误的,有真理的,也有谬误的。但又不能把真理同思想完全割开,完全对立起来。不能说正确地反映了客观的、具有真理性的思想就不是思想;不能说毛泽东同志所说的无不打上阶级烙印的各种思想不包括正确的,即具有真理性的思想。

周抗同志否认社会科学真理的阶级性的另一个原因就是他把真理的客观内容同其主观思想形式分割开来。当然周抗同志在文章中并没有否认真理具有主观的思想形式,并且承认真理是主观的思想形式同客观的真理内容的统一。但他并没有以此为基础来阐述真理的客观性与阶级性的辩证关系。相反,他却把真理的阶级性同客观性绝对地对立起来。他认为,谁要承认真理有阶级性,那就是"把真理等同于思想即把真理仅仅看成思想形式,那就是从根本上否认了真理的客观性"。果真如此吗?有什么根据可以证明凡是承认真理的阶级性,就都是把真理只看成思想形式,而否定了真理的客观性呢?既然真理具有思想形式,是客观的真理内容同主观的思想形式的统一。那么，这个思想形式（就社会思想而言）能不使它带有阶级性吗？难道在阶级社会中反映社会现象的主观思想形式能够排除阶级性吗？难道这个主观思想形式不是真理的本质属性的一个不可缺少的方面吗？难道只有仅仅是思想形式，即不反映客观真理内容的思想形式才具有阶级性吗？这同毛泽东同志关于阶级社会中各种思想无不打上阶级的烙印的科学论断不是相矛盾吗？当然，社会科学真理之所以具有阶级性，不能只从其思想形式来寻找，还必须同其所反映的客观内容统一起来进行考察。这个问题我准备留在后边进行探讨。

二

马克思主义认为，在阶级社会中，任何一种社会学说，都是一定阶级的社会学说，都是具有自己的特定的阶级性的。但不是任何阶级的社会学说都是科学真理。历史上任何一种剥削阶级，它对社会现象、社会历史的认识和解释，都受着他们那种狭隘的阶级地位、阶级利益所局限。就是在他们处于上升发展时期，由于他们的阶级利益，同当时社会的一定发展要求相一致，使它们可以在一定程度上揭示某些社会现象的本质、某些客观规律的内容，但是就其整个学说体系来说也是不科学的，或者说是不够科学的。他们学说中的某些科学真理的内容，是被束缚着的，往往不具有完整的科学形态。只有马克思主义才从根本上改变了这种状态。马克思主义是无产阶级的革命理论，具有鲜明的阶级性。它公开申明站在无产阶级的立场上，为无产阶级的利益服务。马克思早就指出，"哲学把无产阶级当做自己的物质武器，同样地，无产阶级也把哲学当做自己的精神武器"。①毛泽东同志也指出：马克思主义哲学的两个最显著的特点之一，就是"它的阶级性，公然申明辩证唯物论是为无产阶级服务的"。马克思主义有鲜明的阶级性，同时马克思主义又是科学，符合客观实际，具有客观性的。这是因为无产阶级是人类历史上最先进、最革命、最有远大前途的阶级，它的阶级利益同社会发展的客观规律的要求是完全一致的。这就使马克思主义既有鲜明的阶级性，又有高度的科学真理性。马克思主义就是无产阶级的阶级性和客观真理性的高度统一。这早已成为人们公认的定论，周抗同志也是承认的。但由于他不承认社会科学真理具有阶级性，因而就

---

① 《马克思恩格斯选集》第一卷，人民出版社1972年版，第15页。

把这种统一分割为两个互不相容的部分。

如前所述，在周抗同志看来，真理是客观的就不能有阶级性，不管是自然科学真理，还是社会科学真理都是如此。按照他这个论断，既然一切真理都是没有阶级性的，马克思主义是真理，那么马克思主义的真理也应该是没有阶级性的。但是马克思主义是有阶级性的，而且是公然申明了的，具有鲜明的阶级性，这是无法否认的。这个矛盾如何解释呢？为了解决这个矛盾，周抗同志提出了一个新鲜见解，这就是把统一的马克思主义分割为两个部分的内容，一个部分是反映无产阶级的政治经济利益的内容，阶级性就是"这部分内容的直接表现"；另一个部分是反映客观事物及其规律的内容，科学性或真理性"就是从这个部分内容里来的"。

当然，周抗同志在作了这样的划分之后，也提到了由于革命导师所代表的阶级是最先进、最革命的阶级，所以这两种反映是结合的，"马克思主义是这两个部分反映的完美结合和辩证的统一"。但在周抗同志文章的整个论述中，这只能是一句并无实际内容的空话。因为不管怎么说，两重反映还要把马克思主义分为两个不同的部分，并且这两个部分又是互不相容的，阶级性的反映中，不能同时具有客观性，而客观性的反映中又不能同时具有阶级性。所以实际上，在周抗同志那里，阶级性和客观性是不可调和的，不能统一的。但这样做，使周抗同志把自己引导到十分荒谬的地步，统一的马克思主义被分成互不相容的两个部分：一部分内容是反映无产阶级的阶级性的，但它就没有客观性了；另一部分内容是反映客观真理性的，但它不能同时具有阶级性了。这样一来，马克思主义的阶级性和客观性的互相结合和辩证的统一，变成了两个互相排斥的部分；在马克思主义理论中反映无产阶级政治经济利益的内容，并不是客观真理，而反映客观真理的那一部分内容，又不能体现无产阶级的利益和要求，这不是把无产阶级的利益和要求同社会发展客观规律的要求对立起来了吗？这不是在事实上否定了无产阶级是最先进、最革命、最有远大前途的阶级吗？

那么应当如何认识这个问题呢？我认为马克思主义理论是有两重反映，一是反映了无产阶级的政治经济利益，二是反映了阶级斗争和社会发展的客观规律。但这两重反映不是由马克思主义的两个部分内容分别来体现，而是由统一的马克思主义共同来体现。这两重反映，在统一的马克思主义理论体系中是有机地结合着的。马克思主义的每一原理、每一部分都是无产阶级的阶级性和客观真理性的统一。

三

上述情况表明，周抗同志坚持真理的客观性同阶级性相对立，坚持一切真理都没有阶级性的论点，已经把自己引到死胡同。马克思主义认为一切真理都是客观的，但它又不是客观事物本身。客观事物本身就是客观存在，它无所谓真理与否，正确与否。真理是客观事物及其规律在人们意识中的正确反映。它从内容上看是客观的，是独立于人们意识之外的，不以人们的意志为转移的。但从形式上看真理又是主观的，是作为一定的思想形式而存在的真理。不能不具有主观的思想形式而单独存在。真理是主观的思想形式同客观物质内容的统一。主观的思想形式和客观的物质内容，是真理的本质属性的不可分割的两个方面。这两个方面不管少了哪一个方面，都不成其为真理。不具有客观性的认识，固然不是真理，没有被人们认识，也不能说是真理。因为我们讨论的真理问题，是认识论范围内的问题，是研究人们的认识是否符合客观、是否具有真理性的问题，而不是研究客观事物本身是否是客观存在。离开人的认识谈真理，是毫无意义的。真理是客观的，但它的存在又不能不采取一定的思想形式。也正因为真理总是以一定的思想形式而存在，才存在着检验真理的标准问题，才必须以实践作为检验真理的唯一标准。否则，如果把真理看作客观事物自身，那就不存在以什么作为检验真理的客观标准问题了，或者得出由真理自身来检验真理的荒谬结论了。

既然真理的客观性并不排斥其主观的思想形式，那么真理的客观性也不能排斥真理可以具有阶级性。就社会科学的真理来说，则不能不具有阶级性，因为社会科学真理所反映的是社会现象，是阶级关系、阶级斗争，是社会发展和阶级斗争的客观规律。对于这些现象的本质和规律的认识当然不能不具有阶级性。另外，在阶级社会中，人们的思想都要受一定的阶级地位所制约，社会发展的客观规律、阶级斗争的客观规律，只有同人们的阶级利益相一致时，才会被这个阶级所认识、所揭示；如果同这个阶级的利益相矛盾，这个阶级不但不去揭示它、认识它、运用它，为它的实现开辟道路，而且要竭力地掩饰它、否认它、阻挠它的实现。斯大林同志指出："在自然科学中，发现和应用新的规律或多或少是顺利的；与此不同，在经济学领域中，发现和应用那些触犯社会衰朽力量的利益的新规律，却要遇到这些力量的极强烈的反抗。"① 所以，在阶级社会中，对社会科学真理的认识，总是同人们的阶级利益相联系着的。只有同社会发展的客观要求相一致的先进阶级，才能够揭示社会发展的客观规律，才能认识和掌握社会科学真理。而这个阶级之所以要这样做，那只是因为揭示这些真理，同这个阶级的政治经济利益相一致，这个阶级需要掌握和运用这些科学真理作为自己的斗争武器，来战胜反动阶级。所以，社会科学真理是客观的，但一般说来，它又不能不具有一定的阶级性，不能不作为一定阶级的理论武器而存在。不管这个阶级是否公开承认这一点，都不能改变问题的本质。

所以，社会科学，或者说社会科学真理之所以具有阶级性，不仅来自其思想形式，来自人们的主观立场，而且来自它的客观内容，来自主观的思想形式和真理的客观内容的统一。所以真理的阶级性，不仅存在于其思想形式之中，而且也立足于其客观内容之中。所以，我们不能把社会科学，或者社会科学真理的阶级性，仅仅归结为"研究者和利用者的阶级性"，否则就不能说明自然科学同社会科学，或者自然科学真理同社会科学真理在阶级性问题上的区别。就研究者和利用者的阶级性来说，不管他是研究利用自然科学，还是社会科学，都是一样的，但这并没有使自然科学本身和社会科学一样具有阶级性，社会科学一般地说是有阶级性的，也只能为一定的阶级服务。而自然科学则不同，它对一切阶级都一视同仁，可以为一切阶级服务。这种区别显然只能从自然科学真理和社会科学真理所反映的客观内容的区别之中来找答案。

说社会科学真理的阶级性存在于其客观性之中，这是不是说，真理的阶级性就是客观事物本身的阶级属性呢？或者就是这种阶级属性的直接反映呢？当然不是，而是它的客观属性同反映者所代表的阶级的利益和要求相结合的反映。例如，剩余价值规律，在资本主义社会，它是资产阶级赖以剥削无产阶级、增殖资本、发展资本主义的客观规律，它体现着资产阶级对无产阶级的剥削，如果说它有什么阶级性，那就是资产阶级性。对于这一客观事实的揭露，就是对资产阶级剥削的揭露，从而可以得出资本主义必然灭亡的科学结论。所以这一揭露只有无产阶级才能承担。马克思站在无产阶级的立场上，才揭示了剩余价值剥削的秘密，创立了剩余价值学

---

① 《斯大林选集》下卷，人民出版社1979年版，第576页。

说。所以社会科学真理的阶级性，是人们的阶级利益、阶级要求同客观事实的客观属性的有机结合。这种结合是有机的，但对于某些内容来说，这种结合又是历史的、可变的。这种结合的可变性，使具有阶级性的社会科学真理也可以有继承性。但这种变动性、继承性是有条件的，是受阶级关系的历史变动所制约的。如劳动价值论学说，在马克思主义之前资产阶级古典政治经济学中就有了。这是因为当时资产阶级处于上升发展时期，资产阶级为了发展资本主义，需要认识和掌握价值规律。劳动价值论就是阐明价值规律的科学理论。但这一学说的彻底贯彻，必然同资产阶级的阶级利益及其学说体系相矛盾。这一学说的贯彻很自然地就要提出这样一个问题，即资产阶级的财富的源泉问题，也就是剩余价值的来源问题。这是资产阶级所不能回答，而且要千方百计加以掩饰的问题。随着资本主义的发展，在资产阶级政治经济学中，就逐渐地抛弃了劳动价值论这一科学内容。只有无产阶级的伟大思想家，科学共产主义学说的创始人马克思、恩格斯，才批判地继承了资产阶级古典政治经济学中，包括劳动价值学说在内的一些科学成果，创立了无产阶级的科学的政治经济学。从此劳动价值学说才以完全科学的形式，成为马克思主义政治经济学体系中的重要组成部分，成为马克思的剩余价值学说的基础。所以，周抗同志以社会科学真理的继承性，作为否认社会科学真理的阶级性的根据，恐怕也是片面的，不妥当的。

在周抗同志看来，真理之所以具有继承性，是因为它没有阶级性；马克思之所以能继承黑格尔的辩证法，是因为黑格尔的辩证法是黑格尔哲学体系中没有阶级性的那部分内容，即"不表现为资产阶级性的那种东西"。当然，继承是不能继承其阶级性的，但这不等于说它没有阶级性。黑格尔的辩证法作为黑格尔哲学的组成部分，和其他部分一样，是具有阶级性的。对此，马克思已经作了清楚的说明，马克思指出："我的辩证方法，从根本上来说，不仅和黑格尔的辩证方法不同，而且和它截然相反。"[①] 辩证法在黑格尔手中采取了神秘的形式，在马克思的手里，它才取得了合理的、科学的形态。那么黑格尔的辩证法为什么要采取神秘的形式呢？马克思指出："辩证法，在其神秘形式上，成了德国的时髦东西，因为它似乎使现存事物显得光彩。辩证法，在其合理形态上，引起资产阶

[①] 《马克思恩格斯全集》第二十三卷，人民出版社 1972 年版，第 24 页。

级及其夸夸其谈的代言人的恼怒和恐怖,因为辩证法在对现存事物的肯定的理解中同时包含对现存事物的否定的理解,……"① 这就是说,黑格尔辩证法之所以不能采取科学的形态,根源于其阶级局限性,是因为它是作为维护德国现存的地主资产阶级制度的工具而存在的。而马克思的辩证法之所以采取完全科学的形态,是因为它是最先进、最革命的无产阶级进行革命斗争的思想武器。所以,要把黑格尔体系中采取神秘形式的辩证法,变成马克思主义的科学的辩证法,必须经过彻底的批判和根本的改造,决不能把现成东西拿来为己所用。周抗同志否认了黑格尔辩证法的阶级性,实际上也就一般地否定了马克思在吸收资产阶级和人类以往一切科学成果时进行批判和改造的必要性,否定了马克思主义的创立在社会科学领域中所实现的根本变革。

我们说社会科学真理有阶级性,并不是说各个阶级都有自己的真理。真理是客观的,真理只有一个。绝不因为社会上有几个阶级,就有几个真理。不是社会上所有的阶级都可以掌握真理。只有先进的同社会发展客观规律的要求相一致的阶级,才能揭示客观规律,才能认识、掌握和运用客观真理。林彪、"四人帮"之流所宣扬的真理的阶级性是为了否定真理的客观性,宣扬各个阶级都有自己的真理。这当然是胡说八道。这是为他们自己按照篡党夺权的反革命需要肆意篡改马列主义毛泽东思想制造依据。这就是他们那种所谓真理阶级性理论的反动本质。对他们这种反动谬论当然必须彻底批判。但这种批判决不应导致一般的否认社会科学真理的阶级性。我们绝不能认为,只有当真理不只是一个、各个阶级都有自己的"真理"时,才能说真理具有阶级性。真理虽然是客观的、只能有一个,只能为先进的革命阶级所掌握,但这个阶级认识和掌握客观真理的目的是为了阶级斗争的需要。真理在这个阶级的手中,是作为这个阶级斗争的武器而存在的,它只能为这个阶级服务,而绝不能对各个阶级一视同仁。这就是我们所说的社会科学真理的阶级性的确切含义。只要社会上还存在着阶级和阶级斗争,社会科学真理就不能不具有这样的阶级性。

总之,绝不能把真理的客观性同真理的阶级性绝对地对立起来。真理的客观性同真理的阶级性既是对立的,又是统一的。说它们是对立的是因为真理是客观的,是不能按照人们自己的阶级利益和要求随心所欲地进行

---

① 《马克思恩格斯选集》第二卷,人民出版社1972年版,第218页。

塑造的，也不是任何阶级都可以发现真理、认识真理和掌握真理的。真理是排斥阶级偏见的。说它们是统一的，就是说，客观真理是可以被先进的阶级所认识、所发现、所掌握、所利用的，而且只有被先进阶级所发现、所掌握、所利用，它才能以真理的形式而存在，而发挥自己的历史作用。我想，这就是社会科学真理的客观性与阶级性的辩证统一。不管从哪个方面把真理的客观性同真理的阶级性分割开来、对立起来的观点都是错误的。

真理阶级性问题的探讨[*]

自从《哲学研究》1978年第8期发表了周抗同志《主观唯心主义真理观的一个黑标本》一文之后，又看到一些相类似的文章发表在报刊上。他们批判林彪、"四人帮"唯心主义真理观，坚持真理的客观性是对的，但他们否定社会科学真理的阶级性，是值得研究的。想通过这个笔谈会的机会，谈谈我的意见。

一 社会科学真理具有阶级性

马克思主义认为，真理是人们对客观事物及其规律的正确认识。人们的认识是否是真理，不是依人们的主观臆断，而是依实践的客观结果。如果实践中达到了所预想的结果，那就证明，人们的这种认识是正确地反映了客观事物及其规律，就是客观真理，否则就不是。这就是说，真理就其内容来说是客观的，是不以人们意志为转移的。这是一切真理所具有的最基本的属性。不具有这一属性，它就不是真理。

但是，真理从其存在的形式上看是主观的。它总是要通过一定的概念、推理、判断的形式表现出来，它总要表现为一定的科学理论。反映自然界物质运动规律的真理表现为自然科学理论，反映社会现象及其运动规律的真理则表现为社会科学理论。这就是说，真理是客观的，但它不是它所反映的客观对象自身。客观对象就是客观存在，无所谓真理不真理。正因为真理的存在形式是主观的，是属于认识的范畴，所以才存在一个检验真理的标准问题，才不能由真理自身来判定自己是否真理。这也就是我们在讨论真理标准时，所一再强调的不能用真理来检验真理的道理。用真理来检验真理，就是用主观来检验主观。有些同志为了否认真理的阶级性，竟然否认真理存在的主观思想形式。我们在讨论真理标准时所反复强调的

---

[*] 本文原载于《社会科学辑刊》1979年第1期（创刊号）。

东西，在讨论真理的阶级性时，怎么能丢掉呢。

正因为真理都表现为一定的思想理论形式，就社会科学真理而言，它总是要表现为一定阶级的社会科学理论，这就使我们立即可以看到社会科学真理与自然科学真理相比所具有的不同的特点。这就是说，它和自然科学不同，它总要表现为一定阶级的理论武器，为一定阶级服务，具有一定的阶级性。

马克思主义认为，在阶级社会中，一切思想理论都具有阶级性。这里当然也应当包括正确地反映了社会现象及其规律的科学理论，即社会科学真理在内。然而，社会科学真理为什么会具有阶级性的根源，却不能从思想形式本身寻找。因为，自然科学真理和社会科学真理都同样具有思想形式，但自然科学真理没有阶级性。所以根源不在思想形式，而只能在其所反映的客观对象的区别上。

自然科学真理所反映的是自然现象及其规律，一般说来，它不涉及各个阶级的利害关系。而社会科学真理则不同，它所反映的是社会现象及其规律。这种社会现象在阶级社会中，往往是阶级关系和阶级斗争的表现，而支配社会现象运动的客观规律，一般说来，则是阶级斗争的客观规律。反映这些现象及其规律的社会科学真理，就其内容来说，当然不能不是揭示掩盖在社会现象后面的阶级关系的本质及其运动规律，不能不是阐明各个阶级在一定历史前进运动中的不同作用，动员革命阶级力量沿着正确的途径去战胜反动阶级力量，以变革社会制度，推动历史的发展。回答这样问题的社会科学真理，绝不能是对各阶级一视同仁的，它只能历史地为某一革命阶级所掌握、所利用，成为这个阶级战胜反动阶级的思想理论武器。

真理的客观性决定了真理是不以人们，也不以哪一阶级的主观意志为转移的。人们是否掌握了客观真理，要看其思想理论是否符合客观事物及其规律性。在阶级社会中，各阶级对社会现象及其规律的解释是不同的，甚至是相反的。但对同一客观对象的"真理只有一个，而究竟谁发现了真理，不依靠主观的夸张，而依靠客观的实践"①。要看经过实践的检验证明谁的认识是正确地反映了客观对象及其规律。

社会科学真理的阶级性表明，社会科学真理对不同阶级具有不同的，

---

① 毛泽东语。

甚至截然相反的利害关系，它不可能为社会上各个阶级所掌握。在各个历史阶段上，只有那些阶级利益和要求同当时社会发展的要求相一致的先进阶级，才能够认识和掌握社会科学真理。真理在这样的阶级手中，既反映了社会发展的客观规律，具有客观性，又反映了这个阶级的利益和要求，具有阶级性。社会发展的客观要求，也只有通过这个阶级同反动阶级的阶级斗争才能实现。所以，社会科学真理的阶级性与客观性的统一，具有历史的必然性。

在历史上，一切反动的阶级，由于他们的阶级利益同社会发展的客观要求相矛盾，都不能掌握社会科学真理。与此相反，历史上一切革命阶级，在他们处于革命的时期，由于其阶级利益同社会发展要求相一致，他们都在这样或那样的程度上认识和掌握了某些真理。但是，在无产阶级以前，由于历史条件和阶级地位的局限，这些阶级所掌握的社会科学真理是很有限的，他们对人类历史只能限于片面的了解。只有伴随资本主义大生产而来的现代无产阶级，由于它是同大生产相联系的最先进、最革命的阶级，它的阶级利益同社会发展和人类解放的利益完全一致，才有可能彻底揭示社会发展的客观规律，掌握社会科学真理。马克思、恩格斯正是从无产阶级的利益和要求出发，才在科学研究的道路上突破了资产阶级古典学派的狭隘界限，批判地继承了人类以往的一切科学成果，创立了马克思主义学说。马克思主义学说既是最深刻、最完整、最科学地揭示了社会发展的客观规律和宇宙发展的一般规律，反映了历史发展的客观要求，又是最集中地体现了无产阶级的利益和要求。它是无产阶级的阶级性同真理的客观性的最完美的结合和辩证的统一。

说社会科学真理总是要具有一定的阶级性，当然不是说，真理除了客观的实践标准，还应当有"阶级标准"。"阶级标准"之说，那是"四人帮"所宣扬的唯心主义真理观的黑货。马克思主义所说的真理的阶级性，是以首先肯定真理的客观性为前提的。真理是客观的，是不以任何个人、任何阶级的主观意志为转移的。它的真理性如何，只能由实践的客观结果来回答。但是由于无产阶级是最先进、最革命的阶级，它只有按社会发展的客观规律办事，才能实现自己的政治经济任务。所以对于它来说，以实践作为检验真理的唯一标准，坚持实事求是的原则，使认识完全符合客观规律，这同它的阶级利益也是完全一致的。

所以，我们说社会科学真理具有阶级性，丝毫不意味着"无产阶级有无产阶级的真理，资产阶级有资产阶级的真理"。

总之，我们认为，社会科学真理既是客观的，又是具有阶级性的。真理的客观性与阶级性，既是对立的，又是统一的。说它们是对立的，是因为真理是客观的，是不能按照自己的阶级利益和要求随心所欲地进行塑造的，也不是任何阶级都可以发现它、认识它、掌握它来为自己服务的。真理是排斥任何阶级偏见的。说它们是统一的，就是说，客观真理是可以被先进阶级所认识、所发现、所利用的，而且，它也只有被先进阶级所发现、所掌握、所利用，才能以真理的形式而存在，而发挥自己的历史作用。这就是社会科学真理的客观性与阶级性的辩证统一关系。绝不能把社会科学真理的客观性与阶级性绝对地对立起来。

林彪、"四人帮"之流，就是把真理的阶级性同客观性对立起来，用夸大真理的阶级性的办法，来否定真理的客观性，宣扬胡适那一套唯心主义真理观，胡说什么"无产阶级有无产阶级的真理，资产阶级有资产阶级的真理"。对他们这一套反动谬论，必须彻底批判。但这种批判，不应当，也不需要否定社会科学真理的阶级性，从另外一个极端把社会科学真理的阶级性同其客观性对立起来。

二 对否定社会科学真理阶级性的几个论点的探讨

有些同志不承认社会科学真理的阶级性，把社会科学真理的阶级性同真理的客观性绝对地对立起来。在他们看来"肯定了真理的阶级性，就是肯定真理为某个阶级所特有，依某个阶级的利益和意志为转移"，因此，他们认为"承认真理的客观性，就意味着否定真理的阶级性；肯定了真理的阶级性，就意味着否定真理的客观性"[1]。就意味着承认"无产阶级有无产阶级的真理，资产阶级有资产阶级的真理"。这就是他们否定社会科学真理阶级性的主要原因和主要根据。

对于这种观点，我们姑且不谈他们这样的说法是否有实际根据，就是说，主张社会科学真理有阶级性的同志，有没有人否定社会科学真理的客观性，我们现在来考察一下他们这样的推论是否可以成立。不难看出，他们这样的推论是以这样一点为其理论前提的，这就是所谓阶级性就是要以某个阶级的意志为转移，就是因阶级而异，就是各阶级都有自己的真理。

---

[1] 见《真理是没有阶级性的》，《广州日报》1978年9月6日第3版。

例如，他们说："承认了真理的阶级性，那就意味着真理将依照阶级的意志为转移，意味着无产阶级有无产阶级的真理，资产阶级有资产阶级的真理，甚至有多少阶级就有多少真理。"① 因此，在他们看来，既然真理是客观的，是"不依哪个人的主观愿望或哪一个阶级的阶级意志为转移"，就"谈不上有什么阶级性"②。

果真如此吗？有什么根据把是否以阶级意志为转移作为判定社会现象有无阶级性的基本标志？是马克思主义经典作家这样说过，还是在阶级社会中有阶级性的各种社会现象都有这样的特征？我看是找不出这样根据的。在阶级社会中许多社会现象都有阶级性，每一种社会现象的阶级性表现，都有自己的特点，但是除了意识形态这种社会现象，恐怕一般都不具有以阶级意志为转移这样的特点。拿国家这种社会现象来说，它具有极强烈的阶级性，这是马克思主义理论中人所共知的常识。国家虽然体现着统治阶级的意志，但它的产生、存在和发展变化，并非以某一阶级意志为转移，而是受客观规律支配的。另外，国家这种社会现象有阶级性，但也并非各个阶级都有自己的国家，更不能说有多少阶级就有多少国家。例如，在资本主义社会有资产阶级的国家，却没有，也不能有无产阶级的国家；在社会主义社会中，有无产阶级的国家，却没有，也不可能再有资产阶级的国家。这能说是以阶级意志为转移吗？在资本主义社会中，无产阶级何尝不想有自己的国家政权，难道想有就可以有吗？在社会主义社会中，资产阶级又何尝不梦想重新夺回其国家政权，难道能由其主观意志决定吗？不以阶级的主观愿望为转移，难道就说国家没有阶级性吗？所以，在我看来，以阶级意志为转移，这并非阶级社会中具有阶级性的各种社会现象的基本特征。阶级社会中，某一社会现象是否具有阶级性的基本特征或基本标志，就是看它是否为某一阶级所专有、为某一阶级所服务，即看它是否专为某一阶级服务。有的社会现象，如社会意识形态，各个阶级都有自己的一套，但就某一阶级的意识形态来说，它仍然是只能为它那个阶级所有，为它那个阶级所服务。所以这是一切社会现象具有阶级性的共有特征。我们之所以说"社会科学真理具有阶级性"，就是因为，在一定的历

---

① 见《"在真理面前人人平等"的提法符合马克思主义》，《光明日报》1979 年 1 月 16 日第 3 版。

② 见《真理有阶级性吗?》，《人民日报》1978 年 11 月 28 日第 3 版。

史阶段上，它只能为一定的革命阶级所掌握，并为这个阶级所服务，成为这个阶级战胜反动阶级、推动历史前进的思想武器。难道不是这样吗？例如在资产阶级革命时期，社会科学真理掌握在资产阶级手中，成为资产阶级战胜封建势力的思想武器。在无产阶级革命时代，社会科学真理以马克思主义理论体系的形式掌握在无产阶级手中，成为无产阶级战胜资产阶级和一切剥削阶级，建设社会主义、共产主义，解放全人类的思想武器。

真理是客观的，但它又是发展的。真理在不同历史时期为不同的革命阶级所认识、所掌握，反映着不同历史时期的阶级关系及其发展趋势，具有不同的内容，具有不同的阶级性质。这是社会科学真理的发展不同于自然科学真理的发展的一个显著特点。人类对社会科学真理的逐渐揭示，在阶级社会中，总是要通过一定阶级的认识，特别是总是采取一定革命阶级思想理论的形式，这是由阶级社会中社会科学真理所反映的社会现象及其规律本质上是阶级斗争及其规律这一特点所决定的，是不能不如此的。社会发展规律是客观的，不以人们意志为转移的，这和自然规律是相同的，但社会发展规律的实现又同自然规律的实现不同，它总是要通过人们的有意识的活动来实现的。在阶级社会里它总是要通过一定的革命阶级反映当时的历史要求，掌握社会发展的客观规律，战胜反动阶级来实现的。所以，在不同历史时期，社会科学真理的客观性，总是要同一定的阶级性相结合，这也是必然的。

有的同志为了坚持他们那种凡属客观的东西就没有阶级性的论断，竟然否认阶级社会中社会现象本身的阶级性，说社会科学真理所反映的社会现象及其规律"不存在什么阶级性不阶级性的问题，它是一种不依哪一个人的主观愿望或哪一个阶级的阶级意志为转移的客观存在"①。如果说客观规律无所谓阶级性不阶级性，还可能成立，但说在阶级社会中社会现象自身都没有阶级性，这符合马克思主义观点吗？这符合事实吗？在阶级社会中有许多社会现象，如国家、政党、军队、警察、学校等，都属于上层建筑，具有阶级性。怎么能说它们是客观的就没有阶级性呢？

有些同志为了否认社会科学真理的阶级性，把社会科学真理和社会科学理论截然分开。这里有两种情况，一种情况是否认真理具有思想形式，或者把它说成好像就是社会现象及其规律自身。之所以如此，是因为他们

---

① 见《真理有阶级性吗?》，《人民日报》1978 年 11 月 26 日第 3 版。

知道，如果承认真理具有思想形式，那就要承认它总要表现为一定的社会思想理论，而社会思想理论在阶级社会中又是不能不具有阶级性的。所以他们在强调真理的客观性的时候，就总是想把它说成好像就是客观存在本身。但这是同真理的概念本身相矛盾的，是说不通的。另一种情况是虽然承认社会科学真理和社会科学理论的联系，但以"二者并不是一回事，不能画等号"为理由说："在阶级社会里，哲学社会科学是有阶级性的，不同的阶级有不同的哲学社会科学，但我们却不能说不同的阶级有不同的真理。"[1] 必须指出，在我们认为真理有阶级性的同志当中，并没有人说过"不同阶级有不同阶级的真理"；承认社会科学真理的阶级性也并不一定会推论出"不同阶级有不同的真理"的论断。引文作者把哲学社会科学具有阶级性的基本表现说成是"不同阶级有不同的哲学社会科学"，也是似是而非的。这种说法回答不了为什么各个阶级会有不同的哲学社会科学，回答不了为什么某一哲学社会科学只能属于某一阶级所有，而不能属于其他阶级所有，要回答这个问题，就不能不接触哲学社会科学的阶级属性的基本规定性。这个基本规定性就是任何一种哲学社会科学都反映着一定的阶级的利益和要求，为一定的阶级所服务。如马克思主义哲学社会科学之所以具有无产阶级的阶级性，就是因为它反映无产阶级的利益和要求，为无产阶级利益服务。这是马克思主义理论阶级性的基本规定性所在。其实，一切社会现象的阶级属性的基本规定性都是如此。都要看它是反映哪个阶级的利益和要求，为哪个阶级服务的。至于这种社会现象是不是各个阶级都能有自己的一套，并不能改变问题的本质，只要它是反映一定阶级的利益和要求，掌握在一定阶级手中，为一定阶级服务，它就具有一定的阶级性。正因为如此，毛泽东同志才十分重视"为什么人的问题"，强调指出：这"是一个根本的问题，原则的问题"。文艺要为工农兵服务。教育要为无产阶级政治服务。这是我们的文艺和教育的无产阶级性质的基本体现，基本要求。所以离开了为哪个阶级服务来谈论某种社会现象的阶级属性，就离开了阶级属性的基本规定性，就离开了它的根本问题，那是说不清楚的。引文作者之所以抛开哲学社会科学阶级属性的基本规定性来谈那种似是而非的东西，无非为了要引出这样一点，就是如果谁要从哲学社会科学具有阶级性推论出社会科学真理具有阶级性，那他就是

---

[1] 雍涛：《坚持客观真理》，《武汉大学学报》（哲学社会科学版）1978年第5期。

认为"不同的阶级有不同的真理"的结论，以便把这种莫须有的东西强加到对方的头上，然后再加以驳斥。然而，这样做又能解决什么问题呢？对我们讨论问题，探索问题有何益处呢？

让我们再看看引文作者又是怎样继续往下说的吧！紧接着前文，他继续写道："如果以哲学社会科学的阶级性作为证明真理有阶级性的论据，那就等于肯定了这样一个前提，即在阶级社会里，各阶级的哲学社会科学都是真理。"这又是什么逻辑呢？我们说，在阶级社会中，社会科学理论具有阶级性，这是个全称判断，这里既包括正确反映社会现象的社会科学真理，又包括没有正确反映社会现象的社会科学谬误。所以，把社会科学具有阶级性作为社会科学真理具有阶级性的一个论据，在逻辑上是无可非议的；而上述引文作者说我们主张社会科学真理具有阶级性就会得出一切社会科学理论都是真理的结论，倒是一个令人吃惊的逻辑，这如同我们说人是一种动物，就会得出一切动物都是人的结论一样的荒谬。

看来，这些同志为了否认社会科学真理的阶级性，已经把自己引导到逻辑混乱的地步。这种情况可以说不胜枚举。如有的同志说："真理本身不能包含谬误。而思想理论体系则不同，科学的思想体系由许多真理所构成，即许多客观真理的体系化（如马克思主义）；反动的思想体系，由许多谬误所构成，即各种谬误的体系化（如宗教学说）；而有的思想体系则是真理和谬误的统一体，既有真理的因素，又有谬误的成分（如黑格尔哲学）。思想理论体系之所以出现这种种复杂情况，其主要的原因就是由于阶级性的影响和制约。"[1] 但这怎么能说明思想理论体系有阶级性而真理没有阶级性呢？请问，这里列举的三种思想理论体系中的第一种，即科学的思想理论体系，如马克思主义，有没有阶级性呢？是否因为它是真理就失去了阶级性呢？而第三种思想理论体系是否只有其中错误的部分才具有阶级性，而正确的，即真理部分就没有阶级性了呢？我看这是说不通的。既然说思想理论体系具有阶级性，总不能说只有其中错误的，或错误的部分才有阶级性，其中正确的，或正确的部分就没有阶级性了吧！如果这样说是对的，那么马克思主义理论体系岂不就没有阶级性了吗？马克思主义关于阶级社会中一切社会思想理论体系都有阶级性的科学论断岂不也应当"修正"了吗？

---

[1] 见《真理是没有阶级性的》，《广州日报》1978年9月6日第3版。

有些同志为了否认社会科学真理的阶级性，还把人们对真理的认识和态度同真理本身的属性完全分开。他们承认在阶级社会里，人们对真理的认识和态度具有阶级性，却不承认社会科学真理本身有阶级性。他们承认社会科学真理只有革命阶级才能认识，反动阶级不仅不能认识还要加以掩盖，但他们把这种情况仅仅归结为缘于人们的阶级利益和阶级立场的不同。[①] 可是，我们要问，同样是具有不同的阶级利益和阶级立场的不同阶级，对自然科学真理为什么都可以认识？这种区别难道不是由于自然科学真理和社会科学真理具有不同的性质吗？难道各个阶级对社会科学真理的认识和态度的阶级性不正是社会科学真理的阶级性的反映吗？

有些同志为了否认社会科学真理的阶级性，还把真理为哪个阶级服务同真理本身的阶级性分开。他们认为"真理为谁服务的问题是人们对真理的运用问题"[②]，这与真理本身无关。他们以毛主席所说的"就自然科学本身来说，是没有阶级性的，但是谁人去研究和利用自然科学，是有阶级性的"作为根据，来证明社会科学真理也没有阶级性。第一，这里引用毛主席这句话所引申出的结论，违背了毛主席的本意。因为毛主席这里讲自然科学本身没有阶级性，正是以认为社会科学有阶级性为前提的，否则就不单提自然科学了；第二，社会科学的情况与自然科学不同，虽然不同阶级运用自然科学有阶级性，但自然科学本身却可以为各个阶级所利用，按其自身的性质说，它不专为某个阶级服务。与此相反，社会科学真理并不是任何阶级都可以运用的，它在一定历史阶段上，只能为一定阶级所认识、所运用、所服务，这正是社会科学真理阶级性的最根本的表现，怎么能说它同社会科学真理本身的性质无关呢？

有的同志为了否认社会科学真理的阶级性，把真理和真理观截然分开。他们说，某种真理观是指人们对真理的看法，是一定社会的政治和经济的反映，属于上层建筑的一部分，因此真理观无疑具有阶级性；而真理则是人们对于独立于人或人类之外的客观事物及其规律的正确认识，它属于认识论的范畴，因此真理无所谓阶级性不阶级性的问题。我们绝不可以把真理观和真理随意混淆起来。

这种把真理和真理观分割开来的看法也是似是而非的。固然真理观不

---

① 参阅《坚持客观真理》，《武汉大学学报》（哲学社会科学版）1978年第5期。

② 同上。

一定是真理，但正确的真理观就是真理，因为正确的真理观是对真理及其发展规律的正确反映，它本身也是真理，也具有客观性。这就如马克思主义哲学辩证唯物主义和历史唯物主义，是无产阶级世界观和历史观，但又是客观真理一样。承认这种真理观的阶级性，也就不能不承认真理的阶级性。就像我们承认了马克思主义的阶级性也就不能不承认马克思主义真理的阶级性一样。

有的同志认为，如果说真理有阶级性，那么到共产主义社会阶级消灭了，真理不也随之消灭了吗？这是什么逻辑呢？按照这样的说法，那就同样可以说，在阶级社会中，人是在一定的阶级地位中生存的，具有阶级性，那么到共产主义社会阶级消灭了，人不是也将随之消灭了吗？这当然都是不可能的。到共产主义社会，阶级消灭了，一切社会现象都不存在阶级性了，那时反映社会现象及其规律的社会科学真理的阶级性当然也就随之消失了。那时的社会科学真理就和自然科学真理一样，只有客观性，而无阶级性，难道不是这样吗？

最后应说明一点，我们说社会科学真理具有阶级性，是就其总的情况或大多数科学来说的，如果对其各个学科进行具体考察，情况就有所不同，其中有的学科，如语言学、逻辑学就没有阶级性。

"真理面前人人平等"是无产阶级的重要口号[*]

"真理面前人人平等"的原则，是由真理的基本属性所决定的。所谓真理就是人们的认识对客观事物的正确反映。所以，真理按其内容来说是客观的，是不以任何个人，也不以任何阶级的主观意志为转移的。任何阶级、任何个人的认识，只有正确地反映了客观事物及其规律才是真理，否则就不是真理。这对任何人、任何阶级都是一样的、平等的。这就决定了人们在真理面前是平等的。

另外，真理内容是客观的，检验真理的标准也是客观的。毛泽东同志指出："真理只有一个，而究竟谁发现了真理，不依靠主观的夸张，而依靠客观的实践。只有千百万人民的革命实践，才是检验真理的尺度。"[①]实践是检验真理的唯一标准。不论哪个阶级、哪个人，他们的认识之是否真理，都要依靠实践这个客观尺度来衡量。这个要求，这个标准，是客观的、平等的、一视同仁的。这就决定了人们在真理面前是平等的。

可见，真理面前人人平等，这是由真理内容的客观性质、真理标准的客观性质所决定的、所赋予的，是客观的、不以人们的意志为转移的。不管人们愿意不愿意承认它，都是如此。林彪、"四人帮"想否定这个原则，但他们并没能把他们的谬论变成真理，也并没能逃脱他们必然灭亡的历史命运。

但这只是问题的一个方面，问题的另一方面是一个人要实际享有这个平等权利，他必须能够认识和掌握客观真理。不能认识和掌握客观真理的人是享受不到"真理面前人人平等"的平等权利的。这如同一个人要实

---

[*] 本文原载于《哲学研究》1979年第9期。全文收入中国人民大学复印报刊资料和《真理有没有阶级性问题讨论文集》。

[①] 《毛泽东选集》第二卷，人民出版社1972年版，第663页。

际地享受到按劳分配的平等权利,他必须向社会提供劳动一样。这也如同在资本主义社会里,一无所有的无产者是享受不到"私有财产神圣不可侵犯"的平等权利是一样的。

那么,在阶级社会里,人们是否都可以认识和掌握客观真理呢?回答这个问题,我们就碰到了自然科学真理同社会科学真理的区别。就自然科学来说,由于它所反映的是自然现象及其规律,它不涉及人们的阶级关系,不触犯人们的阶级利益,因此任何阶级都可以认识它、运用它。所以,在自然科学真理面前,一般说来,任何阶级、任何人都可以享有平等权利。但在社会科学真理面前的情况有所不同。因为社会科学真理,一般地说,是具有阶级性的,它并不是任何阶级都可以认识、掌握的,历史上一切反动阶级都不能认识和掌握社会科学真理,只有那些同社会发展要求相一致的革命阶级才能认识和掌握社会科学真理。在无产阶级革命和无产阶级专政时代,一般说来,只有无产阶级及其领导下的革命人民,才能认识和掌握社会科学真理,才有可能享受到"真理面前人人平等"的权利。至于资产阶级和其他剥削阶级,一般说来,都不能认识和掌握社会科学真理,都享受不到"真理面前人人平等"的权利。所以提出"真理面前人人平等",绝不意味着"要无产阶级同资产阶级讲平等"。

这就是说,从真理的客观性来看,真理面前人人平等是一种客观要求,是没有阶级差别的,但由于在阶级社会中社会科学真理具有阶级性,又使得那些不能认识社会科学真理的反动阶级,不具有享受社会科学真理面前人人平等权利的现实可能性。这种在阶级社会中享受"真理面前人人平等"权利的阶级制约特性,随着阶级的消灭将逐渐消失。目前在我国地主阶级、富农阶级、资本家阶级已经被消灭,这些阶级中的绝大多数已经被改造成社会主义劳动者,成为无产阶级领导下人民群众的一员。但我国目前还有少数敌视和破坏社会主义现代化建设的反革命分子和刑事犯罪分子,他们顽固地站在剥削阶级的反动立场上同社会主义事业相对抗,他们仍然不能认识和掌握社会科学真理,他们仍然不具有享受在真理面前人人平等的权利的现实可能性。

还应看到,在真理面前人人平等,虽然是真理的客观性所提出的要求,但在阶级社会中,并不是所有的阶级都能提出这个口号、贯彻这个原则的。历史上一切反动阶级,由于他们的阶级利益同社会发展客观规律的要求相背离,他们不但不能认识真理,而且惧怕真理,所以他们不仅不能提出这个口号、贯彻这个原则，还反对这个原则、反对这个口号。正如马克思所指出的："政治经济学所研究的材料的特殊性，把人们心中最激烈、最卑鄙、最恶劣的感情，把代表私人利益的复仇女神召唤到战场上来反对自由的科学研究。"① 斯大林也曾指出："在自然科学中，发现和应用新的规律或多或少是顺利的；与此不同，在经济学领域中，发现和应用那些触犯社会衰朽力量的利益的新规律，却要遇到这些力量的极强烈的反抗。"② 所以，历史上一切反动阶级都反对自由的科学研究，反对"真理面前人人平等"的原则。林彪、"四人帮"疯狂反对、恶毒攻击"真理面前人人平等"的口号，就是他们站在地主资产阶级反动立场上惧怕真理、反对真理、反对自由的科学研究、搞文化专制主义的集中表现。

因此，决不能把真理面前人人平等的客观要求和主观原则混同起来，尽管真理面前人人平等是真理客观性所提出的要求，但历史上只有无产阶级才能把它作为一个口号明确地提出来，才能把它作为一个原则坚持下去。这是因为，只有无产阶级才是最先进、最革命的阶级，它的阶级利益和要求才同社会发展客观规律的要求完全一致。无产阶级只有揭示社会发展的客观规律，按客观规律办事，才能完成自己的历史使命。毛泽东同志指出："无产阶级的最尖锐最有效的武器只有一个，那就是严肃的战斗的科学态度。共产党不靠吓人吃饭，而是靠马克思列宁主义的真理吃饭，靠实事求是吃饭，靠科学吃饭。……只有靠了这个才能争取革命胜利……"。

可见，无产阶级提出和坚持"真理面前人人平等"的口号，既反映了真理的客观性的要求，又反映了无产阶级的利益和要求。这既是无阶级的革命性与科学性相一致的反映，也是社会科学真理的客观性与阶级性相一致的反映。那种把"真理面前人人平等"的口号同社会科学真理的阶级性对立起来，把这个口号说成是超阶级的，是不符合事实的。这种观点不利于彻底批判林彪、"四人帮"对这个口号的攻击和污蔑。林彪、"四人帮"那样疯狂地反对这个口号，正是从反面证明了这个口号的无产阶级性质，证明了这个口号对于无产阶级的重要意义。

---

① 《马克思恩格斯选集》第二卷，人民出版社1972年版，第208页。
② 《斯大林选集》下卷，人民出版社1979年版，第576页。

到底什么是真理[*]

——与吴家麟同志商榷

吴家麟同志在 1978 年 8 月 7 日《人民日报》上发表了《概念要明确》一文,说"想呼吁一下进行学术讨论必须遵守形式逻辑的一个起码要求:'概念要明确'"。"概念要明确",这是十分必要的,但吴文的中心是要否定马克思主义哲学界所公认的关于真理的定义,并用一个充满着矛盾和混乱的新定义来取代。这是不能认同的。本文只想就此谈谈我的意见,向吴家麟同志请教。

一

为了阐明要修改目前关于真理定义的必要性,吴文一开始就说:"在讨论真理阶级性问题的许多文章中,在哲学名词解释之类的工具书中,都给真理下了这样一个定义:'真理就是客观事物及其规律性在人们意识中的正确反映'或'真理是人们对于客观实际的正确认识'。"这个定义把"真理……看成是正确反映客观事物的主观认识",是"属于主观范畴"。承认这个定义,就不能不承认有的真理是有阶级性的结论,就难以推翻如下三个三段论式:

(1) 革命理论是有阶级性的,马克思主义是一种革命理论,所以,马克思主义是有阶级性的。

(2) 正确的认识是真理,马克思主义是正确的认识,所以,马克思主义是真理。

(3) 马克思主义是有阶级性的,马克思主义是真理,所以,有的真理是有阶级性的。

吴家麟同志证明了这三个三段论,只要前两个是可以成立的,第三个

---

[*] 本文原载于《社会科学辑刊》1981 年第 4 期。全文收入中国人民大学复印报刊资料。

就是推不翻的；有些同志既承认前两个三段论，又来指责主张"有些真理是有阶级性"的同志违背了逻辑规则，结果他们自己反倒陷入了逻辑的混乱之中。吴家麟同志对此所进行的逻辑分析，那是很有说服力的。但他不愿由此而承认"有些真理具有阶级性"的科学结论。相反地，是要以此证明，要想否定"有些真理具有阶级性"的结论，就必须在前两个三段论中去找突破口。突破口何在呢？在吴看来，第一个三段论是不好否定的，还可以做文章的只有第二个三段论的大前提，即关于真理的定义。只要这个定义一改变，第二个三段论的结论和第三个三段论的小前提就要发生动摇，从而也就否定了"有些真理是有阶级性的"的结论。

这就是吴文要修改真理定义的"理由"。但这样的"理由"能够成立吗？

我们说，概念作为人对客观事物的反映，是要随着人们实践的发展而发展、深化而深化的。但这种深化和发展不是主观随意的，而是要根据新的事实进行新的概括。可是吴文既没有拿出任何新的事实，也没有证明原有关于真理的定义错在何处，只是因为如果承认这个定义，就必须承认"某些真理具有阶级性"的结论，为了否认这个结论，就必须改变这个定义。请问这是什么逻辑？能说是严肃的、科学的态度吗？

二

"真理是人们对客观事物及其规律的正确认识。"这是我国哲学界所公认的真理的定义，吴文为了否定这个定义，就把这个定义说成是仅仅出现"在讨论真理阶级性问题的许多文章中，在哲学名词解释之类的工具书中"的少数人的观点。这是不符合事实的。事实上，这个定义，在谈到真理问题的所有马克思主义哲学著作中，都是可以看到的。如我国著名的马克思主义哲学家艾思奇同志、李达同志，他们分别主编的《辩证唯物主义与历史唯物主义》《唯物辩证法大纲》这些重要的马克思主义通俗哲学著作中，就都是这样讲的。例如，前者说："人们的认识符合于客观规律的就是真理。真理是客观事物及其规律性在人们意识里的正确反映。"[1] 后者说"所谓真理，就是符合客观实际的认识"[2]。

---

[1] 《辩证唯物主义与历史唯物主义》，人民出版社 1978 年版，第 177 页。
[2] 《唯物辩证法大纲》，人民出版社 1978 年版，第 587 页。

我们衡量一个定义是否符合实际、是否正确，就要看它是否正确地反映了它所反映的那一类事物的本质属性。我国哲学界所公认的关于真理的现有定义就是正确地反映了真理的本质属性。十分明显，当人们谈到这个或那个是否是真理时，他们所说的，总是指某种思想理论、某一科学原理、某一论断、某一口号是否是真理。例如，天文学上的"太阳中心说"是否是真理，化学上的物质不灭定律是否是真理，物理学上的能量转化和守恒定律是否是真理，社会科学上马克思主义是否是真理，资本主义必然被社会主义所代替的论断是否是真理，等等，从来没有人去研究、讨论某一客观事物、客观规律本身是否是真理。那么，如何来判断某一学说、某一原理是否是真理呢？按照马克思主义的唯物主义反映论，看某一学说、某一科学原理，是否是真理，就是看这种学说、这种原理是否正确地反映了客观事物的本质及其规律。正确地反映了客观事物及其规律的就是真理。否则就不是真理，而是谬误。

这个定义，同马克思主义经典作家的论述也是完全一致的。马克思总是把真理看作人们"思维的真理性"[1]。这种思维的真理性，列宁指出，"无非是指思维所真实反映的对象……的存在"[2]，"这个反映（在实践向我们表明的范围内）是客观的、绝对的、永恒的真理"[3]。可见，马克思、列宁认为正确反映就是真理。正因为如此，列宁总是把符合客观实际的思想、理论、口号称为真理。如列宁说，"自然科学关于地球存在于人类之前的论断是真理"[4]，波义耳定律"'只是近似的'真理"[5]，"马克思的理论是客观真理"[6]。毛主席也把马克思列宁主义称为"放之四海而皆准的普遍真理"，把鸦片战争后中国人向西方学习先进的科学文化称为"向西方国家寻找真理"[7]。

可见，马克思主义认为真理总是表现为一定的思想理论。当然，不是所有的思想理论都是真理，只有正确地反映了客观事物及其规律的思想理

---

[1] 《马克思恩格斯选集》第一卷，人民出版社1972年版，第16页。

[2] 《列宁选集》第二卷，人民出版社1960年版，第107页。

[3] 同上书，第202页。

[4] 同上书，第128页。

[5] 同上书，第141页。

[6] 同上书，第150页。

[7] 《毛泽东选集》第四卷，人民出版社1991年版，第1470、1469页。

论才是真理。我们既不能把思想理论和真理画等号，也不能把二者完全分开。

正因为真理总是表现为一定的思想理论，所以，真理的发展也就表现为思想理论的发展。真理的相对性，也就表现为一定的思想理论所具有的相对真理性。真理的绝对性也就表现为一定的思想理论所具有的真理的绝对性。列宁说，"人类思维按其本性是能够给我们提供并且正在提供由相对真理的总和所构成的绝对真理的"①。列宁这句话是对那些把真理同人们的认识、同一定的思想理论分割开来的观点的有力批驳。可见，正确的认识是真理，这个定义，是符合马克思主义反映论的。

按照这个定义，真理虽然从其所反映的内容上看是客观的，不以人们意志为转移的，但从其自身的存在形式上看是主观的。真理属于主观范畴，而不是客观范畴。真理和谬误具有同一性，同属主观范畴。真理和谬误的区别，不是客观范畴与主观范畴的区别，而是主观范畴内部正确与错误的区别。正因为它们具有这种同一性，所以又可以在一定条件下相互转化。"真理变成谬误，谬误变成真理。"②

我们通常说真理是客观的，并不是说真理属于客观范畴。而是从反映论的角度上肯定真理是正确地反映了客观世界及其规律，具有客观性。其实，全面地看，真理具有两重性，既有主观性（就其自身的存在形式来说），又有客观性（就其所反映的对象而言），是主观与客观的统一或符合。

吴家麟同志不肯承认真理属于主观范畴，不肯承认真理的外延包含在认识、理论的外延之内。他之所以不肯承认，是因为，他知道，只要谁承认真理是主观范畴，"只要谁把真理的外延包含在认识、理论的外延之内，谁就不能不承认'有的真理有阶级性'这个结论"。应当指出，正因为真理是主观范畴，所以真理的发展才受制于人类认识的发展规律，才不能不是来自实践又回到实践中接受实践的检验，并随着实践的发展而发展。如果真理是客观范畴，是第一性的东西，那它还需要实践的检验吗？

上述关于真理的定义，从逻辑方法的要求上看也是无可非议的。列宁指出："下'定义'是什么意思呢？这首先就是把某一个概念放在另一个

---

① 《列宁选集》第二卷，人民出版社 1960 年版，第 141 页。
② 恩格斯：《反杜林论》，人民出版社 1970 年版，第 88 页。

更广泛的概念里。"这就是说,给概念下定义的正确方法应当是属概念加种差。如说"商品是用来交换的劳动产品",在这个定义中,劳动产品就是属概念,商品首先是劳动产品,具有一般劳动产品的共同属性。但又不是所有的劳动产品都是商品,只有用来交换的劳动产品才是商品,所以"用来交换的"这个限制词就是"种差",规定了商品不同于其他劳动产品的特殊属性。在这样属概念加种差的定义中,全面地反映了事物的质的规定性。既反映了事物的共性,又反映了事物的特性;既反映了事物的共同本质,又反映了事物的特殊本质,是共性与特性的统一。

在"符合于客观实际的认识是真理"的定义中,认识是属概念,真理首先是一种认识,属于认识范畴,具有认识的一般属性,其外延包括在认识的外延之中。"符合客观实际的"这个限制词,就是种差,它规定了真理的特殊本质,把真理和谬误区别开来。所以,这个定义是合乎逻辑方法要求的,是对真理本质的全面的科学的概括,是无可非议的,是否定不了的,否定它就是对马克思主义反映论的否定。

三

现在我们再来看一看吴家麟同志给真理所下的新定义新在何处?他说:"应该如何给真理下定义呢?我认为:真理既不是主观认识,也不是客观事物本身,而是主观与客观的一致或符合。真理的定义应该是:存在于人们的主观意识中的客观内容。"

这就是吴家麟同志向我们提出的新定义。提出这样的定义,说是为了明确概念,实际上却使人难以琢磨,既难以看出它的内涵,也难以看出它的外延,既难以看出它的属概念,也难以看出它的种差,既可以这样解释,也可以那样解释,充满着矛盾和混乱。

首先来看看它的第一句:"真理既不是主观认识,也不是客观事物本身。"说不是客观事物本身,这当然是对的。正如吴家麟同志自己所说的:"客观事物本身是无所谓真理不真理的。"那么说"不是主观认识"又是什么意思呢?是说真理不是主观随意的认识吗?那么符合客观实际的认识是不是真理呢?是说任何认识都不是真理,真理不属于认识范畴吗?那么它属于什么范畴?到底应当如何解释才符合吴的本意呢?既不属于主观范畴,也不属于客观范畴的第三种东西,在世界上是不存在的。正如马克思所指出的:"……我们每个人都知道什么是物理的东西,什么是心理的东西，可是目前谁也不知道什么是'第三种东西'。"① 因此，吴文说，真理既不是客观范畴，也不是主观范畴，是说不过去的。

我们再来看一看它的第二句：真理"是主观与客观的一致或符合"，这句话是马克思主义经典作家说过的。问题是吴家麟同志这里所说的"主观与客观的一致或符合"是谁去符合谁呢？是列宁所说的"反映自然界的意识和意识所反映的自然界之间的符合"吗？这样的符合当然是对的，承认这样的符合是真理，就是承认符合客观实际的认识是真理。而这又正是吴文所要否定的。如果不承认这样的符合，吴家麟同志所说的"符合"又是怎样一种符合呢，这只能请吴家麟同志自己来回答了。

最后，我们再来看看他定义中的最后一句：真理是"存在于人们的主观意识中的客观内容"。请问，这里说的"客观内容"是什么？又是怎么"存在于"主观认识之中的？如果按照马克思主义唯物主义反映论去解释，只能是"客观存在"在主观意识中的反映。如果作这样的解释，那就是承认了真理是认识对客观存在的正确反映。即正确反映了客观存在的认识就是真理，这还是要回到原来的定义上来，所以，吴家麟同志是不能这样解释的。但不这样解释又怎样解释呢？按照吴家麟同志的本意，就是真理和它所反映的"客观内容"是一个东西。真理就是客观事物本身，但这又和吴家麟同志自己所承认的"真理不可能是客观事物自身"的论断相矛盾了。

吴家麟同志引用了列宁这样一段话："有没有客观真理？就是说，在人的表象中能否有不依赖于主体、不依赖于人、不依赖于人类的内容？"② 来作为他那个新定义的"论据"。但这也是难以办到的。因为谁都知道，列宁这里所说的在人们表象中不依赖于人类的内容，绝不是客观事物本身，而是认识对客观事物的正确反映。列宁在同一著作中就明确指出："认为我们的感觉是外部世界的映象；承认客观真理；坚持唯物主义认识论的观点，——这都是一回事。"③ 这就是说，不能离开唯物主义的反映论来谈客观真理，承认客观真理就是承认真理是人们的认识对客观世界的正确反映。

---

① 《列宁选集》第二卷，人民出版社 1960 年版，第 154—155 页。
② 同上书，第 127 页。
③ 同上书，第 89—90 页。

综上所述，在马克思主义哲学著作中，关于真理的概念是明确的；在马克思主义哲学界中所公认的关于真理的科学定义是推不翻的。吴家麟同志企图用自己的新定义来代替原有的科学定义，其结果，不是使"概念明确"，而是使其混乱不堪；不是让人们去坚持马克思主义反映论，而是让人们背离马克思主义的反映论。

显然，使吴家麟同志陷入如此之境地，绝不是由于吴家麟同志对逻辑学缺乏常识，也不是由于他对马克思主义反映论缺乏了解。只是由于他要坚持"任何真理都是没有阶级性的"这一无法成立的命题。他为了给坚持这一命题而陷入了逻辑混乱之中的同志找出一条新的出路，结果却使他自己陷入了更加混乱的困境之中。这一事实本身不就是很值得深思的吗？

第二部分

关于社会主义基本经济规律和社会主义生产目的问题

怎样认识政治经济学在马克思主义理论中的地位[*]

就整个马克思主义来说,它的理论基础是它的哲学,即辩证唯物主义和历史唯物主义。没有马克思主义哲学——辩证唯物主义和历史唯物主义,就不会有马克思主义政治经济学和科学社会主义。这是毫无疑义的。但是也应当看到,政治经济学在马克思主义理论中居于极其重要的地位。它是"马克思主义的主要内容"[①],是科学社会主义的理论基础。

按照历史唯物主义关于经济基础决定上层建筑的基本观点,马克思特别注意研究社会经济制度。他用毕生精力剖析了资本主义经济制度,写出了人类历史上空前的科学巨著《资本论》,创立了无产阶级政治经济学。马克思在《资本论》这部光辉巨著中,从资本主义社会中的细胞形态——商品的分析开始,周密地研究了资本主义社会的经济结构和阶级结构。马克思从商品的两重性——价值和使用价值的矛盾的分析入手,一步一步地揭露了资本主义剩余价值剥削的秘密,创立了科学的剩余价值学说,并在这个基础上揭露了资本主义社会的一切矛盾,阐明了资本主义的发生、发展和灭亡的客观规律,论证了随着资本主义的发展、资本主义各种矛盾的日益尖锐化,必然导致无产阶级革命和无产阶级专政,导致资本主义的灭亡和社会主义、共产主义的胜利。这样,马克思就在他的政治经济学的基础上创立了科学社会主义的伟大学说。

在马克思以前,也曾有人起来批判资本主义制度,揭露它的丑恶现象,幻想用劝说或示范的办法,让资产者同情无产者,实行"公平"的分配,建立一个美好的社会。这就是空想社会主义者。他们没有理解资本

---

[*] 本文原载于《理论与实践》1982年第9期"读者信箱"栏中。全文收入中国人民大学复印报刊资料《政治经济学》。

① 列宁语。

主义的本质,没有发现资本主义的发展规律,没有找到创造新社会的社会力量。因此,空想社会主义者不能指出真正的出路。只有马克思主义政治经济学才揭示了资本主义的本质及其发生、发展和灭亡的客观规律,阐明了无产阶级的历史使命,使社会主义由空想变成了科学。恩格斯在评价马克思的经济学说的时候指出:"这个问题的解决是马克思著作的划时代的功绩。它使社会主义者早先像资产阶级的经济学者一样在深沉的黑暗中摸索的经济领域,得到了明亮的阳光的照耀。科学的社会主义就是从此开始,以此为中心发展起来的。"[①] 列宁也说:"资本主义社会必然要转变为社会主义社会这个结论,马克思是完全而且仅仅根据现代社会的经济运动规律得出的。"[②] 而这个经济运动的规律,是由马克思主义政治经济学来揭示和阐明的。所以,没有马克思主义政治经济学,就不会有科学社会主义的诞生;不学习、不掌握马克思主义政治经济学,就不可能树立起科学共产主义的世界观。这也是毫无疑义的。

而且,不仅如此,在谈到政治经济学在马克思主义理论中的地位的时候,我们还应当看到,虽然马克思主义政治经济学"是建立在唯物主义历史观的基础上的"[③],但诚如列宁所说,这一唯物主义的历史观,在《资本论》问世以前,它暂且还只是一个假设,而在《资本论》问世以后,"唯物主义历史观已经不是假设而是科学地证明了的原理"[④]。"马克思的经济学说就是马克思理论最深刻、最全面、最详细的证明和运用。"[⑤] 所以恩格斯指出:无产阶级政党的"全部理论内容是从研究政治经济学产生的"[⑥]。这就是马克思主义政治经济学在整个马克思主义理论中的重要地位。

[①] 恩格斯:《反杜林论》,人民出版社1970年版,第201页。
[②] 列宁:《论马克思恩格斯及马克思主义》,人民出版社1957年版,第24页。
[③] 《马克思恩格斯选集》第二卷,人民出版社1972年版,第116页。
[④] 《列宁选集》第一卷,人民出版社1960年版,第10页。
[⑤] 《列宁选集》第二卷,人民出版社1960年版,第588页。
[⑥] 《马克思恩格斯选集》第二卷,人民出版社1972年版,第116页。

略谈社会主义基本经济规律和社会主义生产目的[*]

一

大家知道，每种社会生产都包括生产、流通、交换、分配等许多过程。一般地说，每一个过程都有一定的经济规律在起作用。所以任何一个社会生产都有多种经济规律在起着作用。这些经济规律是互相联系、互相制约的，其中总有一种经济规律起着支配作用。它不是决定社会生产的某一个别过程和个别方面，而是决定该社会生产的一切主要过程和主要方面，从而决定该社会生产的实质。这种经济规律就是基本经济规律。这种基本经济规律，在一种社会生产中只能有一个。它是由生产资料所有制和生产关系的性质所决定的。

那么，基本经济规律都包括哪些内容呢？它通常包括一定社会生产的目的以及达到这种目的的手段。这是因为，不同的社会生产都有不同的目的，而正是这种不同的生产目的反映着不同社会生产的本质，例如资本主义生产的目的是追求剩余价值，正是追求剩余价值这种生产的目的，反映了资本主义生产的本质是剩余价值的生产，是榨取工人阶级的血汗的生产。所以，对社会主义基本经济规律的主要特点和要求，斯大林作了这样的表述："用在高度技术基础上使社会主义生产不断增长和不断完善的办法，来保证最大限度地满足整个社会经常增长的物质和文化的需要。"[②] 这就是说，与资本主义完全不同，社会主义生产的目的"不是保证最大限度的利润，而是保证最大限度地满足社会的物质和文化的需要"，而实现这一目的的手段又"不是带有从高涨到危机以及从危机到高涨的间歇

---

[*] 本文原载于《理论与实践》1980 年第 2 期。被中国社会科学院经济研究所选入《建国以来社会主义基本经济规律资料汇编》（下册）。

[②] 《斯大林选集》下卷，人民出版社 1979 年版，第 569 页。

状态的生产发展，而是生产的不断增长；不是伴随着社会生产力的破坏而来的技术发展中的周期性的间歇状态，而是生产在高度技术基础上不断完善"①。

在基本经济规律的目的和手段中，目的起着决定作用。有什么样的生产目的，就有什么样的手段。在资本主义社会中，资本家的生产目的是榨取更多的剩余价值，为了实现这一目的，资本家所采取的手段只能是用延长劳动日，或提高劳动效率，来绝对地或相对地延长剩余劳动时间，为资本家创造更多的剩余价值。而在社会主义条件下，由于生产目的是满足劳动者不断增长的需要，这就决定了达到这一目的的手段绝不能是剥削劳动群众，而只能是在高度技术基础上使社会主义生产不断增长和不断完善。所以，社会主义生产目的在社会主义基本经济规律中具有决定意义，是社会主义基本经济规律的最主要内容，是我们从事社会主义建设必须明确的根本指导思想。

可是，在有些同志看来，生产目的纯属主观的东西，不能成为客观经济规律的内容。这种看法是不对的。我们知道，生产目的是由生产资料所有制和生产关系的性质所决定的。有什么样的生产资料所有制，就有什么样的生产关系及与之相匹配的生产目的。在资本主义社会中，资本家进行生产都是为了榨取更多的剩余价值，这绝不是资本家个人意志如何的问题，而是由资本主义经济关系的客观条件决定的。正如马克思所说的，资本家不过是资本的人格化，他的灵魂就是资本的灵魂。

在社会主义条件下，由于以生产资料的社会主义公有制代替了资本主义私有制，生产关系的性质发生了根本的变化，社会生产目的也就同资本主义有了根本的不同。它不再是为了追求剩余价值，而是为了最大限度地满足整个社会经常增长的物质和文化的需要。这是由生产资料的社会主义公有制的性质所决定的。既然生产资料已经成为公有财产，产品已经成为全体劳动者的共同财富，这就决定了生产的目的只能是满足人们不断增长的物质和文化生活需要。所以，这是客观的，不以人们意志为转移的。

二

把满足人民群众不断增长的物质和文化生活的需要作为自己的生产目

---

① 《斯大林选集》下卷，人民出版社1979年版，第569页。

的，这体现了社会主义生产方式的优越性。

马克思主义认为，在社会再生产过程中，生产和消费是辩证的统一。生产表现为起点，消费表现为终点。没有生产就没有消费，但没有消费也没有生产。因为一种产品只有当人们把它消费了，才证明它有某种使用价值，生产它的劳动才是人们所需要的生产性活动。而且，不仅如此，消费还为生产创造出新的需要。马克思指出："消费，作为必需，作为需要，本身就是生产活动的一个内在要素。"① 斯大林也指出，"跟满足社会需要脱节的生产是会衰退和灭亡的"②。

但是，在以剥削为基础的生产方式中，生产者的需要是不能成为生产的目的的，生产和需要之间是对立的。特别是在资本主义制度下，虽然它的生产是社会性的，它的产品必须提供给社会，但资本家生产的目的却不是为了满足人们的需要，而是为了榨取更多的剩余价值。人们的需要，在资本家的视野中是不存在的。所以，在资本主义社会中，生产和消费之间的矛盾是对抗性的。这种对抗导致资本主义周期性的经济危机的爆发，表现了资本主义的劣根性。

社会主义废除了资本主义私有制，消除了剥削，劳动者成为生产资料和劳动产品的主人，生产的目的是满足劳动群众自己的需要，这就消除了资本主义条件下那种生产和消费之间的对抗性矛盾，把生产和消费直接统一起来。一方面，生产的发展不断提高人民群众的消费水平；另一方面，消费和需要的不断增长，又刺激和推动生产的不断发展。在社会主义条件下，生产和消费这种互相促进的辩证运动，正是社会主义基本经济规律的客观要求，反映着社会主义制度较之资本主义的无比优越性。

但是，这种优越性的发挥有赖于人们按社会主义基本经济规律的要求办事，而社会主义制度又不能保证人们的生产活动不会违背社会主义基本经济规律的要求，偏离社会主义生产目的。如果人们在实践中偏重了生产，忽视了消费，忽视了群众的需要，也会出现为生产而生产的情况。实践证明，我们只有遵循了社会主义基本经济规律的要求，注意在生产发展的基础上逐步提高人民群众的物质和文化生活水平，我们的建设事业就会得到比较顺利的、迅速的发展。反之，社会主义建设事业就会受到挫折、

---

① 《马克思恩格斯选集》第二卷，人民出版社1972年版，第97页。
② 《斯大林选集》下卷，人民出版社1979年版，第597页。

破坏。所以，按经济规律要求办事，首先要按社会主义基本经济规律的要求办事，明确社会主义生产目的是满足人们不断增长的需要。这是我们在社会主义建设中必须遵循的根本指导思想。

三

现在，党和全国人民的工作重心已经转移到社会主义现代化建设上来。实现四化就是要用现代科学技术改造全部国民经济，在高度技术基础上使社会主义生产不断增长和不断完善，从根本上改变我国的贫穷落后面貌，提高我国人民的物质文化生活水平。这正是社会主义基本经济规律的客观要求。另外，搞好四化建设，又必须按社会主义基本经济规律的要求办事，明确社会主义的生产目的。这就要求我们：

第一，时刻都要关心群众生活，努力在发展生产的基础上使人民群众的生活得到逐步提高，逐步富裕起来。使群众富裕起来，这绝不是修正主义，更不是资本主义，而是社会主义的重要特征。资本主义的特征不是"富"字，而是剥削，是少数剥削者发财、广大群众贫困。社会主义则相反，它的特征就是消灭剥削，随着生产的发展使广大群众越来越富（当然是要贯彻等价交换、按劳分配的原则。承认差别，让一些人先富起来，来带动更多的人乃至广大群众普遍富起来），这正是社会主义革命的目的，也是社会主义生产的目的。

第二，安排国民经济计划要从满足人民群众物质文化生活需要出发，从人民群众的吃穿住用出发，从人民需要的最终产品出发，切实按农轻重的顺序，而绝不能从某重工业产品的增长速度出发，按重轻农的顺序。按农轻重的顺序来安排生产，并不排除重工业可以优先增长。重工业可以优先增长，发展国民经济却不能以重工业为中心；制定国民经济计划也不能从重工业的某些产品的增长速度出发，而只能从人民需要的最终产品的增长需要出发。坚持这个原则，重工业的优先增长就会被控制在必要的和合理的限度内，就不会排挤，而是会促进农业、轻工业的发展，并使重工业本身的发展建立在稳固可靠的基础上，得到更快的发展，加速四化的进程。

第三，既要关心群众生活又要提倡艰苦奋斗，适当地处理积累和消费的比例关系。

关心群众生活，提高群众的生活水平，这是社会主义生产目的所规定的,是社会主义基本经济规律的客观要求。但社会主义基本经济规律又告诉我们,生活的改善必须以生产发展为前提,人民群众的生活只有在生产发展的基础上才能得到逐步的提高。要发展生产必须有资金的积累。积累是扩大再生产的源泉。要扩大再生产,加速四化的实现,必须尽可能地扩大积累。但积累的扩大又要有一定限度。这就要以保证群众生活水平在生产发展的基础上能得到逐步提高为前提。所以按社会主义基本经济规律的要求办事,必须处理好积累和消费的比例关系。积累和消费的比例关系是国民经济中一项十分重要的比例关系,它反映着国家建设和人民生活、生产和基本建设的比例关系,反映着国家利益、集体利益和个人利益,目前利益和长远利益的关系。应当按社会主义基本经济规律的要求,兼顾国家、集体和个人利益,兼顾目前利益和长远利益,作适当的安排。

所以我们强调社会主义生产目的,强调要关心群众生活,但绝不意味着可以不要再提倡艰苦奋斗了。艰苦奋斗,勤俭建国,这是我国社会主义建设的一项十分重要的方针,应当长期坚持下去。特别是我国目前仍然贫穷落后,要实现四化,从根本上改变这种贫穷落后的面貌,没有艰苦奋斗的创业精神是不行的。人民生活要提高,但不可能一下子提高很多。粉碎"四人帮"之后,党和政府十分关心人民生活的提高,已经采取了许多措施,做了种种的努力,已经达到了国家财力所允许的极限。但我们对生活的改善不可要求得过高、过急,不可超越生产发展水平所提供的实际可能。我们应当把主要注意力集中到发展生产、实现四化上来。

第四,要搞好当前的国民经济调整工作。国民经济比例严重失调是当前我国经济发展的主要障碍。因此,当前一项迫切任务就是按社会主义基本经济规律的要求,搞好当前的国民经济调整,使我国国民经济纳入高速度、按比例发展的轨道,促进四化的胜利实现。

全面认识社会主义生产的目的[*]

斯大林的社会主义基本经济规律理论是对社会主义政治经济学的重大贡献，为我们进一步研究社会主义基本经济规律指明了方向、奠定了基础。但有些问题也需要进一步研究和探讨。现仅就社会主义的生产目的谈点粗浅想法。

以生产资料公有制为基础的社会主义经济是一个统一的整体，这个整体的集中体现者、代表者，就是劳动人民当家做主的国家经济领导机关。企业则是这个整体中的基本经济单位，具有相对独立性。而企业的经济活动又是由企业的生产者和管理者的有目的的活动来实现的。所以，我们考察社会主义的生产目的，不能不分别地考察这三个方面。

斯大林所表述的社会主义生产目的，概括了整个社会主义生产的根本目的，但并不完整、并不全面。我认为，在社会主义生产目的中，还应反映作为社会主义生产主人翁的劳动者个人及其企业从事生产活动的目的。否则，社会主义经济中的许多现象、许多问题就说不清楚。而要弄清企业的生产目的，首先要考察社会主义劳动者从事社会主义生产的目的。

任何社会生产的目的都不是抽象的、虚无缥缈的，它总是通过一定的人从事生产活动的目的表现出来的。这种人们在生产活动中的特定目的，以及由哪一部分人的目的来支配生产活动，从而成为社会的生产目的，这是由生产关系的性质所决定的，是客观的、必然的，不以人们意志为转移的。在资本主义制度下，占有生产资料的是资本家。资本家生产的唯一目的就是追求更多的剩余价值，就是价值的增殖。生产使用价值和满足社会需要，这些都不是资本主义生产的直接目的。人及其需要，在资本家的视野里是不存在的。社会主义废除了生产资料的资产阶级所有制，建立了生

---

[*] 本文原载于《辽宁大学学报》1980年第5期。全文收入中国人民大学复印报刊资料《政治经济学》。

产资料的社会主义公有制，劳动者成为生产资料的共同主人。于是，每个社会主义劳动者的生产目的，就构成为社会主义的生产目的。

但是，在社会主义阶段上，劳动还没有成为人们人生的第一需要，而"仅仅是谋生的手段"①。因此，各个社会主义劳动者从事社会主义生产活动首先是为了维持和提高他们自己的物质文化生活水平，为了他们自己的物质利益。这是无可非议的。列宁指出：劳动者"千百年来都是为别人劳动，为剥削者做苦工，现在第一次有可能为自己工作了"②。"每个人都希望改善自己的处境，大家都想享受生活福利，这是理所当然的，这也是社会主义"③。如果我们看不到劳动者参加社会主义生产活动的这种个人目的，忽视了从个人物质利益的关心上来调动每个劳动者的社会主义生产积极性，不把劳动者个人的物质利益同他们的劳动成果紧密地联系起来，社会主义生产就将丧失自己前进的基本动力，社会主义制度就无从发挥自己的优越性。在产品分配上，如果没有体现劳动者从事社会主义生产的这个目的，如果他们的经济收入没有同他们提供的劳动相适应，他们的社会主义生产积极性就将受到挫伤。无数的事实、几十年来的社会主义建设的实践，特别是1958年的"共产风"和十年动乱中的惨痛教训，都深刻地证明了这一点。

劳动者从事社会主义生产活动，首先所着眼的是为了保障和提高他们个人的物质文化生活水平，但为此就需要保障公共的社会主义生产的正常进行，保障扩大再生产的积累和社会的公共需要。这是劳动者从事社会主义生产的另一方面的目的。这一方面的目的，一般说，主要是通过上缴利润、税金等形式来实现的。这也就是在做个人分配之前，要做马克思在《哥达纲领批判》中所指出的那几项扣除。这些扣除，对劳动者个人同样是必要的。因为"从一个处于私人地位的生产者身上扣除的一切，又会直接或间接地用来为处于社会成员地位的这个生产者谋福利"④。

这就是社会主义劳动者从事社会主义生产活动的双重目的。这种双重目的，同马克思所说的双重地位是相适应的。社会主义劳动者，从其私人

---

① 马克思语。
② 《列宁全集》第二十六卷，人民出版社1963年版，第381页。
③ 《列宁全集》第二十七卷，人民出版社1963年版，第482页。
④ 《马克思恩格斯选集》第三卷，人民出版社1972年版，第10页

地位出发，他从事社会主义生产具有个人目的；从其社会成员的地位出发，他从事社会主义生产又具有社会的、公共的目的。这双重地位和双重目的，既是矛盾的，又是统一的，它们体现着社会主义生产方式所特有的矛盾。社会主义是公有经济，生产资料和劳动产品都是公有的，生产是集体的、公共的。这是全体劳动者摆脱剥削和贫困、走共同富裕道路的基本保证。但是，在社会主义阶段上，人们的消费是以家庭为单位的，是个体的、私人的。每个人都要依靠自己的劳动报酬来维持自己及其家庭成员的生活，这里存在一个矛盾，即公共生产同私人消费，或社会生产同个人消费之间的矛盾。正是这个矛盾规定着社会主义生产方式的特殊本质。决定着社会主义劳动者的双重地位及其从事社会主义生产活动的双重目的。

要解决这个公共生产和个人消费之间的矛盾，把公共产品转化为个人消费的对象，并把为个人生产和为社会而生产的双重目的统一起来，其基本的途径，就是要以劳动为尺度来分配个人消费品，使劳动者所获得的物质利益同他们各自提供的劳动相适应，从而使他们都能从个人物质利益的关心上来努力提高自己的劳动成果，为社会创造更多的财富。这里使我们看到，在社会主义时期按劳分配的必要性、必然性，看到按劳分配规律同社会主义生产方式的矛盾、同社会主义劳动者的生产目的、同社会主义基本经济规律所存在的密切联系。一方面，按劳分配规律受制于社会主义基本经济规律；另一方面，社会主义基本经济规律的要求，在分配方面，又要通过按劳分配来实现。可见，我们肯定社会主义劳动者从事生产活动的个人目的，才能真正弄清按劳分配在社会主义经济中的地位和作用，真正弄清按劳分配规律和社会主义基本经济规律的关系；才不会因为看到按劳分配的作用而否定社会主义基本经济规律的作用，或者把按劳分配看作社会主义基本经济规律。

与社会主义劳动者的生产目的相适应，社会主义企业的生产目的也有两个方面。社会主义企业是全民所有制的一个经济单位，是整个社会主义经济机体的一个活动细胞。它的生产经营活动，必须在国家或社会经济中心的统一指导下，适应整个社会的需要。所以，社会主义企业的生产目的，首先是满足整个社会不断增长的物质和文化生活的需要。离开了这个目的，也就是离开了全民所有制的根本性质。这是必须首先肯定的。另外，既然劳动者是企业的主人，企业的生产经营活动除了要完成国家计划、满足社会需要，还要代表全体职工的利益，通过提高企业的经济成果来提高职工的经济收益和物质福利。这是社会主义企业生产的又一方面的目的。这一方面的目的，也是客观的、不容忽视的。如果社会主义国家在经济指导上忽视了企业生产活动的这一方面目的，如果企业的经济活动没有体现这一方面的目的，企业职工的劳动积极性和经营管理的积极性就不能充分发挥，社会主义企业就要减弱，甚至丧失其经济活力。把企业生产的这双重目的统一起来的基本途径，就是扩大企业自主权和按价值规律办事。

既然社会主义企业从事生产还有自身的利益和目的，国家就必须给企业以自主权，使各个企业的收入、职工的收入同各自的经营成果、完成计划的情况和满足社会需要的程度紧密地联系起来。企业搞得好，经济效果高，经济收入多，企业的利润留成、职工的集体福利和个人收入也应相应地增多。这既是按劳分配的要求，也是社会主义基本经济规律的要求。二十多年来我们经济工作的最大教训之一，就是忽视了社会主义企业有相对独立的生产目的，没有给企业以必要的自主权和独立性，没有把企业的经济效果和职工的经济利益结合起来，使企业丧失了经济活动的内在动力。我们要承认企业的自主权和独立性，实际上就是承认企业有自己相对独立的目的。

正因为社会主义企业有相对独立的目的，要承认企业的经营自主权，所以企业之间的经济来往，才必须采取商品交换的形式，才必须遵循等价交换的原则。我们以前之所以不承认生产资料产品是商品，不承认价值规律在社会主义生产领域中的调节作用，就是因为忽视了企业有相对独立的生产目的。既然我们承认生产资料产品也是商品，承认整个社会主义生产都要采取商品生产的形式，那么，在国民经济的管理上，就不仅要有计划调节，而且要利用市场调节，把计划调节和市场调节结合起来。这是承认企业有相对独立的生产目的，给企业以必要的自主权的必然结果，也是把企业的双重生产目的统一起来的必要途径。这里又使我们看到了在社会主义经济中价值规律的作用同社会主义基本经济规律的要求之间的联系。价值规律在社会主义经济中并不是一种异己的力量，不考察企业的生产目的，这一点就弄不清楚。

国家或社会经济中心的生产目的也就是整个社会的生产目的，其内容就是斯大林所表述的"保证最大限度地满足整个社会经常增长的物质和文化的需要"。这种整个社会的生产目的，在社会主义生产目的中居于主导的地位，起着统帅的作用。但它不能代替社会主义劳动者个人及其企业的生产目的。整个社会生产目的所要满足的整个社会的需要，当然要包括作为社会成员的每个社会主义劳动者的需要，是社会需要与个人需要的统一。但如何满足个人需要，是按劳还是按需，劳动者在社会主义生产活动中有没有自己的目的，在整个社会生产目的中并没有得到反映。这种国家或整个社会的生产目的由谁来体现呢？当然主要是国家或各级政府的经济管理部门，如经委、计委等。他们主要是通过制定和实施国民经济计划和其他的经济政策、经济措施，来引导各经济部门、各企业按社会需要进行生产和经营活动。为此目的，制定国民经济计划必须从人民群众的物质文化需要出发，从需要的客观构成出发。国民经济发展的客观比例关系，首先应当取决于人民需要的客观构成。这正是国民经济有计划按比例发展规律受制于社会主义基本经济规律的重要表现。

计划能否反映社会需要，不仅取决于一些主观因素，如有关部门领导人员、工作人员对社会主义生产目的的认识程度，对人民群众生活的关怀程度，以及他们编制计划、实施计划指导的实践经验和工作本领，而且还取决于一些客观因素，如生产力的实际发展水平，生产的社会化、集中化程度，国家的大小，科学技术特别是统计科学和计算机技术的发展水平。就我们这样如此大国、经济和科学技术原来又如此落后的国家来说，计划工作更是既不可能预测出多种多样、千变万化的社会需要，又难以正确确定国民经济各部门的客观比例关系，不利用市场机制，没有市场调节，一切按计划生产、计划调拨，是很难不发生比例失调的。

整个社会生产目的不仅要集中地体现在国家的计划指导上，还要通过各个企业的生产活动来实现。各个企业的生产活动必须服从于满足整个社会需要这个社会主义生产的根本目的。但如前所述，企业还有自己特殊的目的和利益，为了解决这个矛盾，把二者结合起来、统一起来，必须承认他们是相对独立的商品生产者，要重视市场作用，利用价值规律。这样，才能使企业在国家计划指导下为满足社会需要而生产。

总之，对社会主义生产的目的不能只从国家或整个社会的总体上去看，不能从一个方面去看，而要从三个方面去看。社会主义的生产目的是劳动者个人的生产目的、企业的生产目的、国家或社会的生产目的这三者的有机结合或统一。劳动者个人的生产目的是整个社会生产目的的基础或出发点，在整个社会的生产目的中必须包含和反映劳动者个人的生产目的。然而，社会的生产目的可以体现，但不能代替个人的生产目的，个人的生产目的是个客观的存在。一方面，个人的生产目的又不能离开整个社会的生产目的，不实现整个社会的生产目的，个人目的就失去了保障，就不能实现。企业的生产目的既体现着个人的生产目的，又体现着整个社会的生产目的，是这两者的结合和统一，是社会主义多层次生产目的中心环节。它的重要地位也在于此。作为一个社会基本经济单位，企业必须体现国家或社会的生产目的，要按社会需要和国家计划进行生产，否则它就失去了前进的正确方向，国民经济也就无法实现有计划按比例地高速度发展。另一方面，企业作为企业内全体职工的利益和意志的体现者，它又不能不反映职工群众的目的和要求，提高他们的经济收益和物质福利，否则就不能充分发挥每个劳动者和企业的生产积极性和主动性，以致丧失其前进的内在动力。社会主义企业必须把这两方面的目的和利益结合起来、统一起来，才能得到健康的、迅速的发展。

可见，社会主义的生产目的具有复杂性、多层次性。这种复杂性、多层次性反映了社会主义公有制的特点，反映了社会主义同共产主义的区别。忽视这种区别在理论上是说不通的，在实践上是有害的。二十余年来我们经济工作中"左"的错误一再发生，不能说与此无关。现在我们应当认真总结新的实践经验，全面分析社会主义生产的目的，完整地揭示社会主义基本经济规律的特点和要求，真正做到按社会主义基本经济规律的要求办事。

社会主义的生产目的与全民所有制的二重性[*]

三十余年来的社会主义建设的实践证明，弄清社会主义生产目的，掌握社会主义基本经济规律，这不仅是社会主义政治经济学理论上的重要课题，也是社会主义建设实践中要求解决的重大问题。斯大林的社会主义基本经济规律理论为我们解决这个重大问题奠定了良好的科学基础。但它还远不是完善的。为了解决所面临的任务，我们必须总结新的实践经验，作进一步的分析和探索。

一 社会主义生产目的的多层次结构与企业生产目的的二重性

社会主义生产目的，从其内部结构上看，具有多层次性的特点，它是国家或社会的生产目的，企业的生产目的，以及劳动者个人的生产目的的有机结合和统一。我认为，在社会主义生产目的的层次构成中，国家或社会的生产目的是统帅，个人的目的是基础，而企业目的则是这两者的结合和统一，是多层次构成的中心环节。社会主义企业作为社会主义经济活动的基本单位，它的经济活力和经济动向如何，对社会主义经济的发展不能不具有决定性的影响。所以，弄清社会主义企业的生产目的，无论从社会主义建设的实践要求上看，还是从社会主义政治经济学理论研究上看，都是十分重要的问题。

近来已有同志注意到了对企业生产目的的考察。但是，现在还有很多同志固守原来的观点。他们只注意宏观的生产目的，而不注意对微观生产目的的考察；只看斯大林所表述的整个社会主义社会的生产目的客观存

---

[*] 本文原载于《学习与探索》1981 年第 6 期。全文收入中国人民大学复印报刊资料《政治经济学》。

在，而否认社会主义企业有相对独立的生产目的。他们认为"社会主义社会的生产目的，同社会主义企业的生产目的"应当"是完全一致的"。在他们看来，"既然生产目的是由生产资料所有制决定的，那么在同一种性质的所有制条件下，社会的生产目的和企业的生产目的就应当是一致的"。否则，"社会的生产目的就会失去其赖以构成的基础"，"社会主义企业虽然必须有自己特殊的物质利益，但是，却不能有自己特殊的生产目的"[1]。看来，他们并不否认企业有自己特殊的物质利益要求，并不否认在社会主义经济内部存在着国家、企业、个人之间物质利益上的差别和矛盾。但他们不承认这种差别和矛盾同生产目的之间存在着不可分割的联系。他们把生产目的同物质利益要求完全分开。这是值得商榷的。我认为经济目的同经济利益是密切联系着的。任何经济目的都是实现一定的经济利益。列宁就曾经说过："没有共同的利益，也就没有统一的目的。"在社会主义全民所有制内部，国家、企业、个人之间根本利益是一致的，在这种根本利益一致的基础上，形成了一致的、共同的生产目的，这就是满足整个社会不断增长的物质文化需要，这是整个社会的生产目的，也应是企业和个人的生产目的。否则社会主义经济活动就失去了它的统一性。

但是，在社会主义经济内部，国家、企业、个人之间也存在着物质利益上的差别和矛盾。与此相适应，它们三者之间在生产目的上也存在一定程度的差别和矛盾。社会主义国家是社会主义社会全体人民利益和意志的代表者、体现者，是社会主义经济运动的指导中心，要按照全民的利益和要求，按照社会主义生产的根本目的，为满足整个社会不断增长的物质文化需要，有计划地指导社会主义经济的发展。

社会主义企业的情况则有所不同。社会主义企业的生产目的具有两个方面。社会主义企业既然是全民所有制的一个经济单位，是整个社会主义经济机体中的一个细胞，它的生产经营活动，就必须在国家或社会经济中心的统一指导下，为满足整个社会不断增长的物质文化需要而生产。这是企业从事生产活动的根本目的。离开了这个根本目的，也就是离开了全民所有制的根本性质，背离了社会主义经济的根本方向。这是必须首先肯定的。另外，既然劳动者是企业的主人，企业的生产经营活动，除了要完成国家计划、满足社会需要，还要代表企业全体职工的利益，反映全体职工

---

[1] 见吴振坤《要真正弄清社会主义的生产目的的科学含义》，《红旗》1980年第17期。

的要求,通过提高企业的经济成果来提高企业职工的经济收益和物质福利。这是社会主义企业生产的又一方面的目的。如果社会主义国家在经济工作的指导上忽视了企业生产活动的这一方面目的,如果企业的经济活动体现不了企业生产的这一方面目的,企业职工的劳动积极性和经营管理的积极性就得不到充分发挥,社会主义企业就将削弱,甚至丧失自己的经济活力,社会主义经济制度的优越性也就得不到充分的发挥。这种情况已为几十年的社会主义建设实践所一再证明,是必须给以充分注意的。

社会主义企业这两个方面的生产目的既是矛盾的又是统一的。一方面,社会主义企业不过是整个社会有机体中的一个活动细胞,它的存在和发展离不开整个社会主义经济的发展。各个企业只有为满足社会需要而生产,它自身及其职工的需要才能得到满足。各企业为了满足本身的需要,就必须为满足其他企业、满足社会需要而生产;为了换回本企业职工所需要的各种使用价值,他们必须生产出适应社会需要的使用价值物。另一方面,国家只有注意了企业生产的另一方面目的,使企业的生产经营活动能够体现出企业职工群众的利益和要求,把企业生产经营成果和企业职工的物质利益结合起来,才能充分调动企业及其职工为满足社会需要而生产的积极性。

当然企业生产目的的两个方面也是存在矛盾的,这种矛盾或者表现在国家的计划指导同企业的自身发展要求的不一致上,弄得不好会出现盲目性,导致重复生产、重复建设,造成浪费;或者表现在国家统一的价格政策同企业价格变动的要求上,弄得不好,也会出现擅自提价或变相涨价;或者表现在收益分配上,弄得不好,也会出现偷税漏税的行为。这些问题都要注意加以解决,把企业生产的两个方面的目的统一起来,但为此首先就必须正视这个矛盾的客观存在。

这就是社会主义企业生产目的的二重性,我认为要弄清社会主义企业生产目的的二重性,必须弄清作为社会主义企业主人翁的劳动者从事社会主义生产活动的双重目的。社会主义劳动者个人是企业的主人,是企业的生产者和管理者、指挥者,企业的一切生产经营活动,都是通过他们有目的的活动来实现的。他们从事社会主义生产的目的,不能不成为社会主义企业,乃至整个社会生产目的的构成基础。所以,问题要从分析社会主义劳动者个人从事社会主义生产活动的目的开始。我认为,在社会主义阶段上,既然劳动还没有成为人们生活的第一需要,而"仅仅是谋生的手段",那么,一般说来,各个社会主义劳动者从事社会主义生产活动,就不能不首先从维持和提高他们自己的物质文化生活水平的要求出发,不能不为了他们自己的物质利益。但是为此,他们就要保障公共的社会主义生产的正常进行,保障扩大再生产和社会的公共需要。这就是社会主义劳动者从事社会主义生产活动的双重目的。这双重目的的统一才是社会主义生产目的的构成基础。国家或社会的生产目的是劳动者个人从事社会主义生产双重目的的集中体现。要满足整个社会不断增长的物质文化需要,也就是要满足全社会每个劳动者的个人需要,以及他们的社会公共需要。而社会主义企业生产目的的二重性,也正集中地反映了劳动者个人生产目的的二重性。

还有一种意见,只承认社会主义企业的生产目的,而不承认有整个社会的生产目的。持这种意见的人,把社会主义生产目的归结为价值或利润,把社会主义基本经济规律归结为价值规律,因而他们就不能承认在企业之上还有国家或社会的生产目的。既然社会主义经济是由生产资料的社会主义公有制统一起来的有机整体,既然这个整体还存在一个代表着全体人民利益和要求的经济指导中心,怎么能说没有国家或社会的生产目的呢?

可见,在社会主义生产目的的整个构成中,存在着劳动者个人的、企业的、国家或社会的生产目的这三者的有机结合和统一。其中哪一个方面都是不可忽视的客观存在。特别是企业的生产目的,它的两个方面的结合和统一,是把劳动者个人的生产目的和国家或社会的生产目的结合起来、统一起来的中心环节,因而占据特别重要的地位,应特别予以重视。

二 社会主义企业生产目的的二重性反映着全民所有制的二重性

社会生产目的,作为生产关系的本质体现,是由生产资料所有制的性质决定的。那么全民所有制企业生产目的的二重性同全民所有制的性质是否矛盾呢?我认为并不矛盾。而且,这种生产目的的二重性正是社会主义全民所有制二重性的完整体现。

社会主义全民所有制是全民所有制发展的初级阶段,不可能是成熟的。它的内部既有全民所有的统一性,又有企业部分所有的相对独立性。在社会主义阶段,全民所有制企业的生产资料,从所有权上看,是全民的、统一的，但从其直接的使用权、支配权上看，又是属于企业及其全体职工的。当然，在全民所有制内部，这种所有权同使用权、支配权的分离不是绝对的，而是相对的。因为在全民所有制内部国家和企业的关系，并不是两个不同所有者之间的关系。社会主义国家将全民所有的生产资料交给企业支配和使用，并不意味着代表全民利益的国家由此完全失去了对这些生产资料的支配权，而是委托企业全体职工代表全民的利益（包括他们自己的利益在内）来支配和使用这些生产资料。从企业职工方面来说，他们首先也应当以接受国家委托的身份，代表全民的利益，在国家统一指导下，支配和使用这些生产资料，生产适应社会需要的产品，以满足社会需要。另外，在社会主义阶段上，企业劳动者也不能不从他们自身的利益和要求出发，来支配和使用这些生产资料，创造和实现更多的经济收入，以提高他们自己的物质福利。从前一种情况来看，全民所有制的生产资料交给企业职工使用，并没有发生所有权和使用权的分离，但从后一种情况来看，这种分离在实践上又是不可否认的。那种从抽象原则和逻辑推理出发来否定这种分离的存在是不符合实际的。

弄清社会主义全民所有制的结构，还要考察社会主义企业对产品的所有权问题。在社会主义阶段，由于生产力的发展水平还不足以实行对个人消费品的按需分配，劳动还是个人的谋生手段，这样，就不能不承认各个企业在使用全民所有的生产资料时，由于经营管理和劳动贡献不同所带来的生产成果上的差别。承认这种差别，也就是承认企业对劳动产品的一定所有权。这样，在社会主义阶段，同企业对生产资料的使用权、支配权相联系的还有一个企业对劳动产品的部分所有权。

马克思主义政治经济学认为，产品的所有权，是由生产资料所有权决定的。反过来，这种产品的所有权，又体现和反映着生产资料的所有权。人们之所以要占有生产资料，支配和使用生产资料，就是为了占有劳动产品。产品的所有权，是生产资料所有权在经济上的实现，全民所有制企业的生产资料既然是属于全民所有，代表着全民利益来支配这些生产资料的社会主义国家，就不能完全丧失其对产品的支配权、所有权。这种支配权、所有权表现在国家对企业的产品可以规定其价格，限定其流向，索取其利润，等等。另外，在社会主义阶段上，既然要承认企业及其劳动者在使用生产资料过程中由于各自在经营管理和劳动贡献上不同所带来的生产成果上的差别，体现多产多得、多劳多得的原则，那么，就要承认企业对劳动产品的一定所有权,除了按规定以利润、税金等形式上交国家外,其余的应归企业劳动者所有。这种产品的一定所有权,不仅是按劳分配的要求,也是企业对生产资料的使用权、支配权在经济上的实现。这种企业对生产资料的支配权、使用权和对产品的一定所有权,可以看作全民所有制中的企业部分所有制因素。在社会主义的全民所有制中,既有全民所有的统一性,又有企业部分所有的相对独立性(前者是基本的、支配的方面)。我认为这就是社会主义全民所有制的二重性。这种二重性,正是社会主义全民所有制同将来共产主义全民所有制的本质区别。而社会主义企业生产目的的二重性,正是反映了这种区别,正是体现了社会主义全民所有制的本质特点。

我们说全民所有制存在二重性,在全民所有制中存在企业的部分所有权,这是不是和全民所有制的性质相矛盾呢?是不是会导致对全民所有制的否定呢?

有人认为,在社会主义全民所有制内部,存在生产资料的所有权和使用权的分离,使企业拥有生产资料的一定支配权、使用权和产品的部分所有权,全民所有制就"变成了不完全的,甚至可能完全是徒有虚名的……""全民对生产资料的所有权也就在事实上被架空了"[1]。我认为这种看法是难以成立的。在人类历史上,生产资料的所有权和使用权相分离的事早有发生,但并没有使所有权徒有其名。例如,在资本主义社会中,货币资本家和职能资本家之间,土地所有者和农业资本家之间,就发生了这种分离。货币资本家以借贷资本的形式把他的货币资本贷给职能资本家使用,土地所有者将其占有的土地租给农业资本家使用,他们在一定时期内都完全失去了对这些货币资本和土地的使用权,但并未因此而丧失其所有权。他们所得到的借贷利息和地租,就是这种所有权在经济上的实现。在两个不同所有者之间,发生所有权和使用权的完全分离时尚且如此,在全民所有制内部国家和企业之间,只发生了所有权和使用权的部分的或相对的分离,怎么就会使全民所有制"徒有虚名"了呢?社会主义国家将生产资料交给企业使用,在国家计划指导下为社会需要而生产,并把收入的一部分以利润、税金等形式上交国家,用以全民的需要,这不是全民所有制在经济上的实现吗?全民所有制在经济上的基本要求有两条:一是全

---

[1] 见蒋明《从社会主义生产目的谈企业扩权问题》,《学术月刊》1980年第8期。

民所有制内部劳动者在对生产资料的关系上一律平等，由于各企业使用的生产资料优劣不同所带来的各企业收入上的差别，要在全民所有制内部统一平衡，其多得不能归企业所有，其少得不能让企业承担；二是企业的生产经营活动要在国家计划指导下，要适应社会的需要。只要具备了这两条，全民所有制就是名副其实的。

还应看到，全民所有制的所有权和使用权的相对分离，企业全体职工不仅要首先以全民代表的身份来支配和使用这些生产资料，而且可以从自己的利益和要求出发来使用和支配生产资料，这同全民所有制的本性不但不是矛盾的，而且正是它的要求。显然，所谓全民所有制就是社会全体劳动者共同占有生产资料。这种共同占有意味着什么呢？当然一方面意味着所有的生产资料都要由全民统一支配，各个企业都要按照全民的利益和要求从事生产和经营，企业的职工群众不能成为自己企业生产资料的全权占有者和支配者。但另一方面也意味着，所有的成员又都是全民所有制生产资料的主人，所有企业的劳动者又都是自己企业的共同主人，他们对自己所在企业手中的生产资料的使用权、支配权，是他们这种主人翁地位的要求和体现。如果抹杀了这一方面，否定了全民所有制企业的全体劳动者，在首先以全民利益的代表者的身份来支配和使用这些生产资料的前提下，还有按照他们自己的利益和要求来支配和使用这些生产资料的权利，那么他们的主人翁的地位又到哪里去了？各个企业的劳动者都丧失了这种权利，全民所有制岂不成为有名无实的空中楼阁了吗？

这里必须弄清，直接支配和间接支配、有权和无权，是辩证的统一。诚然，全社会劳动者对全民所有制经济的支配，不可能人人都是直接的，他们只能通过自己的代表者——社会主义国家来统一支配，但是他们对自己所在的企业的生产资料可以直接占有和支配。这种占有和支配固然必须服从全民的利益和要求，要接受国家的统一指导，但也应包括他们自己的利益和要求。在这里，直接占有和间接占有、有权和无权，在全民所有制内是辩证的、有机的统一，否定了哪一方面都是对全民所有制的破坏。

长期以来我国经济体制上的主要弊病是过分集中。它否定了企业相对独立的所有权和自主权，实质就是破坏了社会主义全民所有制的完整性，使企业的职工不能从实际上感受到自己的主人翁地位。因而，束缚了企业和职工的积极性、主动性，使社会主义全民所有制的优越性得不到应有的发挥。这就是说，过去我国社会主义全民所有制经济的优越性之所以未得到充分发挥,根本问题是社会主义全民所有制生产关系不完善。要使它完善起来,就要在坚持其生产资料的全民所有统一性的前提下,承认企业的部分所有权和自主权。

三 认清社会主义全民所有制和企业生产目的二重性的重要意义

第一,为改革经济体制,扩大企业自主权提供了根据。

在全民所有制中存在企业的部分所有权,以及与此相适应的社会主义企业有自己相对独立的生产目的,国家就必须给企业一定的自主权,使它们能够根据实际情况组织自己的供、产、销活动,使各个企业及其职工的经济收入能够同他们各自的生产经营成果、完成计划的情况和满足社会需要的程度紧密地联系起来。这样才能充分发挥企业及其职工的积极性和主动性,发挥社会主义制度的优越性。

目前我们经济体制上的两大弊病,即:一是过分集中、统得过死;二是吃"大锅饭",干好干坏、干多干少一个样,都是同侵犯了全民所有制中企业的部分所有权、抹杀了企业相对独立的生产目的紧密联系的。目前以扩权为中心的经济体制改革,从根本上说,就是要承认企业的部分所有权和相对独立的生产目的。

第二,为正确认识社会主义全民所有制内部商品关系提供了根据。

社会主义建设实践证明,社会主义经济还不能不采取商品经济的形式。在社会主义经济中不仅不同所有制形式之间的交换是商品交换,在全民所有制内部各企业之间的交换,也具有商品交换的性质。这一点也为大多数同志所公认。但为何必然如此,却其说不一。我认为按照马克思的商品价值学说,要考察商品经济关系,是不能离开所有制的,是不能与所有权的转移无关的。那么统一的全民所有制内部为什么还会有所有权的转移呢?解决这个问题的关键就是要弄清社会主义全民所有制的二重性,承认在它的内部还存在着企业的部分所有权,因而企业之间的交换,还发生了一定程度的所有权的转移。因而他们之间的交换仍然要坚持等价交换原则,仍然是通过劳动生产物的交换来实现其劳动交换,仍然具有实质上商品交换的性质。

不仅如此,它还可以使我们全面认识全民所有制内部交换关系的性质,一方面它仍然具有实质上商品交换关系的性质,因为它发生了一定程度的所有权的转移；另一方面它又具有非实质上商品交换的性质，因为它毕竟是统一的全民所有制内部的交换，所有权并未完全转移。这就是说，全面地看，全民所有制内部的交换关系也具有二重性（既有商品关系一面，又有非商品关系一面，是由商品关系向非商品关系的过渡），这种二重性是由社会主义全民所有制的二重性所决定的。

第三，为正确认识价值规律在社会主义经济中的地位和作用提供了科学的根据。

实践反复证明，价值规律在社会主义经济中还起着重要作用。但为什么会如此，它和社会主义基本经济规律的要求是什么关系？既然社会主义基本经济规律是决定社会主义经济发展的一切主要方面和主要过程的规律，那么社会主义经济发展中的一切主要现象，包括价值规律的作用问题在内，就应当在它那里找到说明。可是斯大林所表述的社会主义基本经济规律中的生产目的，很难找到这种说明。这是由于斯大林所表述的社会主义生产目的只反映了社会主义同共产主义的共同特征，没有反映社会主义区别于共产主义的特殊本质，当然也就不可能找到社会主义时期商品经济存在和价值规律发生作用的根据。我们弄清了社会主义企业生产目的的二重性，明确了企业有相对独立的生产目的，这就为我们从社会主义基本经济规律的要求上认识价值规律的作用和地位提供了根据。问题很明显，既然社会主义全民所有制企业的生产也要体现全体职工的利益和要求，也要为提高他们的物质福利而生产，这样，它向社会、向其他企业提供产品，满足社会需要，就不能是无代价的，而是要有代价的，要等价的，要实现等价交换原则。通过这种商品的等价交换，企业既实现了为满足社会需要而生产的目的，又实现了为提高企业职工物质福利而生产的目的，并把企业生产的双重目的在经济上结合起来、统一起来，充分调动企业为满足社会需要而生产的积极性。所以，商品经济形式的存在，价值规律在社会主义经济中的作用，不但不违背，而且正是社会主义基本经济规律作用的要求，价值规律在社会主义经济中并不是同社会主义基本经济规律的要求相对立的异己的力量。

第四，为两个调节提供了根据。

社会主义建设的实践证明，社会主义经济不能只搞一个调节，既不能只搞计划调节，也不能只搞市场调节，必须是两个调节，并且要把这两个调节结合起来。为什么必须如此呢？从社会主义经济既是计划经济又是商品经济,是这两者的结合和统一上来说明当然是可以的,但是,从社会主义全民所有制的性质上,从社会主义基本经济规律的要求上能不能找到根据呢?我们弄清了社会主义全民所有制的二重性和企业生产目的的二重性,就为回答这个问题提供了根据。因为全民所有制的统一性和为满足社会需要而生产的社会主义生产目的,就是社会主义经济中有计划按比例发展规律能够发生作用,国家可以对整个社会主义经济进行计划指导的客观经济条件。全民所有制中存在的企业部分所有的相对独立性和相对独立的生产目的,则是要承认企业是相对独立的商品生产者、尊重价值规律、开展市场调节的客观经济条件。

总之,我们对社会主义生产目的的认识不能停留在当年斯大林所表述的水平上,我们必须具体地分析、弄清社会主义生产目的的多层次性和企业生产目的的二重性。只有这样才能为我们认清社会主义经济中各种重大问题找到钥匙,才能更自觉地发展商品经济,利用价值规律,运用各种经济手段,配合必要的行政手段和思想政治工作,把企业生产的双重目的统一起来,充分发挥社会主义制度的优越性,促进社会主义现代化建设的发展。

关于我国过渡时期社会中有关基本经济法则的几个问题的商榷[*]

一　我国过渡时期社会中是否只能存在一个基本经济法则

我的回答是否定的，可以存在几个基本经济法则。

不少经济学家都一致正确地肯定了：在我国国民经济中，随着社会主义成分的创立和发展，社会主义基本经济法则逐渐产生并为自己开辟道路。这个法则直接在国民经济中的社会主义成分的范围内发生作用，同时间接地影响着非社会主义经济、影响着整个国民经济的发展。社会主义基本经济法则在我国国民经济中起着主导的作用。在我国过渡时期中依然发生作用的旧的经济法则，如剩余价值法则和价值法则，都随着社会主义成分的发展、社会主义基本经济法则和国民经济有计划按比例的发展法则的作用范围的扩大而受到日益严格的限制，以至排除它们在国民经济中的消极作用。

这是首先应当肯定的，也是我们一致公认的。

但是有些同志与此同时错误地断定：在我国过渡时期社会中也只能存在一个基本经济法则。

他们所持的主要理由是：任何社会形态只能有一个基本经济法则。显然，他们是机械地片面地理解了斯大林关于在通常情况下一个社会形态只能有一个基本经济法则的指示。

在这里我们首先提出苏星同志在其所写的《社会主义基本经济法则在我国过渡时期的作用问题》一文中对这个问题的看法来研究一下。

苏星同志虽然正确地批判了某些人所认为的在我国过渡时期中应当存

---

[*] 本文作为处女作原载于《学习》（《红旗》前身）1954 年第 11 期。1980 年被中国社会科学院全文收入《建国以来社会主义基本经济规律资料汇编》（上册）。

在一个特有的基本经济法则的观点,说明了斯大林之所以指出某一社会形态只能存在一个基本经济法则,是因为一个社会形态都有自己的生产方式作基础,而基本经济法则则是表明这一生产方式的本质的,也决定这一生产方式的一切主要方面和一切主要过程,从而在指出我国过渡时期存在着多种经济成分不能称为一个独立的生产方式或独立的社会形态之后,便得出结论说:在这种制度下不能产生一种凌驾于各种经济成分之上的基本经济法则。

但是,他却没有进一步得出这样的结论:既然基本经济法则是表明这一生产方式本质的,是决定这一生产方式的一切主要方面和主要过程的,而我国过渡时期又不是一个独立的生产方式和社会形态,而是存在着多种经济成分(或多种生产方式)的过渡形态,那么在我国社会经济中就不一定只存在一个基本经济法则,虽然这些基本经济法则的作用是不同的。他不但没有得出这样正确的合乎逻辑的结论,反而认为:过渡时期虽然有多种经济成分,但也只能有一个基本经济法则。在他看来只能"从这一社会占统治地位的生产方式出发,找到决定这一社会形态的基本法则。否则就不仅在过渡时期,即使在资本主义社会形态下,也不只有一个,而是有几个基本经济法则"[①]。

在这里,苏星同志把我国过渡时期和资本主义的情况相比是不恰当的。

能否说在我国过渡时期存在占有统治地位的生产方式,我国社会主义经济成分就是已占有统治地位的生产方式了呢?我认为不可以这样说。这里,请看斯大林在什么情况下、在什么时候才宣布苏联社会主义生产方式已居统治地位的吧!

斯大林于1934年1月,在第十七次党代表大会上,才在自己所做的关于"联共(布)中央工作的总结报告"中宣布社会主义生产方式占统治地位。斯大林是这样说的:"列宁在着手施行新经济政策时说在我国有五种社会经济结构成分:(一)宗法经济(多半是自然经济);(二)小商品生产(出卖粮食的农民中的大多数);(三)私人经营的资本主义;(四)国家资本主义;(五)社会主义。列宁认为,在这五种经济结构中,结果一定是社会主义结构占统治地位的。我们现在可以说:第一种、第三

[①] 苏星:《社会主义基本经济法则在我国过渡时期的作用问题》,《学习》1954年第4期。

种和第四种社会经济结构已不存在了，第二种社会经济结构是被排挤到次等地位了，而第五种社会经济结构即社会主义结构，则已成了在全部国民经济中独占统治的唯一指挥力量。"①

斯大林宣布社会主义经济结构已独占统治地位，是在"社会主义经济体系的比重在工业方面占百分之九十九，在农业方面，若按植物播种面积来说，占百分之八十四点五"②，是在社会主义经济已获得了完全的胜利，过渡时期将宣告结束的时期。无须证明，这与我国目前时期的情况相差太远了。

特别值得注意的是：斯大林在这一段话中所涉及的列宁《论粮食税》中所说的话的时候，是处在苏联的社会主义成分的比重非但不小于我国目前社会主义经济的比重，反而大大地超过于我们的比重的时期。当时苏联社会主义工业几乎占有全部大工业、银行、铁路等，当时的资本主义主要只在手工业的范围内才存在。而我国目前资本主义在现代工业中还占有相当大的比重（30%以上）。可是，那时列宁却没有说苏联社会主义经济已占统治地位，而只是说"结果一定是社会主义成分占统治地位"。我国社会主义经济是国民经济中的领导力量，并不断增长，结果也一定占据统治地位，然而苏星同志却在现在把我国社会主义生产方式看作已占据统治地位的生产方式，这种看法显然是不对的。如果说我国社会主义生产方式现已在我国社会经济中居于统治地位，即决定一切的地位，而各种非社会主义成分却占据次等，以至不起重要影响作用的地位。如果真是这样的话，那么我国过渡时期便即将结束或已经结束，我国社会主义成分便已决定了我国的社会性质，就是说，我国基本上是个社会主义社会了。

我们能否说，在这一方面，我国过渡时期一切非社会主义经济成分都能与资本主义社会中的个体小商品经济相提并论呢？我想是不能够的。资本主义社会中个体小商品经济，由于它同资本主义同是在私有基础上的商品经济，也受着价值法则的支配，因而它是依赖着资本主义，并跟着资本主义走，时刻产生资本主义的。所以小商品经济不是一个独立的社会经济成分，它没有也不可能有支配着自己的生产，独立地按照特定的方向向前

---

① 《斯大林在第十七次党代表大会上关于苏共（布）中央工作的总结报告》，人民出版社1953年版，第24页。

② 同上。

发展的基本经济法则，因而在资本主义社会中就只能存在资本主义基本经济法则，不存在第二个基本经济法则。但我国过渡时期社会中，除社会主义经济之外不但有个体经济，而且有占相当比重的资本主义经济。它在社会经济中与个体经济不同，它不但要按照自己本身的性质和目的沿着特定的方向发展，而且和社会主义经济进行着不可调和的尖锐的斗争，企图影响个体经济，抵抗社会主义经济对它的领导，排斥社会主义基本经济法则和国民经济有计划按比例发展法则对它的影响作用。在这样的情况下，能否用资本主义社会中个体小商品经济不存在基本经济法则来证明在我国过渡时期各种非社会主义经济成分（包括资本主义成分在内）都不可能有自己的基本经济法则呢？我想是不能的。

接着，让我们来看一看王学文同志对这个问题的看法吧！

在他最近所发表的《关于我国过渡时期的经济法则问题》一文中，一方面强调我国过渡时期各种经济成分中都有自己特有的决定其一切主要方面和主要过程的经济法则（实际上就是基本经济法则），另一方面他却同样认为我国过渡时期只能有一个基本经济法则，因此他又把经济法则分为主要法则和基本法则。他说："基本经济法则是决定一个独立的划时代的经济的一切主要方面与主要过程的法则，我所说的主要经济法则，则是决定社会中某一经济成分主要方面与主要过程的法则。"[①]

我认为这种说法是不恰当的。

假定王学文同志的这种说法是对的，王学文同志所下的基本经济法则的定义是对的，那么我国过渡时期中便不存在任何基本经济法则了。因为：

第一，我国五种经济成分中，不存在有"划时代的经济"，因为在我国过渡时期经济中并没有这样一种经济成分：由于它的产生决定了我国过渡时期的产生，又由于它的消灭决定了过渡时期的结束。有必要加以说明的是社会主义经济成分。我国社会主义经济成分的产生固然是我国过渡时期产生的决定因素，但是过渡时期的结束，并不是由于它的灭亡，相反地却是由于它的发展和胜利。所以说由这个定义推论下去，我国社会中的一切经济法则，包括社会主义基本经济法则在内，都不能称为基本经济法则了。

---

① 王学文：《关于我国过渡时期的经济法则问题》，《学习》1954 年第 7 期。

第二，如果王学文同志所下的基本经济法则的定义，不是指某种划时代的经济成分而言，而是指决定划时代的整个经济，即划时代的过渡时期的经济而言的，那么我国过渡时期也不存在基本经济法则了。因为谁都承认，王学文同志自己也承认：我国过渡时期不是一个独立的经济形态，而是包括有多种经济成分彼此斗争着的过渡性质的社会形态，因而不能产生一种凌驾于各种经济成分之上而为过渡时期所特有的基本经济法则。而社会主义基本经济法则，正如王学文同志在其同一篇文章中自己所讲的，并不像社会主义社会那样，成为决定整个社会的基本经济法则，也就是说不是决定过渡时期整个经济的一切主要方面和主要过程的法则。可见就是从这个意义上来理解王学文同志的定义，在我国过渡时期社会中也同样找不到基本经济法则了。

从上述情况看来：（1）王学文同志所下的关于基本经济法则的定义，排除了我国过渡时期社会中存在有基本经济法则的可能性。这就是为什么他在《新建设》杂志1953年10月号上所发表的《中国新民主主义的几个经济法则》一文中，根本没有讲到我国哪个经济法则是基本经济法则，甚至在论述社会主义经济中所存在的社会主义基本经济法则时也一再称为"社会主义性质的国营经济的主要法则"。可是事实上我国过渡时期是存在基本经济法则的，这首先是大家所一致公认的，也是王学文同志在最近发表的文章中所承认的社会主义基本经济法则。（2）王学文同志的定义使自己在逻辑上产生了自相矛盾。为什么会这样呢？因为王学文同志对基本经济法则所下的定义是错误的。他把经济法则又分为主要法则和基本法则是形式主义的。王学文同志所说的主要经济法则实际上就是斯大林所说的基本经济法则，而王学文同志所说的基本经济法则，则是把斯大林所下的基本经济法则的定义加上了一些新的条件，这就使这个定义改变了样子，使得王学文同志自觉不自觉地用自己的错误公式去代替那唯一正确的斯大林的公式。

让我们看一看斯大林对基本经济法则所下的定义的原文吧！斯大林说："资本主义的基本经济法则是这样一种法则，它不是决定资本主义生产发展的某一个别方面或某些个别过程，而是决定资本主义生产发展的一切主要方面和一切主要过程，因而是决定资本主义生产的实质、决定资本主义生产的本质的。"①

可见，第一，斯大林并没有讲基本经济法则是"决定一个独立的划时代的经济底……"，因为斯大林比我们某些人想得更全面些，他知道除了一般的社会形态下有这种划时代的经济之外，在过渡时期不会有这种经济。第二，斯大林在这里并不是讲决定整个经济的，而是讲决定某种生产的，比如资本主义生产的一切主要方面和一切主要过程的法则。因为斯大林十分清楚地了解，基本经济法则就是，也只能是决定某种社会生产（或者说是决定在某种独立的生产关系基础上所形成的社会形态）的一切主要方面和一切主要过程（当然在这种社会生产是在一个社会中居于统治地位的社会形态下，基本经济法则同时也就决定了这个社会经济形态一切主要方面和主要过程），在特殊情况下，如在过渡时期的情况下，它不能决定整个社会经济的一切主要方面和一切主要过程，也不能从而决定整个社会经济的性质。

在这方面，我们有不少的同志，包括一些经济学家在内，他们都用决定"社会经济"代替了决定某种性质的生产，如"资本主义生产"。这就使得他们认为在我国过渡时期的基本经济法则也应当是决定整个社会生产的经济法则，因而使得他们在绝对意义上理解了斯大林在《苏联社会主义经济问题》中批判雅罗申柯的错误时所说的下面一段话："当人们谈到某一社会形态的基本经济规律时，他们通常是从下列这点出发的：社会形态不能有几个基本经济规律，它只能有某一个基本经济规律来作为基本规则。"② 从而认为任何社会形态只能有一个基本经济法则。既然是这样理解的，当然就会认为我国过渡时期也"只能有一个基本经济法则"了。

但是这种理解是错误的，它违背了斯大林对这个问题指示的基本精神。斯大林之所以批判雅罗申柯，并不是因为雅罗申柯认为虽然是在一个社会形态下，但这个社会形态是有着多种经济成分的过渡性质的社会形态，其某些独立的经济成分中都有着自己的基本经济法则，因而从整个社会来看，存在着几个基本经济法则。并不是因为雅罗申柯这样说的，而是因为雅罗申柯认为在社会主义社会中可以不是一个，而是有几个社会主义基本经济法则（他在讨论会的发言和给联共中央政治局的信中前后共提

---

① 斯大林：《苏联社会主义经济问题》，人民出版社1953年版，第33页。
② 同上书，第66页。

出三个不同的社会主义基本经济法则）。这种观点当然是应当受到批判的错误观点。它之所以是错误的，是因为"这是与基本法则的概念本身相矛盾"①的。因为，既然基本经济法则是决定某种社会生产的一切主要方面和主要过程，并从而决定这种社会生产的本质的法则，如果在该种社会生产中存在第二个基本经济法则，那么，在这种生产中就将产生不同的发展过程和发展方向，从而将出现不同的本质。这当然是不可能有的事。但是，如果所说的不是在一种性质的社会生产中，而是在不同性质的社会生产中——虽然它们是包含在同一个特种的社会形态里，有着不同的几个基本经济法则，这当然是可能的，它和基本经济法则的概念并无矛盾。所以，斯大林在说社会形态下不能有几个基本经济法则时，并没有加上"任何"两个字，而是加上"通常"两个字。

由此可见，以为任何一个社会形态都只能有一个基本经济法则，在我国过渡时期中只能有一个基本经济法则是错误的。

由此可见，王学文同志之所以要把经济法则分为主要法则和基本法则，就是因为他没有理解斯大林这些指示的基本精神。虽然他知道，在我国存在多种经济成分的过渡时期社会中，不只存在一个决定某种经济成分生产的一切主要方面和一切主要过程的经济法则，却以为任何一个社会都不能有几个基本经济法则，所以就把本来是基本经济法则的概念称为"主要法则"，又为了使它与基本法则的概念区别开来，就把基本经济法则的概念加上一些新条件，结果把这个法则概念的本来面目给改变了，用自己错误的定义代替了斯大林基本经济法则所下的定义。

二 我国过渡时期经济中私人资本主义成分是否存在它的基本经济法则

我想，对这个问题的回答应当是肯定的。

在我国目前的过渡时期中，依然存在着的国民经济中占相当比重的资本主义经济成分，既然是个独立的生产方式，就一定有支配和决定资本主义生产的一切主要方面和一切主要过程，并从而决定资本主义生产的实质的经济法则，即资本主义的基本经济法则。这个经济法则是资本主义生产所固有的客观法则，它是随着资本主义生产的产生而产生，随着资本主

---

① 斯大林：《苏联社会主义经济问题》，人民出版社1953年版，第66页。

生产的消灭而消灭，然而它绝不是人们的主观愿望所可以否定的。

不过，我国所存在的私人资本主义经济，就其本身的特点来说，虽然它也是资本主义，但它和帝国主义国家中的资本主义有不同的地方。我国社会中的资本主义没有发展为垄断资本主义，没有形成垄断价格的经济条件。而就我国整个社会经济条件来说，由于存在居领导地位的社会主义经济和工人阶级领导的政权，就使资本主义的发展受到了限制，不存在发展为垄断资本主义的现实可能性。因此，它不具有也不可能具有现代资本主义（帝国主义时代的资本主义）的基本经济法则。

这一点，是我国经济学界所一致肯定了的。但是，有许多同志，在他们分析并肯定这一点之后，便草率地得出结论，说我国资本主义经济自身不存在有基本经济法则。如许涤新同志在1953年10月发表在《新建设》杂志上的《论过渡期中的社会主义基本经济法则》一文中分析了我国资本主义经济中不存在现代资本主义基本经济法则之后写道："现代资本主义基本经济法则并不存在于新民主主义经济中，这一看法，并不是否认资本主义的一些经济法则之在新民主主义社会中发生作用。很明白，资本主义的一些经济法则如剩余价值法则等，是在新民主主义社会中（确切些说应是在资本主义经济成分中）发生作用的。但这些法则并不是现代资本主义的基本经济法则，而我们在这里所指的，乃是基本经济法则，而不是一般经济法则。"

从这一段话中看出许涤新同志认为，第一，只有具备现代资本主义基本经济法则的一切特点和特征的经济法则才是资本主义的基本经济法则；第二，剩余价值法则不是资本主义的基本经济法则，而是一般的经济法则。这种看法显然是与斯大林对这个问题的指示不同的。

让我们再来看一看斯大林对这个问题的指示吧！斯大林在以论证现代的资本主义经济法则为中心论题时，也首先肯定了"最适合于资本主义的基本经济法则这个概念的，是剩余价值法则，即资本主义利润的产生和增殖的法则。这个法则真正预先决定资本主义生产的基本特点。然而，剩余价值的法则是过于一般的法则（这并不是说它是'一般经济法则'），它没有涉及最高利润率的问题，而保证这种利润率却是垄断资本主义发展的条件。要弥补这个缺陷，就必须把剩余价值法则具体化（不是抛开这个法则），把它发展起来适用于垄断资本主义的条件，同时要考虑到，垄断资本主义所要求的不是随便什么利润，而正是最大限度的利润。这才会是现代资本主义的基本经济法则"①。

斯大林在这一段话中清楚地告诉我们，剩余价值法则并不是资本主义一般的经济法则，而是最适合于资本主义基本经济法则这个概念的经济法则，即决定资本主义生产一切主要方面和主要过程，并从而决定资本主义生产本质的基本经济法则。斯大林之所以要提出现代资本主义基本经济法则，是因为剩余价值法则虽然是一般的适应于资本主义一切发展阶段的基本经济法则，但在帝国主义即垄断资本主义时代，它就显得过于一般，没有反映出垄断阶段资本主义的新特征，所以要把它具体化，从而显现出适应于垄断资本主义的条件。

由此我们可以得出结论：决不可以从我国过渡时期资本主义经济中不存在现代资本主义基本经济法则的一点来断定，在资本主义成分中不会存在适合于基本经济法则这个概念的经济法则。实际上资本主义成分中是存在这种法则的。谁都承认，剩余价值法则是在我国资本主义成分中起作用的客观经济法则，但它不是一般经济法则而是基本经济法则。因为它不是决定资本主义生产发展的某一个别方面或某些个别过程，而是决定了资本主义生产发展的一切主要方面和主要过程，并从而决定了资本主义生产的本质的经济法则。

有的同志可能要问我："照你的意见说来，资本主义基本经济法则，在我国资本主义成分中和在资本主义社会中所起作用是一样的了，我国资本主义生产的发展也是完全受这个法则来支配了。"我在上边的意见只是讨论是否存在这个法则的问题，至于这个法则发生作用的范围问题，则是完全另外的一个问题——尽管它们存在着密切的关系。

在研究经济法则作用范围的问题时，就不只是要研究决定这些法则存在的某种生产方式的特点，而且要从联系的观点上，来观察这个生产方式的外在经济条件，研究它和其他生产方式的互相影响和互相制约。由于我国特殊的政治经济条件，由于我国社会主义经济的存在和占据领导地位，由于社会主义经济法则的主导作用和对整个国民经济影响的日益扩大，加上党和人民政府的正确政策，尤其是对非公有制工商业的利用、限制、改造的政策，由于这些，就决定了资本主义基本经济法则不但不能在整个国民经济中发生重要的影响，而且在非公有制成分的范围

---

① 斯大林：《苏联社会主义经济问题》，人民出版社1953年版，第34页。

所起的决定的、支配的作用也受到了一定的限制，使资本主义基本经济法则，不但不能支配我国国民经济从高涨到危机以及从危机到高涨的间歇状态的生产发展，而且不能支配非公有制走这种通常的资本主义生产发展的路线。

但是，有的同志根据这种情况就认为，似乎因此资本主义经济法则在我国也改变了它自己的特点，向适应于我们党和国家政策方面改变了。这当然是不对的。资本主义经济法则起作用的范围受到了限制，不等于这个法则本身改变了。如果这个法则真是向我们党的政策所指的方面变化的，那么我们就没有必要加强限制了，因此如果我们不能正确认识资本主义经济法则的存在与作用，就可能放松对非公有制的限制，结果必然给这个法则的作用以更广阔的场所。

这里必须明确：某种经济法则是否存在及其特点和特征是否改变，是决定于产生这种法则的生产是否存在、它的特点和特征是否有了变化。只要这种生产方式存在，只要其特点和特征没有什么变化，那么这个法则也必然存在并且不会有什么变化。这个法则发生作用的场所和范围的问题，则是由上面曾经提到的那些外在的经济条件所决定的。绝不能认为，这些外在条件的变化所带来的法则作用范围的变化，是法则本身的改变。我认为，斯大林所说的：某种经济法则是在新的经济条件的基础上产生的，并随着这种经济条件的消失而消失的"经济条件"，并不是随便一种经济条件，而是决定该种生产方式性质的内在经济条件。这种经济条件就是生产关系，特别是生产资料的占有关系。因为，社会生产之所以有不同的发展和运动的规律，就是因为它是由不同的生产关系所形成的。这是马克思主义中的最普通的道理，无须作更多的说明。

我们说我国除了存在起主导作用的社会主义基本经济法则之外，还存在着资本主义基本经济法则，并且它以自身所固有的特点和要求，为自己争取发生作用的广阔场所。这是否就意味着我国过渡时期将产生两种相反的发展倾向或发展路线呢？也是，也不是。如果说，由于互相对立的基本经济法则——社会主义基本经济法则和资本主义基本经济法则的同时存在并都为自己争取发生作用的广阔场所，我国国民经济将存在两个互相对立的发展倾向——社会主义倾向和资本主义倾向。如果说是这种情况，那是对的，而且还不只如此，这两种倾向还要展开尖锐的斗争。这是过渡时期所存在的基本矛盾的表现，是过渡时期最根本的特征之一。但是如果因此就说这将使国民经济呈现出两个发展路线：一个是在资本主义基本经济法则的支配下，走着从高涨到危机以及从危机到高涨的间歇状态的发展路线，走着伴随着社会生产力的破坏而来的技术发展中周期性间歇状态的路线；另一个是在社会主义基本经济法则的支配下，走着生产技术不断改善、社会生产不断增长、整个国民经济由高涨走向更大的高涨的路线。如果说由于存在着两个对立的基本经济法则，就是意味着国民经济将呈现这种相反的状态，那是错误的。国民经济是个完整的整体，则不可能呈现出两种相反的状态。从我国的现实情况上来说，所呈现的只能是后一个状态，即后一个发展路线。因为，我们说存在两个互相对立的基本经济法则，就不等于说两个基本经济法则在国民经济中起着同等的作用。实际上，在我国过渡时期中，如在上边曾经说过的，社会主义基本经济法则是起着主导作用的，它不仅在社会主义生产范围内起着决定的作用，而且在整个国民经济中也在日益增大的范围内发生着重大的影响。由于这种情况，资本主义基本经济法则已被限制到很小的范围内，使其在国民经济中不发生重要的影响，就是在资本主义成分中，也是在日益缩小的程度上起着支配作用的。所以，我国虽然也存在着资本主义的基本经济法则，但我国国民经济还是依据社会主义基本经济法则的特点和要求向前发展。

因此，如果认为，两个对立的基本经济法则会在我国过渡时期发生同等的作用，那的确是"不可思议的"。可是如果以此为依据，说我国过渡时期中就不可能存在两个基本经济法则，也是不对的，因为同时存在并不等于等同地发生作用。

综上所述，我认为，我国过渡时期社会中一方面存在着起主导作用的社会主义基本经济法则，另一方面也存在着国民经济中不起主导作用和重要影响作用，却在资本主义成分中起支配作用的资本主义基本经济法则。随着我国社会主义经济比重的不断增长和领导作用的不断加强，社会主义基本经济法则将不断为自己开辟更广阔的道路，日益严格地限制和排除资本主义基本经济法则的消极作用，指导整个国民经济沿着社会主义经济发展的道路前进。资本主义基本经济法则是在资本主义成分中存在的客观法则，以主观愿望来否定它不仅是不可能的，而且是有害的。这种在理论上的错误有在实践上导致放松对资本主义进行限制的危险。为了正确地执行国家对非公有制工商业所采取的利用、限制、改造的政策，为了给社会主义基本经济法则的作用开辟更广阔的道路，我们不仅要掌握社会主义基本经济法则，而且要认识并掌握资本主义基本经济法则，把它的破坏作用引导到另一个方向，消除其消极的后果。

我所要提出和大家讨论的意见就是如此。如果有错误或不当之处，请批评与指正。

第三部分

关于社会主义与商品经济、计划指导与市场调节方面的问题

计划经济与商品经济的统一[*]

怎样认识社会主义经济的特征，它是计划经济还是商品经济，或者是这二者的统一呢？

首先应当肯定，社会主义经济是以公有制为基础的计划经济，有计划按比例发展规律是社会主义经济发展的客观规律。但社会主义经济同时又是商品经济。这一方面，正是需要我们着重弄清的问题。

马克思主义政治经济学认为，在资本主义废墟上建立起来的共产主义社会形态中，终将废除商品经济，这是肯定无疑的。问题是在共产主义的第一阶段，即社会主义社会中，商品经济是否可以立即废除，马克思、恩格斯曾经设想，在社会主义时期，由于社会占有生产资料，商品货币经济将不存在。十月革命胜利后，列宁曾打算实践这一设想，但没有行得通。列宁及时地总结了当时的实践经验，果断地提出了新经济政策，他认为，在存在多种经济成分的条件下，利用商品货币关系才能振兴农业、恢复工业，用迂回的办法战胜资本主义。斯大林发展了列宁的思想，他指出，在生产资料所有制社会主义改造基本完成后，只要社会主义公有制还存在两种不同形式，就要存在商品生产和商品交换。斯大林关于社会主义制度下商品生产和价值规律的论述，对马克思主义政治经济学的发展做出了重大的贡献。但斯大林对社会主义商品生产的论述也有局限性。他把社会主义商品生产存在的原因仅仅归结为两种形式公有制的并存，没有看到全民所有制内部也存在商品生产和商品交换的客观经济原因，不承认全民所有制各企业之间的交换也具有商品交换的性质，不承认投入这种交换的产品——生产资料也具有商品的性质。在这种理论的指导下，我们的经济工作，往往只强调社会主义经济的集中统一性，而忽视它的灵活性，抹杀了

---

[*] 本文原载于《理论与实践》1980年第8期。全文收入中国人民大学复印报刊资料《政治经济学》。

社会主义企业作为相对独立的商品生产者的自主性和经济利益,不承认价值规律在社会主义生产领域中的调节作用,不允许生产资料产品进入市场,把社会主义经济框得很死,使社会主义企业丧失了自己的经济活力,给社会主义经济的发展带来极其不利的影响。国内外社会主义建设的实践证明,我们的认识必须突破生产资料不是商品的局限,承认全民所有制各企业之间的交换也具有商品交换的性质,承认社会主义企业作为相对独立的商品生产者的经济权利和经济利益,承认价值规律在社会主义生产领域中起调节作用。

为什么全民所有制内部的交换也具有商品交换的性质呢?首先应肯定,全民所有制各企业都是全民所有制内部的经济单位,把全民所有制经济作为一个整体来考察,企业之间的交换不发生所有权的转移,不具有商品交换的性质,而只具有商品交换的形式。另外,在社会主义阶段,全民所有制企业的生产资料又是分别由各企业的职工所使用的。他们利用同样的生产资料,会创造出大小不等的经济效益,生产出质量不同、数量不等的劳动产品。这种不同的经济效益,是由于他们的劳动技能、管理水平和主观努力不同所带来的,体现着各企业职工劳动贡献上的差别。实践证明,如果我们不承认这种差别,不把他们的劳动成果、经营成果同他们的经济利益结合起来,干多干少一个样,干好干坏一个样,企业及其劳动者的积极性就得不到充分发挥,社会主义企业就缺乏内在的经济动力,社会主义经济制度就丧失了自己的优越性。而要承认这种差别,也就是要承认企业及其劳动者对他们劳动产品的一定程度的所有权。正是从这个意义上来说,全民所有制内部企业之间的交换,也发生了所有权的转移,也要遵循等价交换的原则,也具有商品交换的性质。

事情之所以不得不如此,其根源在于在社会主义阶段上,生产力还不十分发达,产品还不能充分满足人们的需要,劳动还没有成为人们生活的第一需要,而仅仅是人们谋生的手段,劳动者还不能不从个人物质利益上来关心他们的劳动成果。在这种条件下,为了充分调动人们劳动的积极性,提高劳动生产率,提高经济效益,就必须承认劳动差别,把他们的物质利益同他们的劳动贡献、劳动成果紧密地联系起来,在分配上坚持按劳分配,在交换中遵循等价交换原则。社会主义企业之间的等价交换就是要在交换中承认各个企业劳动成果和经营成果上的差别,实现多劳多得。这是在社会主义条件下,承认人们的劳动差别,把劳动者的劳动贡献同他们的物质利益结合起来，把国家、企业、个人的利益结合起来的一个不可缺少的重要环节。

所以，在社会主义经济活动中，我们一定要承认企业具有相对独立的商品生产者的经济地位和经济权利，一定要看到国营企业之间的交换也具有商品交换的性质。所以，在社会主义经济中，不仅集体所有制与全民所有制之间交换的产品是商品，社会群众拿到集市出售的农副产品是商品，全民所有制企业之间交换的产品也是商品；不仅消费资料产品是商品，生产资料产品也是商品，整个社会主义的生产和交换都是商品生产和商品交换，整个社会主义经济活动和再生产联系，都离不开商品货币形式。

过去，我们把社会主义商品生产存在的经济条件归结为生产资料公有制两种不同形式的并存。现在看来，即使全面实现了单一的全民所有制，只要生产力的发展还没有达到足以实现按需分配的程度，只要劳动还作为个人谋生的手段，商品生产和商品交换就要存在下去。社会主义经济的发展，就要表现为商品经济的发展。特别是我们这样经济落后的国家，没有经过资本主义的发展阶段，商品经济从未得到充分的发展，为了发展社会生产力，就更应当重视发展商品经济，更应当注意发挥价值规律的作用。社会主义是计划经济，但它同共产主义阶段不同，它是在存在商品经济条件下的计划经济，是以商品经济为基础的计划经济；社会主义是商品经济，但它与资本主义不同，它是以公有制为基础，在计划指导下发展的商品经济。社会主义经济就是这样的计划经济与商品经济的统一。这种统一，是社会主义经济的基本特征。

把计划经济和商品经济统一起来、结合起来，这是社会主义经济的特点，也是社会主义经济的优点。这使社会主义经济既有统一性，又有灵活性，既可以克服资本主义商品经济那种盲目性和无政府状态及其周期性的经济危机，又可以避免在条件尚未完善时勉强地搞单纯的计划经济所带来的一些弊病。这正是社会主义经济制度优越性的一个十分重要的表现。我们过去在经济工作中的种种弊病，在很大程度上是因为忽视这种结合，特别是忽视社会主义经济也是商品经济这方面，从而没有充分发挥社会主义经济的优越性。

既然计划经济和商品经济的统一是社会主义经济的基本特征，为了充分发挥社会主义制度的优越性，在经济管理体制上，就应当把计划调节同市场调节结合起来。社会主义经济是计划经济，这就要求国家对整个社会的生产和再生产过程进行计划调节,自觉地维持国民经济的适当比例,取得生产与需要的相对平衡,实现国民经济有计划按比例高速度的发展。这是必须坚持的。但由于我们社会主义时期的计划经济又是同商品经济相结合的,是以商品经济为基础的,所以计划调节不能不考虑价值规律的作用,不能离开市场机制的作用。过去,由于我们忽视了这一方面,一直采用20世纪50年代从苏联学来的中央集权式的、自上而下的指令性计划体制,企业的供产销活动都要按国家下达的指令性计划行动,不去考虑市场的实际状况和客观要求。计划的某些方面往往脱离了市场需要,某些产品按计划生产出来往往货不对路,甚至一再积压,而社会上需要的东西却又一直供不应求,生产者不了解消费者的需要,消费者也无法去影响生产者,人民群众付出了辛勤的劳动,并没有取得应有的经济效益。这既不符合社会主义基本经济规律的要求,又离开了按比例发展的要求。有计划没有实现按比例,高积累没有造成高速度。究其原因,从管理体制上来说,就是没有体现社会主义经济制度的基本特点,没有把计划调节和市场调节结合起来。

有些同志总把计划经济和商品经济、计划调节和市场调节对立起来,把它们看成互不相容的东西,这是错误的。同计划经济相对立,那是以私有制为基础的商品经济的特征。生产资料的资本主义私有制,使资本家之间的利益彼此对立,进行你死我活的竞争,不可能形成一个统一的社会计划指导中心,他们也不可能服从统一的计划指导。社会主义废除了生产资料的资本主义私有制,建立了社会主义公有制,各个企业、全体劳动者,其根本利益是一致的,能够服从统一计划的指导,这就可以把计划经济同商品经济、计划调节和市场调节结合起来。

这种结合之所以可能,还由于商品价值规律的作用同国民经济有计划按比例发展规律的作用具有一致性。

社会主义国民经济计划是国民经济有计划、按比例发展规律的反映。它要根据社会需要按比例地把生产资料和劳动力分配于各个生产部门,使生产和需要保持平衡,使社会再生产得以顺利进行。价值规律的作用同这个要求是一致的。价值规律的基本要求是商品的价值量要决定于其社会必要劳动量;商品的交换要遵循等价原则;商品的价格要同它的价值相符合。而价值规律的运动则是通过市场价格在供求变动的影响下围绕价值上下波动来实现的。价值规律就是通过这种价格围绕价值的上下波动,自发地调节着商品经济中生产资料和劳动力在各个部门之间的分配。这种调节，从结局上来看，同按比例发展规律的要求是一致的。因为供过于求，或供不应求，都使价格背离价值，低于或高于其价值。只有供求平衡，价格才能与价值相一致。所以，价值规律要求价格与价值相一致，从供求关系上来看，就是要求供求平衡，就是要求社会生产同社会需要相符合。马克思说，"商品的价值规律决定社会在它所支配的全部劳动时间中能够用多少时间去生产每一种特殊商品"[①]。而这也正是社会主义计划调节所要完成的任务。正因为这样，在社会主义经济中，计划调节和市场调节完全可以结合起来。

当然，我们也不能把这种一致性夸大到好像不存在矛盾，为了充分发挥市场的调节作用就可以不要计划调节，也可以实现国民经济的按比例发展。这种想法也是不对的。任何商品经济总要有自发性、盲目性，如果完全靠价值规律的自发调节，那只能在供求关系的不断波动中、在平均数中去实现某种平衡，这就不能不造成社会劳动和社会财富的巨大浪费。这对于资本主义来说是无法摆脱的，我们则是可以避免的。我们要充分发挥市场的调节作用（以市场调节为基础），就一定要把市场调节置于计划指导之下。这样既可以克服单纯计划调节所可能出现的主观性、死板性的弊病，又可以避免单纯市场经济的盲目性、无政府状态的危害；既可以把国民经济搞活，给地方和企业以较大的自主权、自由权，按商品经济规律的要求，扬长避短，发挥各自优势，提高经济效益，又不失去国家对整个经济生活的控制和指导，实现国民经济的综合平衡，确保社会主义经济发展的正确方向。

总之，社会主义经济是计划经济和商品经济的有机结合，任何只强调一个方面而忽视另一个方面的倾向都是错误的。只有全面把握社会主义经济的特征，才能搞好经济体制改革，高速度按比例地发展国民经济，促进四化的胜利实现。

---

① 《资本论》第一卷，人民出版社1975年版，第394页。

有计划按比例是不是客观经济规律[*]

社会主义经济是不是计划经济，要不要搞计划调节，有计划按比例是不是社会主义经济发展的客观规律？这些问题，目前人们的认识很不一致。这里不妨谈一谈个人看法，与读者共同学习和探讨。

这里首先应肯定社会主义经济也是商品经济。我们要充分认识社会主义经济的商品经济性质，重视价值规律，注意发挥市场的调节作用。长时期以来那种忽视商品经济、忽视价值规律、忽视市场调节的"左"的错误再也不能重复了。但是我们现在是不是就可以忽视计划经济，忽视计划调节，否定有计划按比例发展规律的客观存在呢？我们认为是不可以的。我们认为有计划按比例是社会主义经济发展的客观规律，计划经济是社会主义经济的本质特征，社会主义经济不能没有计划调节。

马克思主义认为经济规律是由它赖以发生作用的客观经济条件决定的。有什么样的经济条件，就有什么样的经济规律在那里发生作用。我们说社会主义经济存在有计划按比例发展规律，是因为社会主义经济一方面是建立在社会化生产的基础上，另一方面又实现了生产资料公有制。具备了这两个方面的经济条件，有计划按比例就不能不成为经济发展的客观规律。

有计划按比例发展是社会化大生产发展的客观要求。我们知道，社会生产，特别是社会化大生产，由于社会分工和生产专业化的发展，一方面分离出越来越多的生产部门，另一方面这些部门之间又越来越紧密地相互联系、相互依存。比如，纺织工业的发展，依赖于棉花生产的发展提供必要数量的原料，依赖于机械制造业的发展提供必要的机器设备；而机械工业的发展，又依赖于钢铁工业的发展提供钢铁和钢材；钢铁工业的发展又

---

[*] 本文原载于《理论与实践》1981年第3期。全文收入中国人民大学复印报刊资料《国民经济管理与计划》。

依赖于采掘工业的发展提供必要数量的矿石,也需要机械工业的发展提供炼钢设备。所有的消费资料生产部门都依赖于生产资料生产部门提供生产资料;所有生产部门都依赖于市场需要。消费资料生产依赖于人民群众有支付能力的消费需要,生产资料生产依赖于消费资料生产部门的生产需要。在生产和消费之间、生产资料生产和消费资料生产之间、各个部门和企业之间,都是不可分割、相互依存的,它们的运动和发展要求实现客观上所限定的比例关系。离开了这样的比例,再生产就无法进行。而要实现这种比例,就要求整个社会生产有一个统一的计划指导。列宁指出,"大机器工业和以前各个阶段不同,它坚决要求有计划地调节生产和对生产实行社会监督"①。

但是,要能够实现这种要求,仅仅有社会化大生产还不够,还要有生产资料的社会公有制。我们知道,资本主义的发展已经建立了社会化的大生产,但由于生产资料掌握在资本家手中,整个国民经济被分割成无数个彼此独立的资本家所控制的企业。各个企业为了追求更多的剩余价值,实现高额利润,彼此进行着生死的斗争,使整个社会生产处于无政府状态。各个企业生产什么、生产多少,都取决于价格的高低、利润的大小,受价值规律的自发调节。正如恩格斯所指出的:"社会化生产和资本主义占有之间的矛盾表现为个别工厂中的生产的组织性和整个社会的生产的无政府状态之间的对立。"② 所以,资本主义社会的生产 "自始就不存在有意识的社会调节"③。资本主义再生产所要求的比例关系,只能借助于价值规律的自发调节和周期性经济危机的强制才得以暂时的实现。这就是说,资本主义必须经过危机来建立经常被破坏的平衡。④

诚然,当资本主义进到垄断阶段以后,情况发生了一些变化。这时,生产社会化达到了更高的程度,客观上更加要求对社会生产实行有计划的调节。特别是经过 1929—1933 年震撼资本主义世界的经济大危机的打击,进一步证明,单靠价值规律的自发调节无法使资本主义摆脱绝境。于是,在资产阶级经济学界中也出现了鼓吹国家干预经济的主张。这种主张,企

---

① 《列宁全集》第三卷,人民出版社 1984 年版,第 500 页。
② 《马克思恩格斯选集》第三卷,人民出版社 1972 年版,第 313 页。
③ 《马克思恩格斯选集》第四卷,人民出版社 1972 年版,第 369 页。
④ 《列宁全集》第三卷,人民出版社 1984 年版,第 570 页。

图在资本主义关系所允许的范围内,实行某些有意识的社会调节。第二次世界大战后,一些主要资本主义国家也都不同程度地实行了国家干预经济的政策,有的还编制了中长期计划,对战后资本主义经济和科学技术的发展确实起到了相当的作用。但是,正如垄断并不能消除竞争一样,资产阶级的国家干预,也不可能对社会生产实现全面的计划调节,不可能根本消除经济危机的破坏。

社会主义社会由于建立了生产资料的社会公有制,这就不仅有必要,而且有可能在社会主义国家的统一领导下,对整个国民经济实行全面的计划调节。所以,有计划按比例地发展,对于社会主义经济来说就具有客观必然性,就是客观经济规律。这是社会主义制度优越性的一个重要表现。

社会主义经济的计划性与商品性[*]

本文拟对有关"有计划的商品经济"解释的一些文章中的某些观点，谈点不同看法。

第一，能否说"有计划的商品经济"既是商品经济，又是计划经济？

有的文章认为，"计划经济不过是商品经济的本质表现"。所以"有计划的商品经济"，可以归结为商品经济，而不是计划经济和商品经济的统一。

我认为这同《中共中央关于经济体制改革的决定》（以下简称《决定》）的精神是不一致的。《决定》在讲"有计划的商品经济"时，是以肯定社会主义经济是以计划经济为前提的，只是反对把计划经济同商品经济对立起来的传统观念。它明确指出："社会主义社会在生产资料公有制的基础上实行计划经济，可以避免资本主义社会生产的无政府状态和周期性危机，使生产符合不断满足人民日益增长的物质文化生活需要的目的，这是社会主义经济优越于资本主义经济的根本标志。"同时又指出："社会主义的计划经济必须自觉依据和运用价值规律，是在公有制基础上的有计划的商品经济。"按照《决定》的精神去理解，"有计划的商品经济"既是计划经济，也是商品经济，是计划经济与商品经济的有机结合和统一。

第二，说社会主义经济既是计划经济，又是商品经济，是否就意味着把社会主义经济说成"两个不同实体"呢？

这是一种误解。我们说社会主义既是商品经济，又是计划经济，并不是说它们是彼此对立、互不相容的两部分，而是同一实体内紧密结合、不可分割的两个方面。我们所说的计划经济，是立足于商品经济，以商品经济为内容的计划经济；我们所说的商品经济，是以公有制为基础的、以计

---

[*] 本文原载于《当代经济》1985年第5期。本文被评为沈阳市优秀论文。

划为指导的，有计划的商品经济。这怎么能说是两个不同的实体呢！

当然，"有计划的商品经济"这一提法，是强调了商品经济的一面，这是完全必要的。因为：一是我国目前商品经济还很不发达，必须大力发展商品生产和商品交换；二是我国长期以来存在着把商品经济同计划经济对立起来的传统观念，其主要倾向在于否定或忽视商品经济；三是我国原有经济体制的主要弊端是集中过多、统得过死，不适应社会主义商品经济的发展，我们改革经济体制的主要任务就在于消除原有体制不适应商品经济的弊端，建立起统一性和灵活性相结合的、适应商品经济发展需要的经济体制。但着重强调商品经济方面，绝不意味着可以忽视或否定计划经济。

第三，可否说商品性决定于"差别性"，计划性决定于"一致性"呢？

有人认为，如果说计划性决定于"一致性"，商品性决定于"差别性"就是二元论，而不是一元论。

我认为，这样看是只着眼于利益的"一致性"与"差别性"的矛盾方面，而忽视了二者的统一方面，是只着重于现象的观察，而忽视了事物本质的分析。

尽人皆知，社会主义所以实行计划经济，根本原因在于建立了社会主义公有制，及由此产生的人民根本利益上的一致性。因为这种一致性，不仅要求社会对整个国民经济进行计划管理或指导，而且为国民经济有计划发展提供了可能性。

社会主义之所以是商品经济则与此不同。它来自社会主义公有制的"差别性""独立性"或"相对独立性"。其一，生产资料公有制存在全民所有制和集体所有制两种形式，它们之间的经济联系必须采取商品等价交换的形式，承认对方对自己劳动产品的所有权。这显然是社会主义公有经济中的"差别性"，而不是它的一致性。其二，全民所有制各企业之间的经济来往，要采取商品交换的形式，贯彻等价交换原则，也要承认交换双方对自己产品的相对独立的所有权。这都表明公有制内存在着利益上的"差别性"，正是这种差别性才是商品经济存在的基础。

但这能否必然导致把计划经济和商品经济对立起来的逻辑结论呢？不能。因为社会主义公有经济本身就是这种"一致性"和"差别性"的矛盾统一体，二者紧密联系，不可分割。社会主义经济的一致性、统一性，是在存在差别性的条件下的统一性;社会主义条件下的差别性,又是在"一致性"前提下的差别性,而社会主义经济的计划性与商品性,正是社会主义经济这种"一致性"同"差别性"密切联系、紧密结合的反映和实现形式。

第四,能否说计划经济和商品经济是社会主义同一实体的两个"同质概念"?

我认为这种说法是很难说得通的。计划经济和商品经济,不管在社会主义经济中结合得如何紧密,却并非"同质的概念"。同质的概念必须具有同一的内涵和外延。从计划经济的内涵看,它是由社会或社会主义国家通过制定、实施计划,采取各种调节手段,对国民经济实现自觉的计划管理。在这种自觉的计划管理下发展的经济,就是计划经济。从它的外延上看,有社会主义时期的商品计划经济,也有共产主义时期的产品计划经济。只是社会主义时期的计划经济和商品经济是重合的,因而成为商品计划经济。即使是这样的"计划经济",其概念的内涵所体现的也是对商品经济怎样进行计划管理,而不是商品经济的规定性。至于商品经济,指的是把产品作为商品来生产和交换的经济。其最基本的经济关系就是商品生产者,通过对各自占有的劳动产品的交换,来交换他们的劳动。其固有的特征就是分散性和自发性。再从外延上看,有简单商品经济、资本主义商品经济和社会主义商品经济。但只有社会主义下的商品经济同计划经济是重合的。可见,就二者的内涵本性来讲并非同质概念。至于二者在社会主义条件下的重合,只是体现了二者的矛盾统一关系,而不能成为抹杀二者的区别,作为"同质的概念"的根据。我们既反对把二者对立起来,也反对把二者完全等同起来。

第五,能否说"商品经济本质上是一种计划经济"?

有的文章认为"商品经济本质上是一种计划经济",因为,"它的基本运动规律——价值规律就是要求按比例分配社会总劳动"。这是值得商榷的。如果承认这种说法,必须得出商品经济越发展,计划经济越完善;社会主义经济越是商品化,就越是计划化的结论。这就与《决定》的精神相悖了。《决定》中指出,"即使是社会主义的商品经济,它的广泛发展也会产生某种盲目性",现实生活中的无数事实也已证明了这一点。

社会主义商品经济具有计划性,是有计划的商品经济,这是计划经济同商品经济结合的产物,是国家计划指导的结果,而不是商品经济本性的固有表现。按照马克思主义政治经济学的观点，商品经济，从本质上说，它所具有的不是计划性而是自发性、盲目性、分散性。有人会说，这是私有为基础的商品经济的特性，不适用于社会主义商品经济。其实，只有以私有为基础的商品经济才是商品经济的典型形式。商品交换是以存在你我界限为前提的。私有性、本位性，是商品经济的共同特性，社会主义商品经济也不能完全排除这种特性。

说"商品经济本质上是一种计划经济"，应当从商品经济本质的内在要求来进行论证。以"价值规律就是要求按比例地分配社会总劳动"来说明，就把价值规律的作用后果混同于内在要求了。照此推论，推动技术进步、两极分化等其他价值规律的作用后果，也都可以说成是价值规律的内在要求了。

其实，价值规律的内在要求应从商品经济的本质上说明。按照马克思的价值学说，价值规律就是商品的价值要由生产商品的社会必要劳动时间所决定；商品的价格要与价值相符合；商品交换要遵循等价原则的规律，这是由商品交换关系的本质所引出的价值规律的内在要求。至于市场上，由价格围绕价值上下波动所引起的自发调节社会总劳动在各个生产部门之间的分配比例，只是价值规律的一项重要作用。但是，这种总劳动分配的比例，并不能从价值规律本身找到说明，因为决定这种比例关系的是社会生产的一般规律，即社会生产按比例发展规律的要求。只不过，这一规律的要求，在以生产资料私有制为基础的商品生产中，只能通过价值规律的自发调节，在波动中得到实现。而在社会主义条件下，由于生产资料公有制要求国家对整个国民经济实现计划管理，因而使按比例发展规律取得了有计划发展的实现形式。至于社会主义下价值规律的作用形式，一方面表现为已不是自发的，而是国家在实现宏观计划管理中自觉的依据和运用；另一方面表现在这种自觉的依据与运用，尚不能完全排除的自发性。因为不允许市场价格自发地围绕价值上下波动，就等于排除了价值规律的作用。例如，价格体系改革中实行的浮动价格，就体现了我们在计划管理上依据价值规律所进行的自觉的运用。然而，就是在这里，价值规律的自发性，通过浮动价格的浮动幅度有所表现，更不用说市场调节的自由价格了。

由此可见，"商品经济本质上是一种计划经济"的观点，是不符合客观实际的。

商品经济的充分发展是社会经济发展的不可逾越的阶段[*]

生产力的发展是个客观的历史过程。人类社会只有经过商品经济的充分发展，才能从十分落后的自给自足的自然经济过渡到高度发达的产品经济阶段。

整个人类社会的发展，要经历自然经济、商品经济和产品经济三个阶段。这三个阶段的依次更替，从自然经济发展到商品经济，然后再从商品经济发展到产品经济，是不以人们意志为转移的客观规律。人类社会经济发展的这种时序性，是由生产力的状况及其内在运动规律所决定的。自然经济是与低下的生产力水平相联系的。产品经济只有在生产力极高发展的基础上才发展起来，商品经济则是实现由前者转变为后者的必经阶段。只有经过这个阶段才能创造出最终过渡到产品经济所必需的高度发达的社会化生产力。从原始社会到封建社会，人类社会经历了几十万年的漫长岁月，但由于自给自足的自然经济一直占着统治地位，生产力的发展十分缓慢。随着商品经济在自然经济缝隙中的出现，人类社会经济的发展才开始出现了生机，以后随着由简单商品生产发展到资本主义商品生产，人类社会生产才得到了飞速的发展。奴隶社会、封建社会之所以发展缓慢，除了它们都是立足于十分残酷的剥削，就是因为它们都是建立在自然经济的基础之上的缘故。资本主义也是一个残酷的剥削和掠夺的经济制度，但它却在不到二百年的时间里，创造了生产力和科学技术的巨大发展。它的功劳就在于商品经济。

马克思和恩格斯一百多年前在《共产党宣言》中谈到资产阶级在历史上曾经起过的非常革命的作用时指出："资产阶级在它的不到一百年的阶级统治中所创造的生产力，比过去一切世代创造的全部生产力还要多，

---

[*] 本文原载于《理论与实践》1986年第17期。

还要大。"① 资产阶级之所以能做到这一点，根本的原因，就是因为资本主义生产方式是建立在商品经济的基础之上的。它是商品经济发展的产物，又促进了商品经济的大发展。"生产的不断变革，一切社会关系不停的动荡，永远的不安定和变动，这就是资产阶级时代不同于过去一切时代的地方。"② 资产阶级在人类历史上的巨大功绩就在于，它容纳了商品经济的大发展，大大推进了科学技术和社会生产力的发展，为人类社会进入它的更高发展阶段创造了物质技术条件。

但是，资本主义不可能结束商品经济发展的历史命运。资本主义商品经济并不是商品经济发展的最后阶段。资本主义在它靠着商品经济创造了巨大的社会化生产力之后，它的资本主义占有制，又同发展起来的社会化生产力发生了日益尖锐的矛盾，这就是资本主义的基本矛盾——生产的社会化同生产资料的资本主义私有制之间的矛盾。资本主义从生产力发展的推动者，日趋成为生产力发展的桎梏。资本主义商品经济大发展所造成的社会化生产力达到了资本主义关系所难以容纳的程度。资本主义必然为社会主义所代替，这是人类历史发展的必然规律。但在资本主义废墟上建立起来的社会主义社会，还不能废除商品生产。社会主义还要利用能够不断推陈出新，不断鞭策人们革新、创造的商品经济形式，推进生产力以资本主义所不能比拟的速度更快地发展，直至建成共产主义。那时，我们才能最终实现由商品经济过渡到产品经济、结束商品经济的历史使命。特别是像我们这样不发达的社会主义国家，要实现生产的高度社会化、现代化，迅速发展社会生产力，不断改善人民生活，更要大力发展社会主义的商品经济。

---

① 《马克思恩格斯选集》第一卷，人民出版社 1972 年版，第 256 页。
② 同上书，第 254 页。

社会主义经济为什么要采取商品经济的形式[*]

关于社会主义社会为什么要存在商品生产，社会主义经济为什么还要采取商品经济形式问题，马克思主义者经历了一个实践、认识，再实践、再认识的过程。

马克思和恩格斯曾经预言，社会主义社会不存在商品和货币，原因是社会主义革命将在最发达的资本主义国家取得胜利，可以将全部生产资料收归社会所有。但是由于帝国主义时代出现了新的经济条件，革命是在不太发达甚至很不发达的国家首先取得了胜利。这些国家革命胜利后不具备将全部生产资料转为全社会所有的条件。这就在实践上提出了如何对待商品生产问题。

列宁最初也认为社会主义同商品生产不相容。十月革命胜利后，曾打算实践马克思、恩格斯的设想。在1918年至1920年的军事共产主义时期，曾用余粮收集制代替了工农业产品交换，结果失败了。列宁及时总结实践经验，1921年春用粮食税代替余粮收集制，实行新经济政策，恢复了商品货币关系。列宁说，只有商品和货币交换才是"千百万小农与大工业之间唯一可能的经济联系"[①]。

列宁解决了过渡时期保留商品生产的问题，把马克思主义商品生产的理论推进了一步。但是，过渡时期结束后，还要不要保留商品生产的问题，在很长时期里没有解决。直到20世纪50年代初期，斯大林在总结苏联经验的基础上，才第一次明确肯定了社会主义还要保留商品生产，他指出："除了经过商品的联系，……都是集体农庄所不接受的。因此，商品生产和商品流转，目前在我国，也象大约三十来年以前当列宁宣布必须以

---

[*] 本文原载于《理论与实践》1986年第17期，是一组学习问答中的一个问题。
[①] 《列宁选集》第四卷，人民出版社1960年版，第605页。

全力扩展商品流转时一样，仍是必要的东西。"① 斯大林肯定了社会主义社会存在商品生产的必要，这是他对马克思主义商品经济理论的重大贡献。但斯大林的社会主义商品经济理论有很大局限性，他只看到了社会主义公有制的两种不同形式之间的交换是商品交换，没有看到全民所有制各企业之间也存在商品交换，不承认生产资料也具有商品性质，否认价值规律对社会主义生产的调节作用。由于斯大林这种理论的局限性，从十月革命后逐渐形成的社会主义经济的产品经济模式，长期没有从根本上得到突破，使本来应当生机盎然的社会主义经济，一直没有表现出自己应有的活力。包括我国在内的所有社会主义国家的实践一再证明，必须在理论上回答，为什么不仅各种不同所有制形式之间的交换关系是商品交换，全民所有制各企业之间的交换也具有商品交换的性质，不仅消费资料是商品，生产资料也是商品。为什么必须肯定社会主义企业的商品生产者的地位？不回答这些问题，就不能在实践上彻底摆脱产品经济模式的束缚，就不能使社会主义经济在有计划商品经济的轨道上迅速发展。

马克思主义政治经济学认为，商品生产的存在有两个前提条件，一是社会分工，二是生产资料和劳动产品的不同所有权。这两个条件是缺一不可的。这是科学原理。只有依据这一原理，才能科学地回答全民所有制企业之间存在的商品交换关系。

回答这个问题的关键在于全民所有制企业对自己的劳动产品存在不存在所有权，他们之间的交换是否发生所有权上的转移。

乍看起来，承认企业有对自己产品的所有权，好像同全民所有制的性质相矛盾。其实深入分析就会发现，社会主义全民所有制具有结构性、层次性、二重性。

首先应当肯定，社会主义国家作为全民利益的代表者，对全民所有制企业握有最高的所有权。这种最高所有权是全民所有制具有全民的统一性的基础，是成其为全民所有制的基本条件。但是在这个前提下，企业又有部分的所有权，这种部分的所有权具有从属性质，是企业具有相对独立性，成为相对独立的商品生产者和经营者的经济条件。既有全民所有的统一性，又有企业部分所有的相对独立性，这二者的统一，就构成了社会主

---

① 《斯大林选集》下卷，人民出版社 1979 年版，第 550 页。

义全民所有制的二重性。

社会主义全民所有制之所以具有二重性，企业之所以对生产资料和劳动产品具有部分所有权。根源于社会主义全民所有制的特点。社会主义全民所有制，一方面是生产资料归全民所有；另一方面，劳动力却归劳动者个人所有。这种个人所有的劳动力和公共所有的生产资料相结合进行联合劳动，已开始具有直接的社会性。但是个人所有的劳动力由于是在劳动者各自私人家庭中生产和再生产出来的，并且又是作为维持个体私人家庭生活的手段而存在的，这就使这种劳动的支出又具有私人性质。

既然社会主义企业劳动者的劳动力归个人所有，其使用又具有私人性质，那么，企业职工的劳动成果，不仅应当属于国家，而且应当属于企业和劳动者，应当把企业职工的劳动报酬同企业劳动成果直接挂钩，这就要承认企业对其产品的所有权。与此相联系，国家虽然是全民所有制企业生产资料的所有者，但必须把它交给把自己的劳动力当作谋生手段来支配的职工去支配和使用，各个企业在支配和使用生产资料从事生产经营活动中所取得的效益的大小，也应当归于企业。这都使企业具有一定的所有权。既然企业对其劳动产品具有所有权，企业之间的交换，就是发生了所有权的转移，要遵循等价原则，具有商品交换的性质。因此，社会主义经济必须采取商品经济的形式。

社会主义生产方式的基本矛盾简论*

《中共中央关于经济体制改革的决定》指出："我们改革经济体制，是在坚持社会主义制度的前提下，改革生产关系和上层建筑中不适应生产力发展的一系列相互联系的环节和方面。这种改革，是在党和政府的领导下有计划、有步骤、有秩序地进行的，是社会主义制度的自我完善和发展。"按照这个基本要求来确定改革的目标模式和深化的基本方向，就必须认识和把握社会主义生产方式的基本矛盾，只有这样，才能认识和把握社会主义经济的特殊本质及其存在形式和运动规律，把握我国经济体制改革的正确方向。那么，我国社会主义生产方式的基本矛盾是什么呢？这是尚待认真探讨的课题。我认为社会主义生产方式的基本矛盾就是生产资料的公有制和劳动力个人所有制之间的对立统一。

生产方式所回答的是人们用什么样的生产工具，以什么样的方式结合起来去生产物质生活资料的问题。它包括生产力和生产关系这两个方面。用什么样的生产工具从事生产标志着生产力的性质和水平，决定着人们以什么样的方式结合起来，即生产关系的性质。但是，决定某种生产方式性质的又不仅仅是生产力，还包括生产关系。判定某种生产关系的性质主要要看劳动者同生产资料的特定结合方式。正如马克思指出的："不论生产的社会形式如何，劳动者和生产资料始终是生产的因素。但是，二者在彼此分离的情况下只在可能性上是生产因素，凡要进行生产，就必须使他们结合起来。实行这种结合的特殊方式和方法，使社会结构区分为各个不同的经济时期。"①

在决定生产关系性质的诸要素中，生产条件所有制具有决定的意义。

---

* 本文原载于《光明日报》1989年9月14日。全文收入中国人民大学复印报刊资料的两个复印集《政治经济学》和《上层建筑与经济基础》。

① 《资本论》第二卷，人民出版社1975年版，第44页。

生产条件既包括客观生产条件，即生产资料；又包括主观生产条件，即劳动力。其中生产资料的所有制又往往起着决定性的作用。这是由于劳动者如果没有生产资料，他们就不能生产，因而就无法生存。所以，谁占有生产资料，谁就会在生产中居于支配地位，并占有劳动产品。如果劳动者自己不占有生产资料，生产资料被非劳动者占有，那就要形成这样或那样的剥削制度，如奴隶的、封建的、资本主义的剥削制度等。

但是，我这里要着重讲的是，要揭示某种生产方式的特殊本质，还不能不同时考察主观生产条件，即劳动力的所有制，并把它同生产资料所有制结合起来，考察劳动者同生产资料的特殊结合方式。如前边提到的人类历史上那三种剥削方式，如果不同劳动力所有制关系结合起来加以考察，就难以说明它们之间的质的区别。最为明显的是资本主义和奴隶制的区别，离开了劳动力所有权关系是难以区别的。如果仅看生产资料的所有权，资本家也好，奴隶主也好，他们都占有生产资料，这是相同的，所不同的是奴隶主不仅占有一切生产资料，而且占有生产者——奴隶，而资本主义则与此不同，资本家虽然占有生产资料，但不占有劳动力。劳动力归劳动者自己所有。劳动者是既无生产资料，又可以自由支配自己劳动力的自由人，这样的所有制形式决定了劳动者只有把自己的劳动力出卖给资本家，在资本家的工厂里按资本家的要求从事劳动，接受资本家的剥削，他们才能同生产资料结合起来从事生产。正是这种特殊的结合方式规定着资本主义生产方式的特殊本质。

把社会主义生产方式同资本主义生产方式区别开来的主要因素是生产资料所有制不同。前者是以生产资料公有制为基础，后者是以生产资料的资本家所有制为基础的。但是，把社会主义生产方式同共产主义生产方式区别开来的是劳动力的不同所有制，社会主义和共产主义都是以生产资料公有制为基础，从这一点来看它们是共同的，而当我们把着眼点放到劳动力所有制时，情况就根本不同了。在社会主义阶段上虽然已经建立了生产资料的公有制，但劳动力仍然归劳动者个人所有，社会还要"默认不同等的个人天赋，因而也就默认不同等的工作能力是天然特权"[①]。也正因为这样，社会主义才在生产资料公有制基础上"重建个人所有制"，通过按劳分配实现劳动的个人所有权。

[①] 《马克思恩格斯选集》第三卷，人民出版社 1972 年版，第 12 页。

还应看到，在特定生产方式中，上述两种生产条件所有制并不是彼此孤立的，而是相互依存、相互影响的，其中物质生产条件，即生产资料的所有制，则具有决定意义。例如，同样都是劳动力的个人所有制，社会主义和资本主义由于生产资料所有制不同，劳动力个人所有制也有质的差别。资本主义社会的劳动者个人所有不过只具有流通的外观，实质上它是对劳动的个人所有权的否定。而社会主义由于生产资料公有制的建立，劳动者在生产资料公有制的基础上从事联合劳动的共同成果，在作出各项必要的扣除之后，依据每个人所提供劳动的数量和质量，又分配到他们个人手中，从而使劳动的个人所有权得到真正的实现，具有了现实的可能性。

用上述观点来考察、来把握社会主义生产方式，我们就会发现，在社会主义所有制关系中，一方面存在着生产资料公有制，另一方面又存在着劳动力的个人所有制。生产资料公有制和劳动力个人所有制的统一是社会主义所有制关系中所特有的矛盾。这种矛盾决定着社会主义条件下劳动者同生产资料相结合的特有方式，决定着社会主义生产方式的特殊本质，决定着社会主义生产方式的内部结构、存在形式和运行规律，因而是社会主义生产方式的基本矛盾。

实践告诉我们，认识这个矛盾，全面把握这个矛盾，具有十分重要的意义。第一，这个基本矛盾决定了社会主义条件下劳动者和生产资料结合的基本形式及其特点。生产资料公有制的建立，使劳动者联合起来同他们共同占有的生产资料实现直接的结合，但由于劳动力归劳动者个人所有，因而这种直接结合又必须采取以承认劳动力个人所有权为前提的联合劳动的形式。第二，正因为这种联合劳动是以承认劳动者对自己劳动力的所有权为前提的，因而，联合劳动的共同成果在作出各项必要的扣除之后，就要根据每个劳动者所提供劳动的数量和质量进行公平分配，以实现劳动的个人所有权。从这一点说，我们必须承认按劳分配是社会主义经济的基本分配原则，是社会主义经济活动的一项客观规律，是在生产资料公有制基础上实现劳动的个人所有权的必然要求。第三，既然这种联合劳动是以承认劳动力个人所有为前提的，那这里的联合劳动必然首先表现为企业范围内的联合，并以企业的联合为基础。正是由于劳动力归劳动者个人所有，从而要求企业作为联合劳动的共同体成为独立核算、自负盈亏的经济实体，使劳动者的经济收入同企业的生产经营状况，同劳动者的劳动贡献紧密挂钩。第四，这种情况不仅使社会主义联合劳动具有两个层次，也使全民所有制表现为两个层次，即既有全民所有的统一性，又有企业部分所有的相对独立性。第五，这种情况又要求企业之间的经济往来必须采取商品经济形式，使企业成为独立的或相对独立的商品生产者，从而使商品经济形式的存在成为社会主义经济关系实现的内在要求。第六，这些又决定了社会主义经济必然是计划经济和商品经济的统一。社会主义全民所有制的建立和它在整个国民经济中的主导地位，使社会主义经济可以实现国家的宏观计划指导，可以实现整个国民经济的有计划、按比例协调发展，这是社会主义经济具有全民所有统一性的重要表现。另外，由于劳动力的个人所有，由于企业具有相对独立的所有权，社会主义经济又不可能不继续采取商品经济形式。社会主义经济既是以商品经济为基础的计划经济，又是计划指导下的商品经济，是计划经济和商品经济的有机结合和统一。

如果我们继续深入考察下去，诸如计划与市场，宏观控制与微观搞活，国家、企业、劳动者个人三者利益关系的处理，各种责任制形式的实施和完善，无不植根于社会主义生产方式所特有的基本矛盾，无不植根于生产资料的公有制与劳动力的个人所有制的对立和统一。而离开这个基本矛盾，就难以全面深刻地认识社会主义的经济运动这一切的一切。

试析社会主义联合劳动的矛盾[*]

联合劳动是社会主义公有制经济中劳动者同生产资料相结合的特有方式。对这个联合劳动的深入分析，不仅是社会主义政治经济学的重要课题，也是探索经济体制改革理论基础的重要课题。本文想就此进行些探索性的分析，以求抛砖引玉之效。

全民所有制是社会主义公有制中起主导作用的基本形式，分析社会主义公有制经济中联合劳动应以全民所有制为基本对象。

一 社会主义公有制条件下劳动者和生产资料的直接结合

任何一种生产方式，都有自己特定的劳动者同生产资料的结合方式。这种结合方式，由生产资料和劳动力这两个方面生产条件的所有制决定，标志着生产关系的性质。我们要考察某种生产方式的性质、探索其运动规律，就要考察这种特定的结合方式。这正如马克思所说的："不论生产的社会形式如何，劳动者和生产资料始终是生产的因素。但是，二者在彼此分离的情况下只在可能性上是生产因素。只要进行生产，就必须使他们结合起来。实行这种结合的特殊的方式和方法，使社会结构区别为各个不同的经济时期。"[①] 所以，考察社会主义全民所有制，考察全民所有制中的联合劳动，都必须从考察劳动者和生产资料的结合方式开始。在社会主义全民所有制中，劳动者和生产资料是直接结合的，中间并没有隔着第三者。

在人类社会经济发展史上，劳动者同生产资料之间的结合方式，从大的方面看不外乎有两种：一种是直接结合，一种是间接结合。这里所说的

---

[*] 本文原载于《辽宁大学学报》1989年第1期。全文收入中国人民大学复印报刊资料的两个复印集《政治经济学》（社会主义部分）和《劳动力》。

[①] 《资本论》第二卷，人民出版社1975年版，第44页。

直接结合与间接结合的区别，不是从其生产力方面，也不是从劳动组织上来观察的，而是从生产的社会关系上，即从生产关系上来看的。

从生产关系上来看，直接结合与间接结合的区别，决定于生产资料所有制的性质，决定于劳动者是自身占有生产资料，还是他人，即非劳动者占有生产资料。如果劳动者自身占有生产资料，他们和生产资料的结合是直接的；如果生产资料被非劳动者占有，那么，劳动者只有经过这个非劳动者即剥削者，在剥削者的支配之下，才能同生产资料组合。这里，在劳动者和生产资料之间，站着一个靠占有生产资料来榨取他人劳动的剥削者。如，在奴隶社会中，在劳动者和生产资料之间站着一个奴隶主，劳动者只有充当会说话的工具，在奴隶主的皮鞭下，才能同生产资料相结合；在封建社会中，劳动者只有被依附在地主的土地上，租种地主的土地，向地主交纳地租，才能同土地等生产资料相结合；在资本主义社会中，劳动者只有把自己的劳动力当作商品卖给资本家，在资本家的指挥下才能同生产资料相结合。所有这些，都是因为劳动者自身失去了生产资料，生产资料被剥削者所占有。一旦劳动者自身占有生产资料，劳动者和生产资料就可以实现直接结合。

劳动者自身占有生产资料，同生产资料实现直接结合，在原始社会崩溃后，历史上有两种形式，一种是个体所有制，一种是社会主义公有制。这两者具有不同的经济性质，但都实现了劳动者和生产资料的直接结合。

这种直接结合，在个体经济中表现得十分简单明了，但在公有制经济中，呈现出复杂的情景。在个体经济中，劳动者既是管理者，又是生产者，他们和生产资料之间不存在任何中介。但在公有制经济中，劳动者必须组织起来才能进行生产，而组织起来就要有领导者、指挥者、管理者。如果我们只从表面现象上看，这些领导者、指挥者、管理者，和过去的资本家似乎区别不大，但是，如果从本质上看，他们和过去的资本家是根本不同的。这是因为，他们都是由劳动者推选出来的，并作为劳动者的代表，按照劳动者的共同利益和愿望，来从事生产经营和管理活动的，他们不是作为一种异己的力量，站在劳动者和生产资料之间，把劳动者和生产资料分割开来的剥削者。集体所有制如此，全民所有制也是如此。全民所有制中，各企业的领导者、指挥者、管理者如此，全社会的、国家范围内的领导者、组织者也是如此。有些同志根据在全民所有制中劳动者和生产资料相结合要经过国家和企业，有国家的各级领导和企业的领导人站在中间，就认为劳动者和生产资料没有实现直接结合，这是只看表面现象不看本质。

二 联合劳动是社会主义条件下劳动者和生产资料直接结合的基本形式

在社会主义全民所有制经济中，劳动者和生产资料直接结合的基本形式是联合劳动。

劳动者和生产资料直接结合的基本条件，是劳动者自身占有生产资料。只要劳动者是生产资料的所有者，他们和生产资料的结合就是直接的。但由于劳动者占有生产资料的方式不同，这种直接结合的形式也不同。社会主义经济中劳动者同生产资料的直接结合不同于个体经济中劳动者同生产资料的直接结合。个体经济中的直接结合是在生产资料的个体私有制的基础上实行个体劳动，表现为个体的私人劳动，它只能容纳较小规模的生产力。社会主义经济中劳动者和生产资料直接结合是在生产资料公有制基础上实行联合劳动。在这种经济中，劳动者是生产资料的主人，但他不是个人占有，而是共同占有生产资料。在这种条件下，劳动者只有联合起来才能和共同占有的生产资料相结合，才能进行生产。联合劳动是社会主义公有制条件下，劳动者同生产资料结合的基本形式。

社会主义时期所实现的共同劳动同共产主义时期不同，它是在生产资料公有制基础上每个劳动者私人劳动的联合。在社会主义时期各个劳动者在生产资料公有制基础上联合起来从事共同劳动，是以承认他们个人对劳动力的所有权，承认他们各自的劳动差别为前提的，这种承认，在分配上就表现为贯彻按劳分配，通过按劳分配来实现他们之间的等量劳动相交换。

三 联合劳动的两个基本层次及其关系

由于社会主义条件下联合劳动既是建立在生产资料公有制的基础上，又是以承认劳动者对自己劳动力的个人所有为前提的，因而社会主义全民所有制中的联合劳动具有层次性。

由于社会主义实现了生产资料的全民所有制，每个劳动者都是全民所有制中的共同主人，因而劳动者开始实现其在全社会范围内的联合劳动。这种在全社会范围内实现的联合劳动的基本表现，就是由国家代表全体劳动者占有生产资料，并在全社会范围内从宏观上有计划地组织社会生产、流通和分配。

但是，社会主义时期劳动者在全社会范围内所实现的联合劳动又不能不通过在全民所有制中各个企业里从事联合劳动来直接表现出来。在企业中实现联合劳动，是社会主义劳动者实现联合劳动的基础。社会主义劳动者只有以企业的联合劳动为基础，并通过企业的中介，才能够实现在全社会范围内的联合劳动。这样，在社会主义全民所有制经济中，劳动者联合劳动的实现，就出现了两个基本层次。

社会主义全民所有制经济中联合劳动之所以要具有两个基本层次，首先根源于社会主义全民所有制的二重性，根源于全民所有制的内部矛盾。社会主义全民所有制一方面是生产资料的全民所有，另一方面又是劳动力的劳动者个人所有。生产资料的全民所有使劳动者可以在全社会范围内实现联合劳动，而劳动力归劳动者个人所有，则使这种联合劳动首先表现为企业范围内的联合，并以企业的联合为基础。因为劳动力归劳动者个人所有要求企业成为独立核算的经济实体，使劳动者的经济收入和企业的生产经营状况，同劳动者在企业中的劳动贡献直接挂钩。

这种联合劳动的层次性，也是由社会主义时期生产力的状况所决定的。社会主义时期，一方面已经实现了社会化大生产。这种社会化大生产要求由社会经济中心（在国家存在的条件下，就是由社会主义国家）按照社会生产的内在要求，有计划、按比例地组织社会生产。但另一方面，社会主义时期生产力发展还不够高，企业之间的社会经济联系还不是那样紧密，还没有建立起广泛的实现这种联系的社会形式，企业的规模还很有限。面对着成千上万的，生产着种类繁多的产品，并要同复杂多变的社会需要相适应的企业，社会还难以作出周密的计划，实现准确的计划管理。这就要求给企业以独立性和自主权，使企业成为独立的，或相对独立的商品生产者和经营者，使他们能够在国家计划指导下，按市场的需要去组织生产，从事经营活动。这就需要把企业劳动者的经济收入同企业的生产经营成果紧密联系起来，充分调动企业职工的生产经营的积极性。这就使社会主义的联合劳动不能不首先表现为企业内部劳动者之间的联合，并以这种联合为基础。

社会范围内的和企业范围内的，这两个不同层次的联合劳动，是紧密联系着的。全社会范围内的联合劳动是大范围的、高层次的联合劳动，但在社会主义时期，它要以企业范围的联合劳动为基础。它的活动要尽量考虑发挥企业范围内联合劳动的作用。企业范围内的联合劳动是较小范围的、低层次的联合劳动，它应当接受社会范围内联合劳动的指导，使自己的活动能够服从或符合社会范围内联合劳动的需要和共同要求，把两个层次的联合劳动结合起来。

四　联合劳动的二重性

社会主义联合劳动具有二重性，一方面具有直接社会性，另一方面又具有一定的私人性。社会主义联合劳动具有两个基本层次本身就体现着社会主义联合劳动的这种二重性。社会主义联合劳动开始实现在全社会范围内的联合，它同社会主义生产的社会性、劳动的社会性的要求相一致，体现着社会主义联合劳动所具有的直接社会性。社会主义联合劳动以企业范围内的联合劳动为基础，这同社会主义生产规模的局限性、劳动力所有关系上的私人性的要求相一致，体现着社会主义联合劳动所具有的私人性。这是社会主义联合劳动所特有的二重性。

社会主义联合劳动的二重性，突出地反映在企业联合劳动的二重性上。企业的联合劳动是由个人劳动结合而成的。企业联合劳动的二重性来自个人劳动的二重性。社会主义时期的个人劳动，一方面是在生产资料公有制基础联合起来，为共同利益和共同需要而进行的劳动；另一方面，在联合劳动的共同体中，每个人又是把自己的劳动作为个人谋生手段来支出的。前者使个人劳动具有公共性和直接社会性，后者又使个人劳动具有一定的私人性。这种个人劳动的二重性，根源于社会主义生产方式的内在矛盾——生产资料的公有制和劳动力个人所有制之间的矛盾。这又是由生产力发展水平所决定的，因而是客观的、必然的。

社会主义劳动者由于是在共同占有生产资料的基础上联合起来，把自己的劳动作为社会总劳动的一部分来支出，为满足社会需要，增进劳动者的共同福利而劳动，因此，他们在社会主义生产中就可以从社会成员的地位出发，以主人翁的身份来对待生产。另外，由于社会主义时期劳动力仍然是维持其个人及其家庭生活的谋生手段，这又使社会主义生产者不能不从个人利益上来关心他的劳动支出。承认社会主义劳动者具有私人地位的一面，实际上也就是承认了社会主义劳动仍然具有私人性的一面。所以，认真研究马克思关于社会主义劳动者具有双重地位的思想，对于我们深入揭示社会主义经济关系的内在矛盾及其运动规律，具有重大意义。

社会主义企业联合劳动的二重性，正是上述社会主义劳动者个人劳动的二重性的体现。正是这种个人劳动的二重性，决定了企业联合劳动的二重性。社会主义全民所有制企业的联合劳动一方面已经开始具有一定程度的直接社会性。这是由于，各个企业的联合劳动都是以国家代表的整体联合劳动的组成部分，都以在国家计划指导下为满足社会需要和增进公共福利而进行生产经营活动。另一方面，社会主义全民所有制企业的联合劳动又是局部的、特殊的劳动。这是由于，联合劳动要体现参加联合体的各个劳动者，把自己劳动作为个人谋生手段来支出的利益和要求。社会主义全民所有制企业的联合劳动就是这两重性质的对立统一。正是这两重性决定着社会主义全民所有制企业的行为趋向和运行机制。前者使企业可以接受国家计划的指导，使社会主义经济可以采取计划经济形式，使计划调节在这里有了客观根据和客观可能。后者则要求企业成为独立的或相对独立的经济实体，要求承认企业之间的利益差别，要求他们之间的经济往来采取商品交换形式，贯彻等价交换原则。前者使社会主义企业，乃至整个社会主义经济具有计划性，后者则使社会主义企业，乃至整个社会主义经济具有商品性。把计划性和商品性统一起来，成为社会主义全民所有制经济的一个重要特征，这来源于社会主义联合劳动的二重性是客观的、必然的。

五　社会主义联合劳动中局部劳动和社会劳动的矛盾，商品经济形式的客观根源

由于社会分工的存在和发展，社会主义的劳动具有越来越广泛的社会性。但在社会主义联合劳动的两个不同层次中，其劳动的社会性的表现是不同的。在社会范围内的联合劳动中，劳动表现为直接社会性劳动。但在社会主义企业的联合劳动中，虽然一方面它开始具有一定程度的直接社会性，但另一方面，它又是包含着私人劳动因素的局部劳动。这种包含着私人劳动因素的局部劳动，同由社会分工所造成的社会性劳动之间的矛盾，就是社会主义经济仍然要采取商品经济形式的客观根源。分析这个矛盾，研究解决这个矛盾的途径，是社会主义经济理论上的一项重大课题。

马克思在分析资本主义商品经济的矛盾时指出：一方面，社会分工使商品生产者的劳动具有社会性，使商品生产者之间相互依存；另一方面，生产资料私有制又使商品生产者的劳动具有私人性，使各生产者彼此分

割,各自按自己私人的利益和要求进行生产,产品由个人占有和支配。这样,商品生产者只有通过商品交换才能把他们的私人劳动转化为社会劳动;只有当自己的劳动产品商品在市场上卖出去,他的劳动才能表现为社会劳动,才算被社会所承认。这是以生产资料私有制为基础的商品经济中所特有的矛盾。在社会主义条件下,由于实现了生产资料公有制,这就从根本上消除了私人劳动同社会劳动相对立的主要基础——生产资料的私有制,但它并没有彻底消除这种对立的全部基础。

在以私有制为基础的商品经济中,私人劳动和社会劳动的对立,不仅因为生产资料的私有制,而且因为劳动力的个人所有。生产资料的私有制和劳动力的个人所有相结合,构成了劳动的私人性的完整基础。在这里,生产资料体现着物化劳动,而劳动的支出则体现为活劳动。在以私有为基础的商品经济中,劳动的私人性是由这两个部分劳动的私人性所构成的。社会主义公有制经济中消除了生产资料的私有制,消除了这种物化劳动的私人性,但仍然存在着劳动力的个人所有制,从而存在着活劳动的私人性,因而也就不可能彻底消除私人劳动同社会劳动的矛盾。这种私人劳动同社会劳动的矛盾还要在新的条件下,以新的形式,即以局部劳动同社会劳动的矛盾的形式表现出来。

前面已经分析过,社会主义全民所有制经济中的联合劳动,既有公共性、直接社会性的一面,又有私人性的一面。这种社会性同私人性的矛盾,在社会主义全民所有制经济中,表现为局部劳动同社会劳动的矛盾。

在全民所有制经济中,企业是从事生产经营活动的基本经济单位,劳动者联合起来从事劳动是以企业的联合劳动为基础的。这种企业的联合劳动,虽然作为整个社会主义联合劳动的有机组成部分,已经具有一定的直接社会性,但它毕竟是以承认劳动者对自己劳动力的个人所有权为前提的联合,是私人劳动的联合,包含着私人劳动的因素。企业从事的生产经营活动,虽然要考虑整个国家的利益和要求,但同时又必须体现企业中全体职工的利益和要求。这就使社会主义企业的联合劳动中存在着局部劳动同社会劳动的矛盾。这种局部劳动同社会劳动的矛盾,包含着私人劳动同社会劳动矛盾的因素。解决这一矛盾,把局部劳动转化为社会劳动的基本途径虽然不能没有国家计划的调节,但必须通过商品交换这一基本形式。只有通过劳动产品的交换,才能把这种局部劳动转化为社会劳动。这使劳动产品仍然要采取商品形式,企业之间的经济联系仍然要采取商品交换的形式,要贯彻等价交换原则。企业和国家之间,除了按规定交纳税和利润,其他经济往来也要采取等价补偿的形式,整个社会主义经济都要采取商品经济形式。商品经济成为社会主义经济运动的基本形式,计划必须建立在社会主义商品经济的基础之上,适应发展商品经济的需要。

六 共同劳动与个人劳动的矛盾,公共生产与私人消费的矛盾

这是社会主义联合劳动中所存在的又一矛盾。

上面的分析表明,社会主义的联合劳动中存在着局部劳动同社会劳动的矛盾,只有通过商品等价物的交换,才能把局部劳动转化为社会劳动。这表明商品经济形式的存在,是社会主义经济矛盾运动的内在要求。现在我们分析的是社会主义联合劳动中所包含的另一种矛盾。

社会主义联合劳动,虽然存在着局部劳动和社会劳动的矛盾,但不管哪个层次的联合劳动都是劳动者在生产资料公有制基础上进行的共同劳动,通过这种共同劳动所创造的共同产品,都要归联合劳动共同体所公有。尽管这种公共所有存在两个不同层次,但不管是哪个层次,也都属于公共所有,而不是归劳动者个人所有。但是,由于这种公共生产、共同劳动,是以承认劳动力归劳动者个人所有为前提的,是个人劳动的联合,必须用来满足劳动者及其家庭私人消费的需要。一方面是共同劳动、公共生产,产品归公共所有,另一方面是个人劳动和私人消费,这就是个人劳动同公共劳动、公共生产同私人消费之间的矛盾。这是社会主义经济所特有的矛盾,解决这个矛盾的唯一途径是依据每个劳动者所提供的劳动量、所做出的贡献的大小来分配个人消费品。这就是说,解决这个矛盾的唯一途径是根据按劳分配原则来分配个人消费品。这表明,按劳分配是社会主义经济内部矛盾运动的另一个客观要求。只有贯彻这个原则、体现这个要求,才能把劳动者的个人利益同公共利益统一起来、结合起来,从个人物质利益的关心上来充分调动全体劳动者从事公共生产的积极性和创造性,加速社会生产力的发展。所以,按劳分配是社会主义时期分配个人消费品的不可动摇的基本原则,是社会主义经济的客观规律。贯彻这个原则不仅是生产资料公有制,人们在对生产资料关系上实现平等地位的体现,而且是劳动者的劳动力归劳动者个人所有在经济上的实现。是社会主义经济关系最本质的体现。

综上所述，在社会主义联合劳动中，既存在局部劳动同社会劳动的矛盾，使社会主义经济仍然要采取商品经济形式，贯彻等价交换原则，又存在个人劳动和公共劳动的矛盾，它要求遵循按劳分配原则来分配个人消费品。等价交换和按劳分配是社会主义经济中两大物质利益原则。这两大物质利益原则既有区别又有联系，都渊源于社会主义时期虽然实现了生产资料的公有制，但劳动力归个人所有，即根源于社会主义生产方式的内在矛盾。马克思当年所预见的，是客观的、必然的。

社会主义公有制与商品经济[*]

——《对单向度的困惑与全方位的思考》一文的剖析

《光明日报》1989年4月7日发表的远志明《单向度的困惑与全方位的思考》（以下简称《思考》）一文，把社会主义公有制同发展商品经济对立起来，字里行间否定公有制，宣扬私有化，是完全错误的。这里仅就其中的几个问题作一简单剖析。

一　公有制与商品经济是对立的吗

《思考》说："我们在理论上一直回避的一个重大问题是：以传统国家所有制为主体，能形成真正的商品经济吗？价值规律能正常作用吗？不管我们怎样引证马克思的'真正的个人占有制'等论断，马克思决不会承认他所设想的公有制生产关系与他所揭示的私有制之上的商品价值规律可以融为一体的。"

不难看出，这段话旨在说明社会主义公有制不能形成真正的商品经济，把公有制同商品经济，从而把社会主义同商品经济对立了起来。不过，这里是用"传统的国家所有制"的字样提出的，好像它在探讨国家所有制形式是否得当。不过，这只是作者为了掩人耳目罢了。因为紧跟这句之后他就说："马克思是决不会承认他所设想的公有制生产关系与他所揭示的私有制之上的商品价值规律可以融为一体的。"这就表明，这里讲的不是特指国家所有制形式，而是泛指公有制生产关系不能形成真正的商品经济。

为了同样的目的，文章还向我们提出了一个"真正的商品经济"概念。"真正的商品经济"是什么呢？难道以公有制为基础的商品经济不是真正的商品经济吗？文章实际上就是这样认为的。

---

[*] 本文原载于《光明日报》1990年2月9日第3版。全文收入中国人民大学复印报刊资料。

众所周知，商品经济并不是资本主义所特有的东西，也不是私有制所特有的东西。商品经济存在于人类社会发展的许多历史阶段。简单商品经济、资本主义商品经济和社会主义商品经济，这就是人类历史上已经出现过的三种商品经济。这三种商品经济虽然性质不同，但它们都是商品经济。商品经济的共同特点就在于各个商品生产者之间通过劳动产品的等价交换来实现他们之间的等量劳动交换。社会主义企业之间的交换也是这样一种交换，因而也是真正意义上的商品交换。显然，我们不能以马克思当年所分析的商品经济是以私有制为基础，所揭示的价值规律是私有制之上的商品价值规律，就否认社会主义公有制基础上的商品经济也是商品经济，更没有理由以此判定只有私有制才能发展商品经济。

文章说，在公有制下是否能形成真正的商品经济，是"我们在理论上一直回避的一个重大问题"。作者的这个论断，完全无视现实。马克思主义者研究社会主义的商品经济已有七十年的时间。十月革命以后，在社会主义实践史上才开始提出要不要发展商品经济，要不要利用价值规律，社会主义经济还是不是商品经济，价值规律还是不是客观规律的问题。这些问题，先是经过列宁，继之又经过斯大林在实践的基础上不断进行理论探索，最后到我们党的十一届六中全会，在《中共中央关于经济体制改革的决定》中从理论上明确地解决了这个问题，彻底否定了把社会主义同商品经济对立起来的陈旧观念。

其实，《思考》一文把社会主义与商品经济对立起来，把商品经济作为私有制的专利的观点，并不是独创，它不过是近年来极少数顽固坚持资产阶级自由化立场的人反复宣扬的私有化观点的比较含糊的表达罢了。有的文章就比《思考》一文表述得更明确，如说："最适应商品经济发展要求的是私有制，不是公有制。因为商品经济强调承认生产者经营者本体利益，公有制强调整体利益，与商品经济相悖"，"按照不触动公有制思路来改革是不会成功的"。这几句话作为《思考》一文的注解不是很好吗？

二 是社会主义商品经济好，还是资本主义商品经济好

《思考》一文否认公有制生产关系能形成"真正的商品经济"。它所要形成的"真正的商品经济"是什么呢？说穿了，就是以私有制为基础的资本主义商品经济。对此，《思考》一文是未加掩饰的。文章说："当我们被历史所逼迫重新认识了商品经济和价值规律的真正价值时，我们并

没有正视它原来的基石——私有制";"当我们对私有制讳莫如深谈虎色变时,却不知现代私有制与马克思面对的当时的私有制已有天壤之别";"有人举出亚洲'四小龙'来证明在专制政体下也可以推进商品经济,但他们忽视了'四小龙'是以私有制为主体的商品经济,所以他们才叫资本主义而不叫社会主义。"这就是《思考》一文推崇私有制商品经济所提出的几个主要论点。

究竟是以公有制为基础的社会主义商品经济好,还是以私有制为基础的资本主义商品经济好？我国应不应当坚持以公有制为主体的商品经济？这是《思考》一文向我们提出的一个根本性的问题。

我们是历史唯物主义者。我们认为,一个国家,在一定历史时期采取何种所有制形式,实行什么样的社会制度,这并不取决于某些人的主观愿望,而是取决于社会历史的种种客观条件,特别是取决于生产力的客观状况和它的发展要求。就我国来说,经过新民主主义而走上社会主义的发展道路,这是由我国的社会历史条件决定的,是我国人民经过无数次的挫折和失败,反复选择的结果。现在我国处于社会主义的初级阶段,要在坚持以社会主义公有制为主体的前提下发展多种经济成分,这又是由我国目前的生产力状况决定的,具有客观必然性。

用马列主义、毛泽东思想武装起来的中国共产党人,历来是以人民群众的根本利益和要求为出发点的。我们必须坚持以公有制为主体,发展社会主义商品经济,允许私有经济在一定范围内的存在和发展,但不能搞私有化,全面恢复私有制。原因就在于,以公有制为基础的社会主义商品经济,可以消除阶级剥削和阶级压迫,避免两极分化,实现共同富裕；可以把计划经济和市场调节有机结合起来,实现国民经济有计划按比例的协调发展；可以树立劳动群众的主人翁责任感,充分发挥其社会主义积极性。这样的商品经济,一经完善,肯定远远优越于资本主义商品经济。虽然由于社会主义尚不完善,体制存在种种弊端,限制了社会主义优越性的发挥,但只要我们沿着正确方向坚持改革,建立起适应有计划商品经济发展要求的新体制,社会主义商品经济的优越性就一定能够充分显示出来。

诚然,现在一些发达的资本主义国家在生产、科技和物质文化生活水平方面,都远远高于我们,但这并不证明他们的社会制度比我们优越。因为他们达到如今的水平已经经过了长达数百年的长期发展过程,而这个发展过程又是广大劳动群众受剥削、受压迫的过程,同时还是世界大多数不发达国家人民遭受这些发达国家的侵略、掠夺、凌辱的过程。新中国成立前百余年间深受其害，我国人民是不会忘记的。靠这样血腥过程发展起来的资本主义不管怎样富，都不值得欣赏和效仿。相反，出于社会历史等原因，我国人民能在中国共产党的领导下经过新民主主义而走上共同富裕的社会主义发展道路，这是我国人民的幸运。

至于亚洲"四小龙"为什么能迅速推进商品经济问题，诚如一些文章早已指出的，这绝不是因为它"是以私有为主体的商品经济"。如果以私有为基础的商品经济有那样好的作用，世界上还有数十个发展中国家和地区也是以私有为基础的商品经济，为什么经济没有迅速增长？有的国家和地区反而是官僚弄权、经济停滞、社会动乱不已呢？如果中国不搞社会主义而搞资本主义，情况不也是不堪设想吗？

印度是同我国最具可比性的走资本主义道路的国家，它和我国有许多相似之处，连独立或解放的时间都相差不多，只是社会制度不同。然而，就粮、钢、煤这三种主要产品的人均产量看，从1950年到1987年这38年间，粮，我国增长了80%，印度增长23%；钢，我国增长了2450%，印度增长275%；煤，我国增长了641%，印度增长132%，均相差甚远。这里明显地体现了我国社会主义制度的巨大优越性。

三 怎样看待现代资本主义的一些新变化

《思考》一文提出现代私有制与马克思时代私有制相比有了"天壤之别"的根据有三："一是所有权与经营权分离；二是资产广泛股份化；三是国家经济手段的宏观调控。"我认为，这里哪一点都说明不了有"天壤之别"。

首先，"所有权与经营权分离"并没有改变资产阶级所有制的性质，它只涉及资本家与其代理人，或货币资本家与产业资本家之间的关系。分离后的经营权并没有脱离其资本主义性质，工人仍然是为他们提供剩余价值的雇佣劳动者，并且，这种分离早在马克思的时代就已大量存在。

其次，再看"广泛股份化"。随着资本主义信用制度的发展，股份制在马克思时代已大量涌现。马克思虽然肯定了它是对私人资本的扬弃，但他指出："这是作为私人财产的资本在资本主义生产方式本身范围内的扬弃"，它"还是局限在资本主义界限之内的"。恩格斯也说："无论转化为股份公司，还是转化为国家财产，都没有消灭生产力的资本属性"，"工人仍然是雇佣劳动者，无产者"。所以资本股份化并未改变其固有资本主义性质。

至于"国家经济手段的宏观调控"，就更不能改变资本主义社会所有制的性质了。国家作为政治上层建筑，它是为其经济基础服务的。资本主义国家对经济生活的干预，不管采取什么手段，都只能是从资产阶级利益出发，为资本主义发展服务的，就是它所推行的社会福利政策，也无非是为了缓和阶级矛盾，稳定其资本主义的政治经济制度而已。

所以，这三点哪一点都没有，也不可能触动资本主义私有制的基本性质，更谈不上"天壤之别"了。

当然，也应看到，第二次世界大战后的几十年来，资本主义在一些发达的国家中，确实已进入一个新的发展阶段——国家垄断资本主义阶段。这些发达的资本主义国家，在国家垄断资本主义的基础上，大力推行凯恩斯主义和资产阶级改良主义，一方面加强了国家的宏观经济控制，减少了社会经济活动的盲目性，另一方面又大大加强了社会福利措施，使工人阶级、劳动群众的生活状况有相当改善，阶级矛盾有所缓和。但这丝毫不能说明资本主义的本质已经改变，或者它已成为值得推崇、效仿的好制度。

还应看到，尽管某些发达的资本主义国家出于自身的利益，推行高工资、高福利的政策，但那里的贫富差别并没有缩小，而是在扩大，那里的财富分配并没有出现像有些人所鼓吹的那种平均化的趋势。例如，据美国国会联合经济委员会的统计，1983年占美国1/10的富有家庭，握有美国公司私人股份的89.3%，占0.5%的极富家庭则拥有私人股份的46.5%。这鲜明地体现了发达资本主义国家中财富分配的资本主义性质。

总之，在社会主义公有制基础上不仅可以发展商品经济，而且社会主义商品经济是商品经济发展的崭新形态，它远远优越于资本主义商品经济。我们的任务是通过改革来完善这种形式，有利于四化的实现，而绝不能倒退到私有制去。

应重视有计划按比例发展规律的客观要求[*]

一 有计划按比例是社会主义经济的客观规律

在社会主义社会中，生产资料公有制的建立，特别是全民所有制的建立，使代表全民利益的国家可以从整个社会经济发展的需要出发、从满足整个社会日益增长的物质文化需要出发，对整个国民经济进行全面的计划指导，实现国民经济有计划、按比例的协调发展。这就使按比例发展规律取得了有计划发展的形态，获得了同自己本性相适应的实现形式，以有计划按比例发展的完好状态出现在人类社会经济生活中。有计划按比例发展规律发生作用的基本经济条件有两个，一是生产的社会化，二是生产资料公有制的建立。生产社会化要求社会生产实现按比例协调发展，但是这种按比例协调发展只有取得了有计划发展形态才能得到很好的实现。从这个意义上说，社会化生产提出按比例发展的要求也就提出了有计划发展的要求。但是这个有计划发展要求只有在废除了生产资料私有制、建立了生产资料社会主义公有制才有可能。在社会主义经济中，有计划按比例发展不仅必要，而且可能，这就使有计划按比例发展规律成为社会主义经济的客观规律。

还应当看到的是，社会主义公有制不仅为国民经济总体上有计划发展提供了可能，而且，整个国民经济的有计划发展也是社会主义公有制经济自身巩固和发展的内在需要。社会主义公有制，特别是全民所有制，按其本性来说，它的生产经营活动首先必须服从全民利益的需要，从社会生产全局利益的要求出发，从满足整个社会全体人民经常增长的物质文化需要出发，而不能只从企业的局部利益和需要出发，这是企业全民所有制性质

---

[*] 本文原载于《辽宁大学学报》1991年第3期。全文收入中国人民大学复印报刊资料《论国民经济有计划发展的规律》。

在生产经营活动中的体现。而要做到这一点,就需要有国家统一的计划指导,执行国家有关规定来处理企业的生产和销售、积累和分配。如果脱离了国家的计划指导,社会主义企业也会只从企业,甚至少数人眼前利益出发,盲目追求利润,甚至也会不择手段、背离社会主义方向。计划经济是社会主义不可缺少的本质特征之一,有计划按比例发展是同社会主义经济的本质紧密联系着的客观经济规律。

二 关于有计划按比例发展规律在社会主义经济中的局限性

有计划按比例发展规律在社会主义经济中已经产生并发挥作用。但在社会主义阶段,它还不能像共产主义阶段那样充分发挥作用。这是因为,在社会主义阶段生产的社会化和生产资料的公有化的水平还不高,社会主义经济还是商品经济,社会主义的计划经济是有计划的商品经济,国家还不可能把国民经济各部门、各企业的供、产、销活动都掌握起来,纳入统一的计划,还有必要借助于价值规律和市场调节,还必须把计划经济和市场调节结合起来。如果我们不考虑这种客观条件,搞单一的计划调节,那就势必束缚企业的手脚,难以发挥其经济活力。并且还会出现由于计划指导上的失误所造成的国民经济比例失调的严重损失。特别是目前我国还处于社会主义初级阶段,在公有制占优势的前提下还要允许多种经济成分存在,这就更要在坚持计划经济总体要求的前提下注意更多地利用市场调节,更多地发挥价值规律的作用。

同时,我们还应看到,有计划按比例发展规律的存在,虽然使社会主义国家有可能制定全面的国民经济计划,对整个国民经济实行计划指导,但有计划按比例发展规律同价值规律不同,它不可能自发地得到实现,而只能通过人们在认识这个规律的基础上制定出反映这个规律要求的国民经济计划来实现。这样,有计划按比例发展规律的作用,在社会主义阶段,不仅要受到客观经济条件的局限,也要受人们的主观认识的影响。如果我们经济工作的指导思想出了问题,或者由于经验不足、计划不周、措施不当,认识没有完全反映客观规律的要求,计划指导就会出问题、造成损失。但这绝不能说明计划调节可以不搞、有计划按比例不是客观经济规律。这只能说明,我们应当认真研究客观经济规律,总结计划工作经验,提高计划的科学性,使我们的计划工作能比较好地反映客观经济规律的要求、符合客观实际,并且要更加注意利用市场调节来补充计划调节的不足,并校正计划可能出现的失误。如果我们由此而在理论上否定有计划按比例发展规律的客观要求,在实践上放弃计划指导,经济工作就要陷入盲目性,就要发生混乱。实践已经证明,在社会主义阶段,违背价值规律的要求要受到惩罚;违背有计划按比例发展规律的要求,也要受到惩罚。在这个问题上,任何片面性的认识和做法都是错误的、有害的。

三 关于忽视和否定有计划按比例发展规律的几种认识

有些同志不承认社会主义经济中存在有计划按比例发展的客观规律。他们的理由是,计划是人们有意识的行为,是主观的东西,不是客观的东西。这是把国民经济发展计划同有计划按比例发展规律混为一谈。国民经济发展计划是主观的东西,但有计划按比例发展规律是客观的。主观的计划必须正确地、完整地反映这个客观经济规律的要求。这个客观规律的要求有两个方面,第一是要有计划,要制订完善的国民经济发展计划,并按照计划指导国民经济的发展;第二是按比例,计划必须正确反映客观比例关系的要求,实现国民经济按比例协调发展。这两者缺一不可、不可分割。有些同志否定这个规律的客观存在,当然不是要否定按比例发展要求,而是否定计划指导的必要性,但是离开了对整个国民经济的宏观计划指导,就要陷入盲目性,背离按比例发展的客观要求。这已为近几年的实践所证明。几年来一个重要教训就是,在改革统得过多、管得过死的经济体制的过程中,忽视了必要的适当的集中;在强调微观搞活的同时,忽视了综合平衡和加强宏观调控。因而,出现了地区封锁、市场分割、重复建设、盲目引进、大起大落等,造成了人力、财力、物力的巨大浪费;出现了基本建设规模和消费基金的严重失控,导致了通货膨胀和物价上涨过猛的严重局面。实践证明,在社会主义条件下,不仅国民经济按比例发展要求是客观的、不可违背的,国民经济有计划发展的要求也是客观的、不可违背的。在我国现阶段,集中过多,统得过宽、过死,一切都搞指令性固然不行;不要集中,放弃计划或计划管得过少、过松,完全不要指令性或指令性过少也不行,这都是对客观规律的违背,都要碰壁。这种教训我们要认真总结、充分吸取,不能再忽视有计划按比例发展规律的客观要求了。

有些同志否定或忽视有计划按比例发展规律的作用,否定或忽视计划经济,同他们过分看重市场调节的自发作用、把价值规律这只"看不见的手"的作用神圣化、理想化分不开。然而，这种神圣化、理想化并不符合商品经济发展的历史事实。

　　诚然，价值规律在商品经济的发展中，在调节社会生产、推动技术进步、刺激生产力发展上确实起到了巨大的作用。资本主义之所以能在人类历史上一个短暂时期创造了惊人的生产力，一个重要原因，就是因为资本主义是商品经济，可以依靠价值规律自发调节的推动作用。这是应当肯定的。但同时也应看到，这种自发调节又使资本主义一次又一次地受到了周期性经济危机的沉重打击。而且随着资本主义的发展，经济危机的周期越来越短，打击越来越重。19世纪资本主义世界大约10年爆发一次经济危机，而20世纪以后，不到10年，第二次世界大战后，四五年就爆发一次。当然，资本主义发生周期性经济危机的必然性的根源在于资本主义的基本矛盾，但生产的无政府状态不能不是一个重要的直接诱因。所以，面对资本主义周期性经济危机的日趋严重的打击，特别是1929—1933年那次席卷资本主义世界的经济危机的沉重打击，连资产阶级经济学家也明白了完全靠这只"看不见的手"的自发调节不行了，他们提出了国家计划干预的主张。从此，特别是第二次世界大战后，一些发达资本主义国家也都不同程度地实行了国家干预经济的政策，有的还编制了长期计划，对战后资本主义经济和科学技术的发展确实起到了相当的作用。对于资本主义国家这种计划干预，我们当然不能把它同社会主义国家的计划经济混为一谈。正如垄断不能消除竞争一样，资本主义国家的计划干预也不可能对社会生产实现全面的计划调节，不可能根本消除经济危机的破坏。因为，他们那里并没有改变生产资料的资产阶级所有制，并没有消除资本主义的基本矛盾。他们搞计划指导，对于广大私人企业起不到必要的约束作用。而且，他们的计划本身也不可能从整个社会经济发展的需要出发，而只能是从垄断资本的狭隘利益，甚至从某些势力最大的垄断财团的利益出发。这种计划干预、监督和调节，同社会主义公有制基础上的计划经济有着本质的区别。真正的计划经济只能在废除了资本主义私有制、建立了社会主义公有制之后才能形成。不过，一些发达资本主义国家也在那里效仿社会主义，搞那种同资本主义本性不一致的国家计划干预的事实，却不能不使我们看出：第一，市场的自发调节、价值规律的自发作用并非完美无缺，连靠它起家的资本主义也发现不能完全依赖它，建设社会主义更不应该崇拜自发性；第二，社会生产越发展，越需要有计划按比例协调发展，有计划按比例协调发展是社会经济发展不可阻挡的历史趋势。在生产资料公有制基础上实行计划经济，是社会主义优越于资本主义的一个重要表现。

四 关于能否用价值规律取代有计划按比例发展规律

有的同志提出这样一种论点，"有计划按比例的发展规律就是要有计划按比例分配生产资料和劳动力，这正是价值规律的调节作用已经解决了的问题"，认为提出有计划按比例发展规律是"多此一举"。这是要用价值规律取代有计划按比例发展规律。这种观点之所以不能成立是因为：

第一，尽人皆知，价值规律的特点恰恰不在"有计划"分配，而是盲目地、自发地调节，把"有计划"安到价值规律的头上，那是天大的笑话。

第二，在商品经济社会中，靠价值规律的自发作用是可以在波动中大致（在平均数中）实现按比例分配社会劳动的要求。但这种按比例分配并不是价值规律本身的要求，而是存在于一切社会形态社会生产中按比例发展规律的要求。这个规律同商品价值规律是两个不同的规律，但在以私有为基础的商品经济社会中，它要同价值规律相结合，通过价值规律的自发作用来实现。价值规律能够起到这种作用，确实是价值规律伟大的历史功绩。但它并不是价值规律本身的要求。价值规律本身的要求无非是商品交换的价格要符合其价值，价值由凝结在商品中的社会必要劳动时间决定。

第三，如果按比例发展是价值规律自身的要求，那么，在不存在商品生产和商品交换，从而不存在价值规律的社会中，例如在原始社会和将来的共产主义社会的社会生产中，岂不就不存在按比例发展要求了吗？！岂不要陷入一片混乱之中吗？！这当然是不可想象的。绝不会如此。不用说原始社会，就是孤岛上的鲁滨孙要想生存下去，需要自身也"强使他不得不把他的时间适当地分配在各种不同机能之间"[①]。至于共产主义社会，社会化生产高度发达，更需要按比例的分配社会劳动，那时，这种按比例分配的实现，完全采取社会自觉的、有计划的形式，"而再不必求助于有名的'价值'"。那时有计划按比例发展规律已经完全取代了价值规律。

第四，如果真的价值规律就是有计划按比例发展规律，或者价值规律

---

① 《资本论》第一卷，人民出版社 1953 年版，第 59 页。

可以取代按比例发展规律，那么我们制订计划只要遵循价值规律的要求就够了，国民经济就可以实现有计划按比例发展了。实际情况并非如此。我们现在要把农业放在重要地位，贯彻以农业为基础的方针，大力发展农业，这并非因为农业是最赚钱的部门；恰恰相反，只是因为农业是国民经济的基础，处于落后状态的农业制约着整个国民经济的发展，不加强农业、实现农业的稳定增长，就不能实现整个国民经济的稳定增长。同样，在工业方面，我们现在要大力加强能源、交通、原材料等基础产业部门，也不是因为这些产业是投资少、见效快、利润高的部门；恰恰相反，只因为这些部门薄弱，它正严重地制约着整个工业乃至整个国民经济的发展。显然，这些都不是根据价值规律的要求，也不是按价值规律的要求所能回答的，而是根据国民经济有计划按比例发展规律的要求。社会主义国家制定国民经济发展计划，特别是中长期发展计划，所遵循的不是价值规律，而是社会主义基本经济规律和有计划按比例发展规律的要求（当然，也要充分考虑价值规律的作用给比例关系所造成的影响）。但是，在实施国民经济计划上，则要很好地利用价值规律的调节作用和推动作用。如，为了加强农业，调动农民从事农业生产的积极性，加强农业自我积累、自我发展的能力，1979年国家大幅度地提高了农产品的收购价格，对促进农业生产的发展就起到了很好作用。现在主要农产品粮食、棉花和煤炭、石油等基础产品的价格仍然偏低，必须逐步加以调整。不调整价格生产就上不去，计划就完不成。这就是说，制定计划主要应当依据有计划按比例发展规律的要求，但按计划要求去指导生产落实计划指标，不能只靠指令性，主要应当依靠和利用价值规律的调节作用和推动作用。这就是要有计划地利用价值规律，使价值规律的调节作用为实现国民经济计划服务。

  总之，在我国社会主义条件下，我们既不能因为强调有计划按比例发展规律的作用而忽视价值规律的作用，也不要因为强调价值规律的作用而否定或忽视有计划按比例发展规律的作用。在我国社会主义条件下，这两个规律不是相互排斥的，它们都有自己存在和发生作用的客观条件和客观依据，都有自己特定的不可代替的作用和要求。我国在制定和实施国民经济的计划指导和计划管理上，应当按照计划经济和市场调解相结合的原则，妥善地把这两个规律的作用和要求结合起来，逐步建立起有中国特色的社会主义有计划商品经济的运行机制。这正是经济体制改革中要解决的重要课题。

第四部分

关于社会主义公有制条件下劳动力市场流动的性质问题

关于我国社会主义条件下劳动力的自由流动及其性质[*]

一 关于我国社会主义条件下劳动自由流动的必要性问题

社会主义经济是在公有制基础上实行按劳分配的、有计划的商品经济。这是经过长期反复实践所得出的科学结论。这个结论已经成为我国经济体制改革的基本指导思想。按照这一基本指导思想改革经济体制，其中一个十分重要的方面是要逐步建立和完善社会主义市场体系。只有建立和完善社会主义市场体系，才能适应社会主义商品经济发展的需要，建立起国家对国民经济发展的宏观的间接控制体系，才能使国家对企业的管理，由微观的直接控制转向宏观上的间接控制，使企业真正成为自主经营、自负盈亏的商品生产者和经营者。建立和完善社会主义市场体系，这是建立具有中国特色的、充满生机活力的社会主义经济体制，发展有计划商品经济的不可缺少的环节。

在社会主义市场体系中，劳动力市场是不可缺少的组成部分。改革劳动制度，实现劳动力的自由而合理的流动，是完善社会主义市场体系，发展社会主义商品经济的需要。完善社会主义市场体系，发展社会主义商品经济，不仅要不断扩大商品市场，有步骤地开拓和建立资金市场、技术市场，还要采取措施建立劳动力市场，促进劳动力的自由而合理的流动。这是实现社会生产按比例发展的必要条件。要实现社会生产的按比例发展，使产业结构、产品结构按照市场供求变化所反映出来的消费结构的变化而变化，不仅要通过市场机制的作用实现生产资料和资金的通畅而合理的流动，还要通过适当形式实现劳动力的合理流动。否则，社会生产的按比例发展是难以实现的。马克思指出，"要想得到和各种不同的需要量相适应的产品量，就要付出各种不同的和一定数量的社会总劳动量"。这种"按

---

[*] 本文原载于《辽宁大学学报》1984 年第 6 期。全文收入中国人民大学复印报刊资料。

一定比例分配社会劳动"① 是社会生产按比例发展的前提条件。

生产决定消费。消费水平和消费结构都取决于生产的发展。随着生产的发展，人们的消费水平和消费结构将不断发展变化。但生产是为了消费。生产结构要适应消费结构的变化而变化。随着生产的发展，人们消费水平的提高，人们的需求结构、消费结构要不断变化。生产结构必须适应人们消费需要、消费结构的变化而变化。否则就会出现生产结构同需求结构、消费结构相脱节的局面，就要出现一些部门的产品积压，卖不出去，另一些部门的产品却供应不足，人们买不到。这就要浪费社会劳动，降低社会经济效益。为了使生产结构能及时地适应消费结构的变化而变化，实现社会生产的按比例、协调发展，提高社会经济效益，就必须改革劳动制度，实现劳动力的自由而合理的流动。目前我国市场上一些老产品、老品种大量积压，而群众所需要的适销对路的产品却供不应求。一方面社会劳动在浪费，另一方面群众当中大量购买力得不到实现。这种局面之所以难以迅速改变，除了价格方面的问题，原有劳动管理体制不合理、劳动力不能实现自由而合理的流动，也是重要原因。改革劳动体制，实现劳动力自由而合理的流动，这是经济体制改革中亟待研究解决的一项重大课题。

在社会主义条件下，如何实现劳动力的自由而合理的流动，这无论在理论上，还是在实践上，都是需要认真探索、深入研究的。我认为，从原则上来说，按照发展社会主义有计划的商品经济，建立有中国特色的社会主义经济体制的要求，这种合理流动，应具备以下条件，或者说，应当实现如下要求：(1) 劳动者作为国家和企业的主人，按照自己的特长和爱好，对自己的职业和岗位，应有选择的自由；(2) 企业作为自主经营、自负盈亏的相对独立的商品生产者和经营者，按照自己企业生产上的需要和技术上的要求，应有挑选、录用、招聘和辞退人员的权利；(3) 国家作为全民利益的集中代表者，从国民经济发展的宏观需要和全局利益的要求出发，有权通过经济的、法律的手段，并辅之以必要的行政手段，对上述两方面的"自由"与"权利"行为，进行干预、调节和适当的计划控制，以实现社会主义经济有计划、按比例的协调发展。在社会主义经济中实现劳动力的自由而合理的流动，不管采取何种形式和方法，都应当以有

---

① 《马克思恩格斯选集》第四卷，人民出版社 1972 年版，第 368 页。

利于实现上述三项要求为转移。

按照上述三项要求实现劳动力的合理流动,其好处是:

第一,可以使劳动者的主人翁地位得到更切实的体现,使企业的自主权得到全面的落实。企业中的劳动者真正实现了以自愿为基础的自由联合,企业也就由此成为真正的自由联合体。

第二,由于劳动者可以根据自己的特长和爱好去选择自己的岗位;企业可以根据生产发展需要去选用工人,招聘干部、技术人员,从而可以实现劳动者和生产资料的最佳结合,提高劳动生产率。

第三,劳动力会在市场机制的作用下,从那些过剩的生产部门和人员多余或效益不佳的企业,流向那些需要发展的部门和那些人员不足或效益好的企业。使社会劳动得到合理分配,使社会生产实现按比例发展,提高宏观经济效益。

第四,可以从根本上废除终身制,促使人们努力工作、努力学习,不断提高技术水平和工作能力。

第五,从政治上看,还有利于消除封建家长制的余毒,为充分发扬社会主义民主提供经济条件。

可见,实现劳动力的自由而合理的流动,既有利于社会主义商品经济的发展,又有利于社会主义经济关系,乃至整个社会主义制度的发展完善。实现劳动力的自由而合理的流动,是我国经济体制改革中的一项重要任务。

二 关于我国社会主义条件下劳动力自由流动的性质

在我国社会主义条件下,虽然需要劳动力的自由流动,但劳动力并不是商品。这是由社会主义条件下生产资料的公有制的基本经济条件所决定的。

但有些同志认为:"社会主义条件下的劳动力实际上就是商品。"

根据是"在现实的社会主义经济中,劳动力成为商品的条件并没有消失"[①]。首先是"劳动力实际上归劳动者个人所有"。但是,劳动力归劳动者个人所有并不是劳动力成为商品的充分条件。按马克思的分析,劳动

---

① 何伟、韩志国:《试论我国社会主义市场的全方位开放》,《中国社会科学》1986 年第 2 期。以下未注明出处的,皆引于此。

力成为商品必须具备两个条件，除了劳动力归劳动者个人所有，即劳动者是有权处置自己的劳动力的自由人之外，还必须是生产资料归非劳动者私人所有，劳动者本人失去了生产资料，因而他们只有把自己的劳动力当作商品出卖给生产资料的所有者，才能同生产资料相结合，才能进行生产，才能维持自己的生活。不这样，劳动力就不能成为商品。

在社会主义条件下，劳动者虽然是自己劳动力的所有者，是自由人，但他们并没有失去生产资料，他们是公有制生产资料的共同主人，他们虽然不像个体所有者那样个人占有生产资料，可以同自己所有的生产资料相结合进行生产，但他们可以在生产资料公有制的基础上联合起来，同共同所有的生产资料相结合，从事共同生产。他们共同生产劳动所创造的产品，归他们共同所有，在作出马克思所说的各项扣除之后，按照他们在劳动中的各自贡献来分配个人消费品。这里所发生的经济关系，就是马克思所说的按劳分配。而不是劳动力的买卖。劳动者本着按劳分配所分得的一份消费品，就是社会主义经济中劳动者劳动力个人所有在经济上的实现。这种劳动力个人所有在经济上实现的客观依据，就是劳动者在生产资料公有制基础上进行联合劳动过程中所做出的实际贡献，而不是劳动力的价值。当然，社会主义经济仍然要采取商品经济形式，劳动者个人消费品的分配仍然要采取货币工资的形式，这里的货币工资已经不是劳动力价值或价格的转化形式，而是劳动者在联合劳动中共同创造的价值中，应当分配给他个人的那一部分产品价值的货币表现。这里的货币，就其所体现的经济关系的本质来说，它和马克思当年所说的"劳动券"没有本质区别。所以，在这里，从经济关系的本质上来看，劳动者同生产资料是直接结合的，并不是处于分离状态的。

然而，劳动力商品论者认为："由于国家所有制企业和集体所有制企业在生产资料的占有和支配方面都有其独立性和相对独立性，因而，在现实的经济生活中，每个劳动者与生产资料仍然处于分离状态，个人必须被国家或集体录用，才能同生产资料结合，从而进行劳动。"

这种论点很新奇，但很难成立。我认为，我们讲"分离"和结合方式，都是为了揭示经济关系的本质及其运动规律，而不是描绘某种表面现象。为此，就必须严格遵循马克思对"分离"所确定的含义。按照马克思的含义，看劳动者和生产资料是否处于分离状态，主要看生产资料归谁所有，如果生产资料被非劳动者占有，劳动者只有自己的劳动力可以

"自由"处置,那么劳动者和生产资料是分离的,劳动者只有把自己的劳动力出卖给生产资料的占有者(资本家),他们才能在生产中同生产资料相结合。如果生产资料被劳动者集体共同占有,劳动者就不需要把自己的劳动力出卖给他人,而是联合起来,同他们共同占有的生产资料相结合,共同生产,共同占有劳动产品。可见,我们只有从这种生产资料所有关系上来划分,才能揭示社会经济关系的本质,才能区分不同的社会经济制度。否则只能陷入混乱。

按照劳动力商品论者的上述说法:"分离"是"由于国家所有制企业和集体所有制企业在生产资料的占有和支配方面都有其独立性和相对独立性"。按照这种说法,"分离"是发生在企业扩权以后。这里我们姑且不去问他,经过扩权,原来企业中的职工和生产资料的关系,为什么会由原来的直接结合状态,一下子变成了分离的状态,值得深入考究的是,企业扩权以后,职工和生产资料的关系发生了什么变化,是发生了"分离",还是实现了更好的结合。

就全民所有制企业来说,扩权以前,在高度集中的管理体制下,企业处于无权状态,劳动者的主人翁地位没有得到充分体现。企业扩权后,一方面,企业的生产资料仍然归全民所有,劳动者作为所有者的一员,仍可通过代表自己利益的国家实现同生产资料的直接结合。另一方面,企业扩权后,企业获得了经营管理的自主权。这种自主权,既是国家代表全民利益授予的,又是企业全体职工作为全民所有制中所有者成员,对自己所在企业生产资料所应享有的占有、支配和使用之权的实现,是他们作为企业主人的具体体现。所以,企业扩权后,不但没有使企业的生产资料同企业职工发生分离,而且还使这两者可以更好地实现直接结合,更好地体现出职工的主人翁地位。

当然,企业成为相对独立的经济实体以后,为了提高经济效益,企业根据自身的需要,对劳动者的数量、质量及其构成,有了更严格的要求,对富余的或不合格的人员有辞退权,对需要聘用的、招收的劳动者有选择权。但这不是在挑选商品,而是联合体对参加联合的成员的选择。这种选择权同劳动者个人按自己的特长、爱好、志趣,对自己参加的企业、从事的专业和岗位的选择权相结合,在国家计划指导下,在政策、法令的规制下,可以实现劳动者和生产资料的最佳结合,提高劳动生产率,提高社会经济效益。这两个方面选择权的结合,不是劳动力的自由买卖,而是社会主义劳动者自愿联合的实现形式。

这样做的结果，劳动者同生产资料结合的具体形式发生了变化，由原来的国家统一分配、统一调拨，变为企业招聘与劳动者自由选择相结合。但这里只改变了劳动者同生产资料直接结合的具体实现形式，而不是对直接结合本身的否定，相反地，这正是使这种直接结合可以得到最佳的实现。这不但没有否定劳动者的主人翁地位，而且还可以使这种地位得到更好的体现。因为他们可以按照自己的意愿去选择企业和岗位，更好地发挥他们的专长、志趣和能力。虽然有些劳动者要被企业"解雇"、辞退，但只要他们是遵纪守法的，他们在国家有关部门，如职业介绍所、劳动服务公司的帮助下，仍然可以到他们可以适应，而又需要他们的企业中工作，而一经被新的企业所录用，他就成为这新的企业的主人。

在这里，企业的招聘也好，劳动者的自由选择也好，都是在生产资料公有制的基础上，劳动者同生产资料直接结合的具体实现形式。按照这种具体形式所实现的直接结合，既符合劳动者集体的公共利益，又符合劳动者个人的意愿，不能把它看作是劳动者与生产资料相分离、劳动力当作商品自由买卖的体现。

但这也不是说，在社会主义条件下，劳动者和生产资料的直接结合可以是无条件的。在社会主义条件下，劳动者同生产资料的直接结合还要受一定的实现条件的限制。第一，要受已有的客观生产条件和生产发展的需要的限制和制约；第二，要受劳动者自身适应能力的限制，受自己的知识、专业、技能，以及业务素质的限制；第三，还要受国家、社会的整体利益的制约和限制。劳动者个人的愿望要同客观可能、同生产发展的客观需要相一致，劳动者个人利益要自觉地和国家的、集体的利益相一致，服从国家的、集体的利益和要求，才能实现。

社会主义阶段由于三大差别的存在，这种来自主、客观两个方面的限制是不可避免的。像我国这样原来基础很差、经济不发达的社会主义国家，生产力和科学技术发展水平比较低，在公有制占绝对优势前提下还存在多种经济形式，国家所有的生产设备、资金力量有限。因此，虽然所有劳动者都是全民所有制经济的共同所有者，但只能有一部分劳动者进入全民企业，同全民所有的生产资料相结合。其他一些劳动者，还只能在集体企业中或从事个体经营，自谋职业。有些人在一定时期内还要处于待业状态。但不能说这些劳动者同生产资料是分离的。无论是在集体企业中劳动,还是从事个体经营,都不是和生产资料相分离。至于极少数处于待业状态的,倒有些像处于同生产资料相分离的状态。但也应当看到,第一,他们作为全民中的一员,也是全民所有制中的所有者之一,也分享着全民所有制经济收入中用于社会公共福利事业的部分;第二,这种分离状态是暂时的,他们会逐渐被招聘、录用到全民或集体企业,或在国家扶持下从事个体经营。从事个体经营是直接同个人所有的生产资料相结合,被聘用、录用也不是把自身的劳动力出卖给他人,而是以自己的劳动同公有的生产资料结合,从事联合劳动。

总之,我认为,一方面,由于社会主义是商品经济,顺应商品经济发展要求,在完善社会主义市场体系的同时必须改革劳动制度,采取适当办法,努力促进劳动力自由而合理的流动;但另一方面,由于我国的商品经济又是在公有制基础上,实行按劳分配、有计划的社会主义商品经济,它同资本主义商品经济存在根本区别。这种根本区别的一项根本标志就是劳动力不是商品。

对劳动力商品论若干论点的质疑*

——与何伟、韩志国同志商榷

在建立和完善社会主义市场体系的同时，如何改革劳动工资制度，以实现劳动力的合理流动，是当前我国经济体制改革中需要认真研究的重要课题。何伟、韩志国同志在《试论我国社会主义市场的全方位开放》[①]（以下简称《开放》）一文中系统地探讨了这个问题，提出了不少新观点。但是，作者在这篇文章中围绕着社会主义条件下的劳动力仍然是商品这一命题而展开的分析，有很多值得商榷之处。

一 在社会主义条件下，劳动者与生产资料是否"仍然处于分离状态"

按照马克思的分析，劳动力成为商品必须具备两个条件：劳动力归劳动者个人所有，即劳动者是有权处置自己劳动力的自由人；生产资料归非劳动者私人所有，劳动者本人失去了生产资料，因而他们只有把自己的劳动力当作商品出卖给生产资料的所有者，才能同生产资料结合起来进行生产，才能维持自己的生活。在社会主义条件下，劳动者虽然是自己劳动力的所有者，是自由人，但他们并没有失去生产资料，他们是公有的生产资料的共同主人。公有制企业中的劳动者虽然不像个体所有者那样直接由个人占有生产资料，从而同自己所有的生产资料相结合进行生产，但他们可以在生产资料公有制的基础上联合起来，同共同所有的生产资料相结合，从事共同生产。这种共同生产所创造的产品归劳动者共同所有，在作出各项扣除之后，再按照他们在劳动中的各自贡献的大小来分配个人消费品。

---

* 本文原载于《中国社会科学》1987年第1期。全文收入中国人民大学复印报刊资料的两个复印集：《劳动力》和《政治经济学》。

① 《中国社会科学》1986年第2期。

这里所发生的经济关系，就是马克思所说的按劳分配关系，而不是劳动力的买卖关系。劳动者根据按劳分配原则所分得的一份消费品，就是社会主义经济中劳动者的劳动力个人所有在经济上的实现。这种劳动力个人所有在经济上实现的客观依据，是劳动者在公有制基础上进行联合劳动过程中所做出的实际贡献，而不是劳动力的价值。由于社会主义经济仍然是商品经济，因而劳动者个人消费品的分配仍然要采取货币工资的形式，但这里的货币工资已经不是劳动力价值或价格的转化形式，而是在劳动者创造的价值中，应当分配给他个人的那一部分产品价值的货币表现。这里的货币，就其所体现的经济关系的本质来说，它和马克思当年所说的"劳动券"没有本质区别。所以，在这里，从经济关系的本质上来看，劳动者同生产资料并不是像《开放》一文所说的那样"仍然处于分离状态"，它们在生产资料公有制的基础上实现了直接结合。

二 社会主义经济中的劳动力是否也具有价值和使用价值

《开放》认为，"社会主义条件下劳动者与生产资料的结合，实际上还是这样一种关系：国家或集体向劳动者支付生活资料的价值——货币工资，劳动者向国家或集体让渡自己劳动力的使用价值——提供活劳动。这种关系，实际上就是一种商品的买卖关系。"对于这种说法，应当指出两点：第一，国家或集体向劳动者支付的生活资料的价值——货币工资，不是根据劳动力的价值，而是根据他们在劳动中所提供的劳动的数量和质量，它不是劳动力价值的货币表现，而是按劳分配所采取的货币形式。第二，说劳动者"让渡"了自己劳动力的使用价值，是不符合事实的。事实是，在社会主义条件下，劳动者被录用，不管是通过分配还是招聘形式，也不管是到国有企业还是到集体企业，都是企业的主人，都是以主人的身份从事联合劳动的。在这里，任何人都没有丧失对自身劳动力的所有权、使用权和支配权。怎么能说他们"让渡"了自己"劳动力的使用价值"呢？

商品交换是不同所有者之间通过劳动产品来交换他们的劳动。在交换中，由于发生了所有权的转移，因而要求等价是这种交换关系的本质特征。按照马克思主义的观点，只有处于这种交换关系中的劳动产品，才成为商品，才具有价值。在社会主义公有制经济中，劳动力没有也不可能投入到这种交换中去，劳动者被录用或招聘，并没有把自身的劳动力转归他人去使用或支配，因而，劳动力不是商品，也没有价值。说"社会主义条件下的劳动力，也具有使用价值和价值两重属性"，是违背社会主义经济关系的客观实际的。

那么，是不是"如果不承认劳动力是商品，具有价值，那就无法科学地说明社会主义经济中的商品价值公式"，是不是"否定劳动力具有价值，那就等于说，在社会主义商品经济中，商品价值中没有 V 部分"，而"没有 V 部分，也就难以有 M 部分，这就等于说，社会主义经济中的商品价值只有 C 部分"了呢？显然不是。按照马克思的分析，在资本主义商品经济中，商品的价值由 C、V、M 三部分构成。这确实是由劳动力是商品、具有价值这样一个根本的经济条件决定的。在社会主义经济中，由于劳动力不是商品，没有价值，因而，商品的价值，就不是由不变资本、可变资本和剩余价值三部分组成，而是由生产资料转移的价值、劳动者所创造的为个人消费部分的价值和为社会公共需要部分的价值组成的。这三个部分和资本主义条件下 C、V、M 所代表的三个部分具有根本不同的经济性质，但也有其相似之处。所以，为了简便，人们仍然借用马克思当年分析资本主义社会总产品价值构成时所使用的公式符号 C、V、M，但这里的 C、V、M 已经不代表原来的内容了。这里的 V 不是可变资本，即不是补偿劳动力价值的价值，而是劳动者创造的，属于他们自己部分的价值；这里的 M 也不是剩余价值，而是劳动者为社会公共需要创造的新价值。因此，怎么能说不承认劳动力是商品、具有价值，商品价值构成就只剩下 C 了呢？

三　劳动力成为商品是否会否定劳动者的主人地位

《开放》认为，"承认社会主义条件下的劳动力是商品，与劳动者作为国家主人、企业主人的地位"并不矛盾。果真如此吗？劳动者如果把自身的劳动力真的当作商品卖出了，那么劳动者所得到的只能是劳动力的价值，而劳动力的支配权和使用权，则归于它的买主，劳动成果也就归它的买主所有，在这样的情况下，劳动者就是被雇佣，而不是什么主人。如果劳动者确实是企业的主人，那就证明，他的劳动力并没有出卖给他人或企业，而是以自己的劳动加入联合体中，参加共同生产，这样，他的劳动力就不是商品。这两种情况非此即彼，绝不能既是商品又是主人。要把这两者统一起来，是很难做到的。

那么,《开放》是如何把这两者统一起来的呢?作者认为:劳动者"主人地位的一个集中表现,就是他可以自由地流动,自主地选择生产和经营单位,在社会范围内实现劳动者与生产资料的结合。如果没有劳动力市场,劳动力不能作为商品自由流动,那么劳动者就必然处于被支配、被调拨的地位,从而终身依附于某一部分生产资料,成为被支配者"。这段话有一定的道理。劳动力的自由流动确实是劳动者主人地位一项不可缺少的条件。但这里需要研究的是,能否说允许劳动力自由流动,就是让劳动力当作商品来自由买卖?能否把劳动力的"自由流动"同劳动力商品等同起来呢?如果按照《开放》一文的观点,把劳动力的自由流动和劳动力自由买卖等同起来,那就不只是在社会主义阶段,即使到了共产主义高级阶段,劳动力也仍然是商品。因为在共产主义阶段,生产力的高度发展和每个劳动者的全面发展,使得人们可以摆脱旧的社会分工的限制,可以更自由地选择自己的职业和工作,劳动力可以实现广泛而充分的流动。如果认为劳动力自由流动就是劳动力的自由买卖,那么共产主义时期的劳动力岂不仍然是商品,并且是更充分的商品化了吗?

四 劳动力商品同按劳分配是否存在着矛盾

《开放》认为:"在商品经济条件下,商品的价值只能由生产商品的社会必要劳动时间决定,而不是由个别劳动时间决定,因而对于一个劳动者来说,他所提供的活劳动能够得到多少报酬,就不是看他为企业提供了多长时间的劳动,而是看他的劳动形成了多大的价值。"这是把两个不同的问题混杂在一起了。在考察按劳分配时,必须区分两个不同的层次,一个层次是国家与企业之间以及企业与企业之间,就这个层次来说,由于社会主义经济还是商品经济,企业还是相对独立的商品生产者,企业之间还存在着商品交换关系,因而国家对企业的分配是通过商品等价交换的形式来实现的。在这个过程中,国家或社会不是看企业实际支出了多少劳动,而是看他们所提供的商品体现为多少社会必要劳动量,看他们的商品经过交换实现为多少货币。在这个层次上,按劳分配要借助于等价交换来实现。当然,要通过等价交换来实现企业之间的按劳分配,在贯彻等价交换原则的同时,国家必须通过资金税、资源占用税等手段进行必要的调节,以消除由于客观生产条件的差别所带来的收入差别。但是,从企业内部这个层次来看,企业对职工的按劳分配就不是这样。在这个领域里,分配的对象已经不是消费品实物，而是企业劳动者共同劳动所创造并得到实现的价值（当然要作各项扣除），因而其形式也不是马克思当年设想的劳动券，而是定量的货币。但是，每个劳动者各自应得多少货币工资，却是根据他们在企业中各自所提供的劳动量，而不是看他劳动形成了多少价值。

《思考》极力强调劳动力供求规律的调节作用，这无非是要人们认为，按劳分配是由劳动力价值规律决定的，按劳分配是按劳动力价值进行分配。这是似是而非的。在社会主义经济中，劳动力供求规律不是和劳动力价值规律相结合，而是和按劳分配规律相结合，在按劳分配规律的作用下发挥作用。劳动者的工资、奖金等收入水平的确定，要符合按劳分配规律的要求，如果工资差别同劳动贡献的差别不一致，就要影响人们的劳动积极性。在允许劳动力自由流动的条件下，它就要引起劳动力供给结构的变化：劳动报酬高于劳动贡献的单位，人员供给会增多起来，而劳动报酬低于劳动贡献的单位，人员供给会逐渐减少，这就会造成劳动力的供给结构同由生产发展所决定的劳动力需求结构不相适应。为了改变这种状况，国家或企业就要调整收入差别，使各类人员的收入差别同劳动贡献的差别相一致。在这里，劳动力供求规律在起作用，但这种作用不是从属于劳动力价值规律，而是从属于社会主义经济中的按劳分配规律。如果劳动力作为商品来买卖，劳动者所得到的工资就是劳动力价值或价格的转化形式，这样，按劳分配就不存在了。所以，按劳分配不但不能以劳动力成为商品为条件，相反，它要以劳动力不是商品为前提。

再驳劳动力商品论*

——与杨坚白同志商榷

关于劳动力是否是商品的问题，我国学术界八年前就开展过讨论。当时笔者曾以"对劳动力商品论若干论点的质疑——与何伟、韩志国同志商榷"为题，参加了《中国社会科学》（1987年第1期）所开展的专题讨论。近来，随着我国社会主义市场经济体制的逐步建立，这一争论又重新展开。主张社会主义公有经济范围内劳动力也是商品的同志又有增加之势，杨坚白同志在《经济学动态》1994年第12期上发表的《也谈社会主义社会的劳动力是否商品》（以下简称《也谈》），就颇具代表性。这里仅就此文提些不同看法，向作者和参加讨论的同志请教。

一 关于对待马克思主义的态度

《也谈》第一部分讲的是"关于对待马克思主义的态度问题"。作者是在强调，对待马克思主义不能教条主义地固守，而要把马克思主义的基本原理同我国的具体实践相结合，在实践中丰富和发展马克思主义。这无疑是正确、重要的。但这要有个前提，就是首先要坚持马克思主义的基本原则，认真严肃地对待马克思主义。不能搞个人随意性。《也谈》是怎么做的呢？

文章一开头就讲，"马克思在研究资本主义经济过程中，是把价值、商品、货币等作为资本主义经济范畴来分析的……从而按一般推理，在未来的社会主义社会，价值、商品、货币等范畴都将退出经济生活。"[①] 果

---

* 本文原载于《经济学动态》1995年第9期。全文收入中国人民大学复印报刊资料的3个复印集：《劳动力是不是商品问题》《劳动力商品问题研究》和《政治经济学》（社会主义部分）。

① 后面凡未说明的引语，皆出于此文。

真如此吗？不是的。诚然，马克思当时是没有预见到未来的社会主义社会中还要保留商品货币经济形式。而且，马克思从未把商品、价值、货币等作为资本主义所特有的范畴来分析。

众所周知，商品、货币等是商品经济的一般范畴。商品经济比资本主义早得多，在资本主义出现之前，简单商品生产和商品交换已经存在了几千年。它是在原始社会末期，随着原始公社的解体和私有财产的产生而产生的，以后又经过了奴隶社会、封建社会中的缓慢发展，才逐渐发展由简单商品生产转化为资本主义商品生产。马克思分析资本主义商品生产正是从简单商品生产，从商品生产的原始形态，从其最简单的交换关系开始，来分析商品的内在矛盾、阐述价值形态的历史发展和货币的产生的。然后才在此基础上进而去揭示资本主义的产生、资本的本质、剩余价值的来源，以及资本主义的矛盾运动和它的历史命运等。这种情况表明，马克思从来都是把价值、商品、货币等当作商品经济的一般范畴，而不是当作资本主义特有的范畴来分析的。对此，只要翻开《资本论》，就会一清二楚的。《也谈》的作者之所以要那样说，目的无非是让人们把社会主义经济中劳动力是否商品问题，同社会主义经济中可否保留"价值、商品、货币等范畴"问题等量齐观，似乎社会主义既然可以保留价值、商品、货币等范畴，也就同样可以保留劳动力商品范畴了。

但是，把劳动力商品同一般商品、货币范畴等同起来是不妥的。按照马克思的分析，劳动力成为商品是货币转化为资本、资本带来剩余价值的基本条件。它是资本主义所有制的产物，也是资本主义经济关系存在的前提，同资本主义密不可分。把劳动力商品范畴加到社会主义头上，只能起着模糊社会主义与资本主义的界限，歪曲社会主义经济关系本质的作用。

二 能否只着眼于劳动力流动的市场形式断定劳动力是商品

《也谈》断定劳动力是商品，首先是着眼于其流动的市场形式，而不是从所有制关系上去考察这种流动的实质。"在社会主义市场经济的既定前提下，资源配置当然要以市场为导向……""劳动力市场是以劳动力为交换品，那么，这种交换品不是商品又是什么"。在《也谈》看来，在社会主义市场经济条件下，劳动力的流动要通过市场，通过市场就是商品。如果这样的论断可以成立，如果凡是通过市场的就是商品，那么经过金融市场的人民币岂不也成了商品?！

透过表面形式和现象，认识事物的内在本质，这是马克思主义政治经济学的特点。这一特点，对认识社会主义经济关系的本质，仍然十分重要。斯大林在《苏联社会主义经济问题》一书中有这样一段话："在我国社会主义条件下，旧的东西并不是干脆被废除干净，而是把自己的本性改变得与新的东西相适应，仅仅保持着自己的形式；至于新的东西，也不是干脆消灭旧的东西，而是渗透到旧的东西里面去，改变旧的东西的本性和职能，并不破坏它的形式，而是利用它的形式发展新的东西。"在发展社会主义市场经济的今天，斯大林这一思想，更显出它的现实意义，特别是对于建立劳动力市场后对劳动力性质的认识，更给人以深刻的启迪。这就是在这种情况下，绝不可仅着眼于事物的表面形式，而要紧紧把握马克思主义关于生产资料所有制是生产关系的基础，决定整个生产关系的性质的基本原理，把握马克思关于劳动力成为商品的两个基本条件的科学论断，透过表面形式认识事物的内在本质。

　　马克思关于劳动力成为商品两个条件的论断是科学的、完整的、缺一不可的。显然，如果劳动者不具有人身自由，他就不具有出卖劳动力的可能性；如果没有失去生产资料（被非劳动者占有），成为无产者，他就不存在出卖劳动力的必要性。在我国社会主义公有经济范围内，劳动者虽然是自己劳动力的所有者，具有人身自由，但他们并没有失去生产资料，他们是公有制生产资料的共同主人。他们虽然不像个体所有者那样占有生产资料，同个人占有的生产资料相结合进行生产，但他们可以在生产资料公有制的基础上联合起来，同共同所有的生产资料相结合，从事共同生产。他们共同生产所创造的产品归他们共同所有，在作出马克思所说的各项社会扣除之后，按照各自的劳动贡献来分配个人消费品，即实行按劳分配。这种按劳分配虽仍然要采取货币工资形式，但它不是劳动力的价值或价格的转化形式，而是劳动者在联合劳动过程中共同创造的价值中应当分配给他个人的那一份产品价值的货币表现。不管劳动者加入联合劳动共同体（企业）采取何种具体实现形式，是国家统一分配，还是经过市场的自由选择，都改变不了它的实质。我们判断劳动力是否商品所要看的正是它的实质，而不是它的流动形式。其实，在社会主义公有经济范围内，劳动力市场并不是劳动力买卖的场所，而是劳动者和用人单位之间进行双向的自由选择的适当形式而已。平等和自愿是市场的一大特点。通过市场这种形式实现劳动力的自由流动，实现劳动者和企业之间的双向选择，有诸多好处,其中重要一条,是可以使企业真正成为社会主义劳动者的自由联合体,而并未由此使企业中的劳动者变成了出卖劳动力的雇佣劳动者。这里决定性的东西是所有制,而不是市场形式。

三 能否以劳动力的使用所创造的产品是商品来证明劳动力是商品

《也谈》作者既已从劳动力流动的市场形式上作出了劳动力是商品的结论,也就不能不设法作一些理论上的说明,这构成了他的文章的第二部分。

作者首先用一整段讲"物质产品是由劳动创造的","商品的二重性是基于劳动的二重性","离开了劳动,商品的价值和使用价值就无从谈起"等,这些本来是简单商品生产就已经存在、与劳动力成为商品毫不相干的东西,接着是一大段讲:社会主义市场经济中也是劳动创造商品的价值和使用价值,"产品也是作为商品到市场上去交换,然后劳动者从出售商品的货币中,按其所提供劳动的数量和质量取得相应的工资,再用工资去购买所需要的商品。这就是说,劳动者由劳动换来的工资,依然要经过商品、市场经济运行的迂回曲折的道路,而不是像马克思当年设想的那样,劳动者直接由社会劳动总产品中领回同他所提供劳动量相当的消费品"。《也谈》在这里讲的是关于按劳分配要通过商品货币交换的形式来实现的事,本来也与劳动力成为商品无关。讲它的目的无非是要引出后边这样一些话:"总之,在商品、市场经济条件下,唯有劳动商品才能维持劳动力再生产和社会产品再生产。……可见,劳动力的使用——劳动既已成为商品,劳动力也不能不是商品。"这是些十分费解、混乱不清的语言。不过从中我们可以看出《也谈》原来是这样的一个逻辑:由劳动生产物是商品引出"劳动已商品化"或"劳动已成为商品",再由"劳动已成为商品"得出劳动力也不能不是商品的结论。《也谈》的这个逻辑在文章结尾中有这样一个简要的概括:"总而言之,劳动力成为商品,是指产业部门的经济活动,劳动物化,作为商品出售。"说得明确一点就是劳动力成为商品是指劳动生产物成为商品。这个逻辑能够成立吗?按照这样的逻辑,凡是存在商品生产和商品交换的地方,劳动力都是商品,连简单商品经济中个体小商品生产者的劳动力也都是商品了。

不难看出,《也谈》推出这个荒谬逻辑靠的就是偷换概念或混淆概念，把劳动和劳动产品混淆起来或者说等同起来，然后，再把劳动和劳动力混淆起来或等同起来。然而这三个概念在马克思主义政治经济学中是有着严格区别的。

就劳动和劳动产品来说，（1）劳动是劳动者使用一定的生产工具，改造自然对象，生产物质资料的过程，它处于流动状态中。劳动产品则是劳动的成果，是劳动过程的结果。这个过程之所以需要，只因为它可以生产出对人们有一定使用价值的劳动产品。这种劳动产品由于对他人有用，在一定条件下可以成为商品，但劳动自身不能成为商品。（2）劳动能创造商品的价值，抽象劳动形成商品价值的实体，但劳动本身没有价值，不能成为商品。不生产出对他人有用的使用价值物——商品，其劳动就没人承认，不能形成价值实体。使用价值是价值的物质担当者。（3）假如有人把自己的劳动过程当作商品卖出（不可能），那么劳动过程的结果——劳动生产物，就不归他所有，也就不能再作为他的商品出卖。反之，如果他把自己的劳动产品当作商品出卖，那就证明他并没有把自己的劳动过程当作商品卖出。所以，不管从哪个角度来看，由劳动产品是商品引出"劳动已成为商品"都是说不通的。

既然劳动不是也不可能是商品，从劳动已是商品引出劳动力是商品的论断当然也就不能成立了。而且，劳动力和劳动也不能混同。劳动力只是存在于健康人身体中的劳动能力，它只是生产的主观条件，必须同客观条件——生产资料相结合，才能现实地从事生产劳动。如果劳动者自己不占有生产资料，他就只有把自己的劳动力当作商品出卖给生产资料占有者，才能同生产资料相结合，从事生产劳动。这时，他的劳动力的使用——劳动过程及其产品，都属于劳动力的购买者（生产资料的所有者），由他支配和占有，劳动者已经无权再把劳动产品作为他的商品出售。如果他是把自己的劳动产品作为商品去出售，那就证明，他并没有把自己的劳动力作为商品出卖。在这里，劳动力的商品性同劳动产品的商品性，不但不存在连带关系，而且是互相排斥的。这更表明，以劳动产品是商品，再经过所谓劳动商品化导出劳动力商品的论断，在理论上是不通的。

为了给自己的理论涂上马克思主义色彩，《也谈》用一大段转述了马克思《哥达纲领批判》中的一段话后说："这实质上是承认了劳动是交换品，只是不称之为商品罢了。可见，在我国现实的商品、市场经济条件下，敢于承认劳动力是商品，并非离经叛道。"首先应当指出这里的转述并未忠实于马克思的原意。马克思并不是在讲社会主义社会劳动力不再是商品时讲按劳分配中通行同一原则的,而是在讲在"以共同占有生产资料为基础的社会里,生产者并不交换自己的产品;耗费在产品生产上的劳动,在这里也不表现为这些产品的价值"①的同时讲,但共产主义的第一阶段还要实行的按劳分配原则中,各个劳动者"以一种形式给予社会的劳动量,又以另一种形式全部领回来"。"显然,这里通行的就是调节商品交换(就它是等价的交换而言)的同一原则。"②《也谈》却把劳动力商品问题拉进来,无非是要给人造成错觉,好像马克思讲的同按劳分配通行同一原则的不是劳动产品的交换,而是劳动力的买卖,至少应包括劳动力的买卖。然而这不符合马克思本意。因为马克思在这里讲得十分明确,按劳分配所通行的"是调节商品交换"的同一原则,而且在商品交换几个字后边还加个括号强调"就它是等价的交换而言"。劳动力买卖是不是等价交换呢?表面上是,实质上不是。它是在等价交换形式的掩盖下实践着对剩余价值的无偿占有。另外,说马克思那句话里"实质是承认了劳动是交换品",更是毫无根据的曲解,和马克思在《资本论》中所强调的一贯思想相悖。

四 关于"对几个疑问回答"的剖析

《也谈》第三部分回答了四个问题,前三个问题与我们的讨论有关,需要作些分析。

1. 先看对"有人认为,劳动者是生产资料的主人,主人怎能把自己的劳动力卖给自己"的回答。开始作者也承认了在我们社会主义国家,劳动者是社会主人,是生产资料的主人,然而,他却以"社会主义社会是有分工的","主人也要参加工作",其"劳动力的使用要受社会经济活动的制约"为由,作出"参加经济活动的劳动力就是商品"的结论。请问,有分工,受经济活动制约,劳动力就是商品吗?哪个社会能没有分工,能不受制约,照此推论,劳动力岂不成为永恒商品吗?

《也谈》还解释"说劳动力成为商品,只是表明个人与社会集体的关系——经济活动中的交换关系。因此不是劳动者把自己的劳动力卖给自

---

① 《马克思恩格斯选集》第三卷,人民出版社1972年版,第10页。
② 同上书,第11页。

己,也不是把劳动力卖给公有企业的领导人"。请问,那么到底是卖给谁了?没卖给谁,能算什么商品?"只表明个人与社会集体的交换关系"?难道交换关系就是商品交换吗?按劳分配也实现一种等量劳动的交换关系,但它不是劳动力的买卖关系。这些含混不清、自相矛盾的说法如何自圆其说?

《也谈》还拿"知识产权、技术专利收入……是商品性的"作例证,也是无稽之谈。知识产权、技术专利是商品,但这些东西属于知识产品、技术产品,而不是劳动力,岂能和出卖劳动力混为一谈?!

2. 关于对"有人认为,说劳动力是商品违反按劳分配原则"的回答。我们认为劳动力成为商品同按劳分配是相互排斥的,《也谈》既然主张劳动力是商品,就应对此作出回答,说明为什么不是排斥的。但它避而不谈这个问题,只是说"马克思主义告诉我们,分配方式是取决于生产方式的,我国虽然实行市场经济,然而就生产关系来说,公有制经济的物资生产资料,依然是劳动者共有的财产,理所当然地仍然在实行按劳分配。……实行商品、市场经济、承认劳动力是商品,但在公有制经济中,工资政策依然是多劳多得,少劳少得,完全符合按劳分配原则"。请问,"依然是"完全符合按劳分配,为什么还说劳动力是商品?如果劳动者的劳动力真的当作商品出卖了,他所得到的工资就只能是劳动力价值的转化形式,而不能是按劳分配所得,因为此时,劳动的使用价值已属于买主,整个劳动过程和全部劳动成果都要归买主所有了,劳动者已无权过问,已无权依据其劳动量分配劳动成果,也就是说不可能再实行按劳分配了。既然我国国有企业、集体企业仍然是公有制,仍然在贯彻按劳分配,那就证明劳动力并未成为商品,劳动者没有把自己的劳动力卖给企业,而是以企业主人的身份参与联合劳动,共享共同劳动成果。难道不是如此吗?

3. 再看对"有人认为,劳动力商品化是与占有剩余价值分不开的,社会主义不存在剩余价值,因而劳动力不能成为商品"的回答。对此,《也谈》说:"诚然,在社会主义公有经济中不存在被资本家无偿占有的剩余价值。不过,社会主义生产中也存在剩余劳动及其所创造的剩余产品……"接着便是从马克思、恩格斯到列宁的冗长的引证,证明社会主义社会仍然存在剩余产品的必要性。请问,这种必要性同要回答的问题有何关系?这种剩余产品同剩余价值既然不是一回事,讲它何用?为什么不回答既然不存在剩余价值,"剩余产品归全体劳动者的实质并未改变",

为什么还说劳动力是商品？为什么避而不谈这样的问题，却讲了许多无关的东西？

总之《也谈》对这三个问题的回答都避开了问题的难点和焦点。集中起来无非是在说：虽然"实行市场经济，承认劳动力是商品"，但在我们社会主义国家，劳动者还是社会的主人、生产资料的主人、企业的主人，他们的工资收入还是按劳分配，他们创造的剩余产品仍归劳动者共同所有。所以说就是不矛盾的，等等。然而，《也谈》所承认的这些难道不都证明了我国社会主义经济中劳动力不是商品吗？按照马克思主义政治经济学的基本观点和对劳动力商品概念的科学阐述，这些客观存在的情况——劳动者是生产资料的主人、在生产中处于主人翁地位、工资收入是依据按劳分配原则、不存在被他人占有的剩余价值等，都同劳动力商品的概念（劳动者是出卖劳动力的雇佣劳动者的基本性质）不相容。坚持劳动力商品论的同志如果认为是相容的，就应当对此作出说明。《也谈》摆开了回答问题的架势，却一一地避开了这些问题的焦点。之所以如此，并非作者水平不高，而是所宣扬的劳动力商品论并非真理，同客观实际不符，无法自圆其说。

五 关于"劳动力商品论"的危害性

之所以要认真驳斥劳动力商品论，是因为这种论调对改革开放，对社会主义现代化建设，对建设有中国特色社会主义的伟大事业，都是不利的、有害的。具体说有以下几个方面：

1. 有损我国工人阶级、社会主义劳动者的主人翁意识。不利于发挥职工群众的主人翁积极性，不利于搞活国有大中型企业和发挥社会主义制度的优越性。

2. 不利于我国社会主义企业家的健康成长和社会主义企业在民主管理的轨道上健康发展。我国社会主义企业的领导者、社会主义企业家的一个重大的特点和优点，就在于他们有着全心全意为工人群众服务，依靠工人群众办企业的基本指导思想。在这一基本思想指导下，坚持搞好民主管理，充分调动和发挥职工群众社会主义积极性，这是搞好搞活社会主义企业的一项基本条件。劳动力商品论一经被确立下来、传播开来，我国企业家的这一基本指导思想将遭到破坏或发生动摇，企业的民主管理将被削弱，独断专行压制民主、脱离群众的倾向将发展起来，使社会主义企业脱离它健康发展的正常轨道。那时，什么"搞活大中型企业""发挥国有经济在国民经济中的主导作用"等都将失去其基本条件而化为泡影。

3. 不利于改革的健康发展。我国正处于深化企业改革、建立现代企业制度的阶段，按照什么模式改革企业、建立现代企业制度，尚在探索之中，如果劳动力商品论一经确立，成为企业制度改革、规范企业内部关系的一个指导思想，企业的改革也将被误导，偏离其正确方向。

4. 为混淆社会主义与资本主义的界限打开一个重要的理论缺口。劳动力成为商品，这本来是资本主义所特有的经济现象，如果我们把社会主义公有制经济中的劳动力也称作商品，势必在思想理论上模糊了社会主义与资本主义的本质区别，混淆社会主义与资本主义的界限，至少是从一个重要方面为这种混淆打开了理论缺口。不管劳动力商品论者的主观意图如何，其客观结果必然如此。

所以，我国社会主义条件下劳动力是否商品问题是个重大的理论原则问题，应认真严肃对待，不能只着眼其市场形式作出简单化的推断，应当依据马克思主义基本原理，科学地加以分析，作出符合实际的结论。

这里应顺便提一下，说我国社会主义条件下劳动力不是商品是仅就公有制经济中的劳动力而言，至于非公有制企业——私营企业、独资企业、合资企业的劳动力，当然具有商品性。对此，我们的认识基本没有分歧。但我想，对这类企业中劳动力的商品性问题，也应有所分析。由于这些企业的劳动者仍然是我们国家和社会的主人，一方面，他们分享着国家发展社会公益事业、福利事业的好处；另一方面，他们在私营企业中的合法权益又受到国家法律的保护。他们的工资虽然基本上要体现劳动力的价值，但也要受到整个社会贯彻按劳分配原则的一定影响；他们的劳动成果的一部分虽然要作为剩余价值被资方无偿占有，但其中也有一定数量以税收等形式上缴社会主义国家；他们所在的企业虽然按其自身性质是非社会主义的，但在国家政策法令规制下的发展，也有利于我国社会主义建设事业的发展；他们在这些企业中劳动和工作，既有出卖劳动力的一面，又有在那里为我国社会主义建设事业的发展贡献力量的一面。

如何看待劳动力商品论[*]

——与蒋学模同志商榷

《复旦学报》（社科版）1994年第5期发表了蒋学模同志《传统观念的转变和对劳动力商品范畴的再认识》（以下简称《再认识》）一文。该文着重论证的是社会主义市场经济条件下劳动力的商品属性问题，对社会主义条件下劳动力的商品论，提出了一些新奇的论点，很值得予以探讨。在这里我向作者请教。

一 能否把劳动力商品范畴看作同商品、货币、价值一样是反映商品经济的一般范畴

《再认识》一文说："资本、剩余价值、劳动力商品"，"这些历来视作是反映资本主义经济关系的范畴，据我现在的看法，……同商品、货币、价格、价值一样是反映商品经济关系的范畴"。

这样的看法能够成立吗？首先，如果劳动力商品范畴也是反映一般商品经济关系的范畴，那它就应当和商品、价值、货币等范畴一样也存在于商品经济发展的全过程，也随商品经济的产生而产生、发展而发展。然而，事实却并非如此。众所周知，正如《再认识》一文中所承认的，"在农民和手工业者的简单商品经济中，劳动力还没有成为商品。小商品生产者作为商品出卖的是他们的劳动产品，而不是他们的劳动力"。这种简单商品经济在商品经济发展史上占着不可缺少的、漫长的历史阶段。在简单商品经济充分发展、小商品生产者两极分化的基础上，产生了资本主义经济，才出现了劳动力商品。可见，劳动力商品范畴不是商品经济的一般范

---

[*] 本文原载于《高校理论战线》1986年第5期。全文收入中国人民大学复印报刊资料的两个复印集：《劳动力商品问题理论研究》和《社会主义政治经济学》（社会主义部分）。还被《中国特色社会主义文库》《中国新时期社会科学成果荟萃》等十余部大型文集选入。

畴，而是资本主义商品经济所特有的范畴。

其次，劳动力商品作为特殊商品，它赖以产生和存在的经济条件不是一般商品经济条件，而是资本主义商品经济的特殊条件。众所周知，商品生产和商品交换以及随之而来的商品、价值、货币等范畴，其存在的经济条件是社会分工和生产资料私有制或不同所有者的存在。而劳动力成为商品的客观条件则不同。马克思对此作了科学的概括：（1）劳动者是有权处置自己劳动力的自由人；（2）劳动者失去了生产资料，成为无产者。在人类历史上，这两个条件只存在于资本主义生产方式的基础之中。"资本主义生产方式的基础就在于：物质的生产条件以资本和地产的形式掌握在非劳动者的手中，而人民大众则只有人身的生产条件，即劳动力。"[①]在这样的生产方式中，也只有在这样的生产方式中，劳动者才有必要和可能把自己的劳动力当作商品出卖。所以，劳动力成为商品的客观经济条件不是存在于一般的商品经济之中，而是存在于商品经济发展的特殊阶段——资本主义阶段。一旦资本主义被社会主义所代替，劳动群众成为公有生产资料的共同所有者，劳动力成为商品的经济条件就随之消失。这时虽然劳动产品还要采取商品形式，但劳动力却不能再成为商品。另一方面，劳动力成为商品又是资本主义剥削制度存在的前提。没有劳动力成为商品，货币就不能转化为资本，资本就不能带来剩余价值，资本主义剥削制度就不能存在。所以，劳动力成为商品同资本主义制度存在着不可分割的联系。

二 能否说劳动力成为商品是实现市场对资源配置起基础性调节作用的前提条件

同一些劳动力商品论者一样，《再认识》一文也是从劳动力市场的建立和发展的需要出发的，所不同的是它就此提出了独特的论点。《再认识》一文认为："在社会主义仍然是商品经济和市场经济条件下，作为生产三个简单要素之一的劳动力"，如果"不是商品，不受市场调节，仍然保持着由组织部门和劳动部门来统一调配的旧体制，同时要求市场对资源配置发挥基础性作用，这个要求能实现吗？社会主义市场经济的发展，不仅要求一切劳动产品都成为商品，而且也要求包括劳动力在内的一切生产

[①] 《马克思恩格斯选集》第三卷，人民出版社1972年版，第13页。

要素都成为商品"。

对于这种说法，我觉得有以下几个问题：

1. 是否是过分地夸大了实行市场经济对社会主义制度、对社会主义所有制关系所带来的影响。因为按照这种说法，经过经济体制改革，由计划经济体制向市场经济体制过渡，就要使劳动力的性质发生变化，由非商品变成商品，也就是使劳动者由社会主义企业的主人，变成劳动力的出卖者。可是这种变化如果真的发生了，那就表明，我国企业中的劳动者已经失去了生产资料共同所有者的地位，我国的社会主义公有制已经发生了质的变化。如果这样，那岂不背离了我国经济体制改革的基本方向。这当然是不允许的。我们之所以要建立市场经济体制，是因为市场机制只是经济调节的一种手段，它并不要求改变社会主义公有制的性质，也就是并不要求社会主义企业的劳动者由企业的主人翁变成劳动力的出卖者。

2. 这种说法也不符合商品经济发展的历史事实。众所周知，所谓市场调节，无非是价值规律调节。只要存在商品生产和商品交换，就存在价值规律的调节。在商品经济的发展史上，无论是资本主义商品经济，还是简单商品经济，价值规律都是商品生产和商品交换的自发调节者。而简单商品经济中，劳动力并不是商品。所以，劳动力成为商品并不是市场对资源配置起基础性调节作用的前提，没有理由对社会主义提出如此特殊的要求。

3. 在我国社会主义商品经济条件下，要发挥市场对资源配置起基础性调节作用的关键在于尊重价值规律的客观要求：(1) 让商品价格在市场供求的变动中形成；(2) 允许企业把满足社会需要同实现利润最大化结合起来，有权按照市场供求与价格的变化来组织生产，自主经营。只要具备了这两个方面，市场对资源配置起基础性调节作用就是客观必然的。当然，要使这种调节更通畅、更灵敏，完善的市场体系是必要的。劳动力市场是这种市场体系的组成部分。经过劳动力市场实现劳动力的自由流动，确实是充分发挥市场机制作用的必要条件。但问题在于，并非在任何条件下这种流动都是劳动力的商品买卖。在资本主义条件下，经过劳动力市场实现的劳动力流动，是劳动力的买卖。但在我国社会主义公有经济范围内实现的劳动力流动，即使是经过劳动力市场，也不是劳动力的商品买卖。它只是利用市场这种灵活、方便、平等、自愿的形式，实现劳动者个人与企业之间的双向选择。这种双向选择的实质无非是更好地实现社会主义劳动者的自愿联合，使他们各得其所、各尽其能，充分发挥其才智和专长。这是由生产资料社会主义公有制的性质所决定的。不能说凡是通过市场流动的劳动力都是商品，更不能说劳动力只有成为商品才能自由流动，否则就只能是由组织部门和劳动部门来统一调配。不能把自由流动和商品买卖画等号。

4. 社会主义公有制经济范围内劳动力虽然不是商品，但它经过市场实现双向选择并不影响市场机制的作用。因为这里也存在着劳动力的供求与工资高低、上下波动之间的相互作用。正是在这种相互作用中，市场机制发挥着调节作用，使劳动力的供给和流向适应市场的需要。这里在市场供求作用影响下发生作用并调节市场供求的已不是劳动力商品的价值规律，而是社会主义经济中所特有的按劳分配规律。由于这种变化，劳动者的工资已经不再是劳动力的价值或价格的转化形式，而是在商品经济条件下按劳分配所采取的货币形式。这正是社会主义市场经济不同于资本主义市场经济的一大特点，是商品经济历史发展中的局部质变。

综合以上各点，绝不能说在我国社会主义条件下劳动力成为商品是实现市场对资源配置起基础性调节作用的前提条件。

三 能否把劳动者个人同劳动者群体截然分开，把劳动者个人说成在社会主义生产中处于完全无权的地位

为了把社会主义公有经济中的劳动力说成是商品，《再认识》一文把劳动者个人同劳动者群体截然分开，说："劳动者只有作为一个群体，才具有生产资料主人的地位，拥有生产资料的所有权、占有权、支配权和使用权……作为个人，劳动者除了可以自由支配自己和自己的劳动力以外，对于公有的生产资料，是不能行使所有者的任何一项权利的。"

这也是一个似是而非的说法。当然，劳动者个人和他们的群体是有区别的，但也绝不能把这两者截然分开。劳动者群体是由劳动者个人所组成的，而劳动者个人又是劳动者群体中的一员。劳动者群体的权利和利益，最终都要落实到劳动者个人身上，要在劳动者个人的利益和权利中得到体现，否则，那种完全脱离劳动者个人的所谓劳动者群体权利，也就只能是一句漂亮的空话罢了。

实际情况又是如何呢？我国社会主义企业中的劳动者除了作为国家和社会的主人，享有选举权、被选举权等公民的各项民主权利外，在企业

中，还有根据所提供劳动的数量和质量获取劳动报酬的权利。这种按劳分配权，正是他们对公有生产资料共同所有权在消费品分配上的体现。此外，在企业管理上，人人都有参与民主管理的权利，有对企业领导和管理进行民主监督的权利。这些权利是由生产资料的社会主义公有制的性质所决定的，是社会主义劳动者的主人翁地位的具体体现，在《宪法》和《企业法》中都有相应的规定。享受这些权利，落实这些权利，既不能离开劳动者群体，也不能脱离劳动者个人，是劳动者个人与群体的有机结合和统一，所以，借口劳动者个人同劳动者群体存在差别，把劳动者个人说成是毫无权利的劳动力出卖者，既不符合我国社会主义企业的实际，也不符合社会主义企业的性质。

  这种情况，在深化企业改革、建立现代企业制度的过程中，也是不能改变的。江泽民同志在《坚定信心　明确任务　积极推进国有企业改革——在上海、长春召开的企业座谈会上的讲话》中强调指出，"全心全意依靠工人阶级，这是由于我们党和国家的性质、工人阶级的历史地位和作用决定的。……全心全意依靠工人阶级就是要在政治上保证职工群众的主人翁地位，调动广大职工群众的积极性和创造性，增强企业的凝聚力和向心力；就是要加强民主管理，实现职工群众对企业领导的有效监督"。他还指出，"企业扩大了自主权以后，企业领导人要珍惜和用好权力，在进行企业重大决策时，必须主动接受国家的宏观调控，自觉接受职工群众的监督，实现决策的民主化、科学化，防止一个人说了算"。[①]

  江泽民同志这里所指出的是一个极其重要的、现实意义很强的问题。工人群众在企业中当家做主，充分发挥他们的主人翁积极性、创造性，是社会主义企业的特点和优点。搞好大中型企业绝不可忽视这一点。在市场经济条件下仍然如此。实践表明，凡是搞得好的企业，几乎都是那些善于把领导者的行政指挥权同尊重职工群众的主人翁地位结合起来的企业。这方面的事例比比皆是。如果我们的改革真的像《再认识》所说的那样，让劳动者都成为劳动力的出卖者，企业中各个职工都处于无权的地位，我国社会主义企业所特有的这种优越性将随之丧失，国有企业在国民经济中的主导作用也很难发挥。

---

① 《人民日报》1995 年 7 月 13 日第 1 版。

四 能否说"按劳分配原则将主要通过劳动力价值或价格转化形式来实现"

为了解决劳动力商品论同按劳分配原则的矛盾，为劳动力商品论提供理论根据，《再认识》一文提出了一个惊人的论点。这就是"在社会主义市场经济确立的过程中和确立以后"，"按劳分配原则将主要通过劳动力价值或价格转化形态来实现"。

劳动力商品买卖同按劳分配是反映不同经济关系的范畴，两者具有十分明显的相互排斥的性质。如果一个劳动者把自己的劳动力当作商品卖出了，他以工资的形式得到了劳动力的价值或价格，其劳动力的使用价值便转归他的买主所有，由买主支配和使用。因而其劳动过程和劳动成果都是属于买主的，而与劳动者无关。这时，劳动者不可能再根据劳动过程中实际提供的劳动量来分得其劳动成果。这就是说，如果劳动力是商品，就不可能再有按劳分配。反之，如果劳动者是依据按劳分配原则分得其劳动成果，那就意味着他的劳动力并未卖出，并没有成为商品，其工资就不是劳动力价值或价格的转化形式。所以，按劳分配将通过劳动力价值或价格转化形式来实现的说法，在逻辑上是不通的，实践上是不可能存在的。

为了让人们接受这种说法，在《再认识》一文中，"工资"这一范畴，似乎不管在哪里，不管什么时候，都是劳动力的价值或价格的转化形式。如说："在社会主义经济中，虽然必要产品部分也是以工资即劳动力价值或价格的转化形式回到劳动者手中……"在这里，社会主义企业中作为按劳分配实现形式的工资被说成是劳动力价值或价格的转化形式，这显然是用社会主义的工资同资本主义工资在形式上的同一性，否认二者质的区别。

在资本主义经济中，劳动力是商品，工资是劳动力的价格，是劳动力价值的货币表现。劳动力价值是由劳动力的生产和再生产的必要劳动时间决定的。工资实质上只是对工人必要劳动时间的补偿，但却表现为全部劳动时间的报酬。由此，马克思称之为劳动力价值或价格的转化形式。它掩盖着资本主义的剥削（对剩余劳动时间创造的剩余价值的无偿占有）关系。在社会主义企业中则完全不同。它既不是劳动力价值或价格，也不是什么转化形式，它是按劳分配的具体实现形式。而且，正因为这两者的性质和内容不同，其运动的客观规律也不同。前者由劳动力商品的价值规律所决定，其数量界限就是维持劳动力的生产和再生产所必需的生活资料的价值。而后者则是由按劳分配规律所决定的，随着劳动生产率的提高而提高，不受维持劳动力生产和再生产所需的生活资料价值的数量的限制。由于存在这样的区别，在资本主义条件下，必要劳动对剩余劳动的比率随劳动生产率的提高而降低（结果是剩余价值率的不断提高）。在社会主义条件下，劳动者为个人劳动部分和为社会劳动部分的比率，并非要随劳动生产率的提高而降低。这个比率是由社会主义国家根据生产发展的情况，人民群众生活水平提高的需要和生产发展的需要，兼顾个人利益和社会公共利益、目前利益和长远利益，通过宏观计划加以控制和安排的。这种区别是客观的存在，是不可抹杀的。把社会主义的工资和资本主义的工资混同起来，都说成是劳动力价值或价格的转化形式，在理论上和实践上都是错误的、有害的。

五 能否说在任何社会制度下，劳动者个人所得都是没有质的区别的

《再认识》一文还否认不同社会制度下，劳动者获取生活资料的获得方式上的质的区别，如说"如果仅仅着眼于必要产品，那么在任何社会制度下，从原始公社制度、奴隶社会制度、封建社会制度到资本主义制度和社会主义制度，它总是返还给劳动者用于劳动力再生产的，还怎么能看出不同社会经济制度下不同的分配关系呢"。

然而，事实并非如此。众所周知，原始社会由于生产力十分低下，公社成员的劳动还没有剩余，不存在必要劳动和剩余劳动、必要产品和剩余产品的区分，其全部劳动成果都是平均分配给每个成员的。这同以后各个社会形态都是不同的。以后先后继起的三个阶级社会，奴隶社会、封建社会、资本主义社会，它们虽然都是剥削制度，劳动者所能得到的通常都只能在维持生命、维持劳动力再生产所必需的必要产品限度之内，但获取必要产品的方式却又各不相同。奴隶社会中奴隶被看作会说话的工具为奴隶主所有，由奴隶主供养，奴隶主只是为了使奴隶能够继续为其劳动才供给奴隶勉强维持生命的生活资料。在封建社会的封建农奴制下，农奴向领主服劳役或交封建地租，其剥削依然残酷，但农奴和奴隶不同，他们已有自己的分地和少量生产工具，分地上的收获归自己所有。在资本主义的雇佣劳动制下，雇佣工人既不像奴隶那样由主人供养，也不像封建农奴那样靠

分地上的收获，而是靠出卖自己的劳动力获取作为劳动力价值或价格转化形式的工资收入。至于社会主义实行的按劳分配，更是以往一切社会形态没有的。怎能说是看不出有什么不同呢？

还应当指出，把社会主义同以往各种剥削制度并列说劳动者的收入都是"用于劳动力再生产的"也是不符合事实的。在以往各种剥削阶级占统治地位的社会形态中，返还给劳动者的部分，尽管形式上存在差异，但目的都是维持劳动力的再生产，为剥削者继续提供可供剥削的劳动力。社会主义则不同。社会主义通过按劳分配分给劳动者个人的消费品，固然也具有维持劳动力再生产的作用，但目的是在生产发展的基础上满足人们日益增长的物质文化生活需要。这是由社会主义公有制的性质及反映这个性质的生产目的所决定的。社会主义生产目的是在生产发展的基础上，满足人们日益增长的物质文化生活需要。从分配上体现这一基本要求的实现形式就是按劳分配。把按劳分配也说成是还给劳动者用于劳动力再生产，就是从分配上否定了社会主义生产目的。

最后，需再声明一下，本文中所说的我国社会主义条件下的劳动力不是商品，是仅就公有制经济范围内流动的劳动力而言。

对劳动力商品论若干问题的评析[*]

在我国公有制范围内就业和流动的劳动力是否商品问题，是个重大理论问题。对这个问题的认识，我国经济理论界仍存在着很大的分歧，很有必要深入讨论，得出符合实际的科学结论。这对我国国企改革和社会主义市场经济的健康发展具有极其重要的意义。简新华同志继《经济学动态》1998年第10期《试解劳动力商品与按劳分配的理论难题》（以下简称《试解》）之后，又在《中国经济问题》1999年第6期发表了《社会主义劳动力商品理论在改革时期的发展》（以下简称《发展》）一文，全面表述了社会主义经济中劳动力商品论理论观点，反映了劳动力商品论的理论走向，很有代表性，颇有探讨和评析之必要。

一 关于说社会主义经济中劳动力是商品或已成商品的根据

《发展》一文说："现在我们已经确认社会主义初级阶段是市场经济……市场经济要求主要由市场配置包括劳动力资源在内的一切资源，要求建立包括劳动力市场在内的统一完整的市场体系，要求包括劳动力在内的生产要素能够自由流动，要求劳动就业的市场化和工资数量的市场调节，这一切决定劳动力必须成为商品，……仅从劳动力市场的必要性，完全可以得出劳动力必须是商品的结论。"又说"市场经济中所有生产要素都是商品，劳动力也不例外"。

这里包含以下四层意思：（1）搞市场经济，劳动力就成为商品；（2）劳动力经过市场就是商品；（3）市场经济条件下一切生产要素都是商品，劳动力也不例外；（4）劳动力只有成为商品，才能通过市场实现优化配置。这里，我们就依次探讨这四个观点。

---

[*] 本文原载于《马克思主义研究》2001年第6期。全文收入中国人民大学复印报刊资料。

（一）社会主义是不是一搞市场经济，劳动力就变成商品

认为一搞市场经济，不仅在私营经济中，在社会主义公有经济中就业的劳动力也要变成商品的说法，是一种流通形式决定论，是不能成立的。按照马克思主义的观点，是生产决定流通，是生产、生产方式的性质决定流通的性质和形式而不是相反，生产资料、生产条件的占有方式，即所有制的性质决定着生产关系的性质。劳动力是不是商品，会不会成为商品，只能决定于生产资料、生产条件所有制，而不是决定于社会生产的流通形式。市场经济作为社会经济的运行形式、调节手段，正如小平同志所指出的，资本主义可以用，社会主义也可以用，用了，不会改变社会主义制度的基本性质。劳动力是否商品问题，属于生产关系方面的问题，它不决定于是搞计划经济还是搞市场经济，而是决定于生产资料的所有制。资本主义使劳动力成为商品，并非因为它是市场经济，而是因为那里的生产资料归非劳动者——资本家所有，劳动者只有人身生产条件——劳动力，劳动者只有把自己的劳动力出卖给资本家，才能与生产资料相结合，从事生产劳动。资本主义社会中劳动力成为商品决定于生产资料的资产阶级所有制，不是决定于市场经济。社会主义劳动者是企业的主人，他们的劳动力不是商品，决定于生产资料的社会主义公有制，不会因搞市场经济而发生变化。过去搞计划经济时劳动力不是商品，现在搞市场经济劳动力也不会变成商品。劳动力是否是商品，作为生产关系中的重大问题，它既决定于，又反映着生产资料所有制的性质。它同生产资料所有制的性质，从而同整个生产关系的性质密不可分。如果我们一搞市场经济，社会主义企业中的劳动力就变成商品，劳动者就由原来的企业主人，变成出卖劳动力的雇佣劳动者，那岂不意味着企业内部关系发生了根本变化，实际上失去了社会主义公有制的固有性质。如果是这样，岂不背离了搞市场经济改革的初衷，岂不背离了改革的社会主义方向。

（二）是不是劳动力的流动经过市场，劳动力就是商品

同样不能这样说。劳动力是不是商品应进行认真的分析，不能仅看它的流动形式是否经过市场，要看这种流动所实现的和所体现的是什么样的经济关系。

马克思主义政治经济学告诉我们，商品是为出卖而生产的劳动产品，必须出卖是其基本特点。经过出卖，商品生产者得到商品的价值而让渡其使用价值，使使用价值转归买者所有，由买者支配。这是商品买卖的内涵和特征。劳动力是特殊商品,但它也必须具有一般商品买卖的特征。我们之所以说资本主义社会中劳动力是商品,那是因为劳动者的劳动力经过劳动力市场是真实地卖给他人——资本家了,劳动者和资本家之间真实地发生了劳动力的买卖关系。其基本表现是,劳动者得到的是作为劳动力价值转化形态的工资,而资本家则得到了劳动力的使用价值,得到了一定时期内对劳动力的使用权和支配权。在这个时期内,劳动者从事劳动要在资本家的支配下,完全按资本家的意图行事,所创造的价值,劳动者无权过问,要全部归资本家所有,超过补偿劳动力价值的部分,要作为剩余价值由资本家无偿占有。考察我国社会主义企业中的劳动者的劳动力是不是真正的商品,也要看它是不是也发生了这样的真正的劳动力买卖关系。用这个标准来看,我国社会主义企业中劳动力的流动,在当前市场经济条件下,虽然也要通过劳动力市场,但并非真正的商品。因为他们离开劳动力市场进入企业之后,就成为这个企业劳动者集体中的一员,成为这个企业的主人,同企业其他劳动者一起从事社会主义的联合劳动;有权参加企业的民主管理和民主监督;有权按自己所提供的实际劳动量获得劳动报酬。这就是说,虽然经过劳动力市场,但劳动者并没有出卖他们的劳动力,只是实现了企业和劳动者之间的双向自由选择,真正实现了社会主义劳动者的自愿联合,更好地体现出劳动者的主人翁地位和权利,并未使他们降为出卖劳动力的雇佣劳动者。

应该指出,就社会主义公有制的职工来说,他们的劳动力自由流动所经过的场所称作"劳动力市场"并不确切。但由于我国社会主义初级阶段还存在多种经济形式,我国劳动者的就业、择业经过市场的双向选择还不可能都进入公有制企业,还要有相当大部分进入私营企业、外资企业和合资企业,这部分人的劳动力从其同这些企业本身的关系来说,确实具有真实的商品性。这样,我国各地建立的实现劳动力自由流动的场所统称为劳动力市场,又是必要的。在这种情况下,我们就不能不加分析地认为我国劳动力的流动只要是通过劳动力市场,不管是流向哪种所有制企业,不管是在什么所有制经济范围内的流动,都看成是商品买卖,都称为商品。不要忘记生产资料所有制是整个生产关系的基础,决定整个生产关系的性质,这是马克思主义的基本原理。

(三)是不是"市场经济中所有生产要素都是商品,劳动力也不能例外"
这种说法把市场经济同资本主义经济混为一谈。劳动力成为商品是资本主义的存在条件,并不是市场经济的存在条件。市场经济严格地说,也就是商品经济。从经济运行的机制和条件上看,两者没有区别。在商品市场经济发展的初期阶段,即简单商品经济阶段,劳动力并不是商品,就是在资本主义阶段中,也有相当数量的劳动者从事个体生产、个体经营、个体服务,他们的劳动力也不是商品。说"市场经济中所有生产要素都是商品,劳动力也不能例外",理论上不通,与事实不符。

把劳动力和其他生产条件一样看待,也未必合适。不要忘记,劳动力是有人格的、活的人的劳动能力,和劳动者不可分。作为主观生产条件,它同客观生产条件不同,是生产的主体,是人类改造自然、改造世界的主体。人及其需要,应当是人类生产的目的。把劳动力同其他生产条件一样当作商品,不是商品市场经济光彩之举,而是它在资本主义历史阶段的一大丑事,不值得捍卫。社会主义公有制铲除了劳动力成为商品的经济条件,这是社会主义的伟大历史功绩,不应向回退。当然,在我国社会主义初级阶段,在非公有制经济中流动的一部分劳动力,还不能不是商品,这也是不可避免的。它的存在,有利于现阶段生产力的发展,有利于增强我国社会主义国家的综合国力。这当然要肯定。

(四)是否劳动力不是商品,"劳动就业的市场化"、"劳动力资源通过市场的优化配置就不能实现"

这也未必。一个最简单的事实是,在简单商品经济阶段,劳动力还没有成为商品,但在价值规律的作用下,经过商品生产者之间的市场竞争,生产者从供过于求的商品的生产,转向供不应求的商品的生产,转向适应市场需要的生产部门,从而实现着劳动资源的优化配置。当然,随着市场经济的发展,到了资本主义阶段,由于劳动力成为商品,通过劳动力市场使市场对社会劳动资源优化配置的渠道增加了,领域扩大了,作用提高了。劳动力资源的优化配置不仅可以通过企业生产的转向,产品结构的调整,还可以通过劳动力从多余的部门或企业转向不足的部门和企业来实现。社会主义代替资本主义之后,特别是实行市场经济的条件下,这种优化配置的作用仍然存在,而且可以在新的基础上发挥得更好:第一,企业围绕市场所开展的竞争,优胜劣汰,调整产品结构和劳动结构,这是市场对劳动资源实现优化配置最基本的途径,不仅依然存在,而且有社会主义国家强有力的宏观调控,可以减少市场盲目性所造成的浪费;第二,劳动力虽然已不是商品,但劳动者仍然可以通过劳动力市场自由流动,实现企业和劳动者之间的双向选择,在市场机制的作用下,劳动者可以及时地从多余的部门或企业转向能更好发挥作用和专长的部门或企业。这难道不是劳动就业的市场化和实现劳动资源通过市场的优化配置吗?不过,这里劳动者在市场机制的作用下所开展的选择企业和岗位的竞争,已不是受劳动力价值规律的支配,而是受按劳分配规律的支配;这里的市场(劳动力市场)供求规律已经不是同价值规律相结合,而是同按劳分配规律相结合,受按劳分配规律的支配了。这将使劳动资源得到更优化的配置、更合理的利用、更好地发挥作用。所以,"只有劳动力成为商品,劳动力资源通过市场的优化配置才能实现"的说法是不能成立的,是不适当地美化了资本主义的劳动力商品化,夸大了它的历史作用。

二 关于对马克思劳动力成为商品的第二个必要条件"一无所有"的所谓"正确认识"

《发展》一文说:"传统的理论认为社会主义公有制决定劳动者不是'一无所有',因而劳动力不是商品;社会主义市场经济又决定劳动力必须是商品。传统理论与经济现实正好相反。"这个矛盾的解决,"关键在于必须正确认识劳动力成为商品的两个必要条件,……进一步探究为什么'一无所有'是劳动力成为商品的必要条件,……从根本上看,'一无所有'决定作为无产者的劳动者个人不可能凭借生产资料的所有权取得收入,只能靠出卖自己劳动力谋生。我认为,问题不在于是否'一无所有',而是劳动者靠什么谋生,……只要是劳动者有人身自由,又不能凭借……生产资料的所有权取得个人收入,……劳动力就必然成为商品。"

经过如此"正确认识",确实,社会主义公有制经济中的劳动者虽然他们都是生产资料的共同主人,但不能凭借生产资料的所有权取得个人收入,因而——据说就必须靠出卖劳动力谋生,于是他们的劳动力成为商品的必要条件就被《发展》一文作者找到了。但这样的"正确认识",这样的必要条件成立吗?让我们来看一看吧!

首先,说"从根本上看'一无所有'决定作为无产者个人不可能凭借生产资料的所有权取得收入,只能靠出卖自己劳动力谋生"就是错误的。一无所有首先所决定的是不能同自己的生产资料相结合从事生产劳动,不能靠出卖劳动产品,而只能靠出卖劳动力为生,当然更谈不上依靠生产资料的所有权为生了。必须指出,能够单靠生产资料所有权取得收入的不是劳动者，而是剥削者。靠土地所有权取得收入的是地主，靠资本所有权取得收入的是资本家。不能靠生产资料所有权取得收入的，不仅有出卖劳动力的无产者，还有个体劳动者、小商品生产者。他们有自己的生产资料，数量不多，只能作为劳动手段，靠劳动而不能靠所有权取得收入，但他们不需要出卖劳动力，不是劳动力的出卖者。所以，"只要不能依靠生产资料所有权取得收入都是劳动力的出卖者"，不符合实际。照此说法，社会上除了少数能靠生产资料所有权取得收入的剥削者，其他人，所有的劳动者，包括个体小商品生产者的劳动力都被看作商品了，这不是荒唐可笑吗？

然而，这是打着"正确认识"马克思的"一无所有"作出的，把它加到了马克思的头上，那就让我们看看马克思原来是怎么说的吧！

马克思的阐述本来是十分清楚的，他在《资本论》中写道："货币所有者要在市场上找到作为商品的劳动力，第二个基本条件就是：劳动力所有者没有可能出卖有自己的劳动物化在内的商品，而不得不把只存在于他的活的身体中的劳动力本身当作商品出卖。"然后又说："可见，货币所有者要把货币转化为资本，就必须在商品市场上找到自由的工人。这里所说的自由，具有双重意义：一方面，工人是自由人，能够把自己的劳动力当作自己的商品来支配，另一方面，他没有别的商品可以出卖，自由得一无所有，没有任何实现自己的劳动力所必需的东西。"[①] 无论是前一段中所说的"没有可能出卖自己的劳动物化在内的商品"，还是后一段中说的"没有任何实现自己的劳动力所必需的东西"，都是指没有可以从事劳动的生产资料，无法靠出卖劳动产品，因而只能靠出卖劳动力为生，这才是马克思讲的自由得"一无所有"的真实含义，这才是劳动者不能不出卖劳动力的客观条件。《发展》一文提出的"不能靠生产资料所有权取得收入"，则是以"正确理解"之名，用不能成为剥削者的条件，取代马克思的劳动力成为商品的第二个条件，是不能成立的。

三 关于对劳动力商品论所面临的一些理论难题的回答或说明

《发展》一文在这一部分中首先列举了劳动力商品论所面临的和他

[①] 《资本论》第一卷，人民出版社 1975 年版，第 191—192 页。

准备说明或回答的理论难题,并加了一个注,让我们去参阅他在《经济学动态》上发的《试解》一文。我们把《试解》同《发展》加以对照发现,所有问题的回答或说明,后者基本上是前者的复述。但有一个问题,即对"是不是对劳动者主人翁地位的否定"问题的回答,《试解》中有,《发展》中却不见了。然而,这却正是同劳动力商品论尖锐对立、不容回避的重大问题。我们也就先从《试解》对这个问题的回答谈起吧。

(一) 关于同公有制企业劳动者的主人翁地位是否矛盾的回答

《试解》首先说:"如果劳动力成为商品,公有制企业的劳动者就变成雇佣劳动者,就会丧失企业主人的地位和主人翁的责任感,这也是人们常常提出的疑虑,要消除这种疑虑,首先……我认为,企业主人翁实际上是企业所有者的代名词,劳动力成为商品后,公有制企业仍然属于劳动者共同所有,劳动者仍然是所有者,主人翁地位并没有丧失。"

这就是他的回答,但这只是承认了劳动者是企业的所有者,是企业的主人,可是问题在于,既然承认劳动者是企业的主人,为什么还说他们的劳动力是商品,他们是出卖劳动力的雇佣劳动者呢?他们是企业的主人,这就证明,他们不是自己劳动力的出卖者,不是出卖劳动力的雇佣劳动者;他们经过劳动力市场并没有改变这个基本情况,而是可以更好地实现劳动者的自愿联合,更好地体现工人阶级的主人翁地位,这怎么能说他们的劳动力是商品呢?这种情况同劳动力商品论尖锐对立。要坚持劳动力商品论,回答理论难题,就应当正面回答这些问题。可是在这个难题面前《试解》一文却躲开了,用消除顾虑,肯定仍然是主人取而代之。这就表明,劳动力商品论无法回答这样的理论难题,他们在理论上已陷入困境。

其次,我们再看《试解》一文对主人翁含义的解释,只讲它是所有者的代名词,却只字不提它的体现,不提这种所有制关系在企业内部人们相互关系上,在生产、经营和管理活动中的体现,不讲劳动者在企业中有参与民主管理、民主监督的权利。这些权利,既是社会主义企业劳动者主人翁地位的体现,又是提高其主人翁观念,发挥主人翁作用的必要条件。《试解》一文为什么避而不谈?

当然,我们也不能不承认,目前确有一些国有企业中劳动者的主人翁地位有名无实,有些企业简直就成了厂长、经理的独立王国,他们可以肆意妄为。最近揭露的原广东天龙公司总经理谢鹤亭为所欲为,上任两年就贪污人民币1000余万元，把一个好端端的企业变成亏损8亿元的企业，就是最发人深省的一例。《试解》这种说法，是否要为这类企业的行为开绿灯呢？这些企业的状况同劳动力商品论的观点倒比较一致。但这种状况同社会主义公有制的基本性质的要求相悖，不能成为在理论上探讨社会主义经济内部劳动力是否商品的根据。相反地，这种情况倒提醒我们要坚决反对劳动力商品论，使这些企业回到社会主义轨道上来。

（二）关于会不会重新建立剥削与被剥削关系的回答

《试解》一文说："序言中提出：如果在社会主义市场经济中，既然劳动力又成为商品，那么是否意味着劳动者又重新成为出卖劳动力的工资劳动者，重新建立剥削与剥削的关系了呢？"这个问题，也是劳动力商品论所面临的重大理论难题。面对这一难题，《发展》和《试解》说："劳动力成为商品的确是资本主义剥削关系建立的重要条件。""但在公有制经济中，则不能由于劳动力是商品而认为重新建立了剥削关系。因为，劳动者剩余劳动创造的价值在公有制经济中不允许被任何个人无偿占有，而是归劳动者共同占有，所以不存在剥削关系。"这就是《发展》和《试解》的回答。但是，这只是承认了、肯定了在实行市场经济、建立劳动力市场之后，在公有制企业内部，超过劳动者个人收入的部分，仍然归劳动者共同所有，为劳动者服务，不存在剥削与被剥削关系的事实。然而，这个事实，难道不是证明劳动者并没有把自己的劳动力卖给他人吗？不正是证明他们的劳动力的使用价值——劳动仍然属于劳动者所有吗？怎么能说劳动者出卖了自己的劳动力了呢？劳动力出卖了，劳动力的使用价值——劳动就要归他人所有，其所创造的价值，超过劳动力价值部分当然也要归他人占有、受他人剥削，怎么能说劳动力成为商品还会仍然不存在剥削呢？反过来说，不存在剥削，岂不证明劳动力没有出卖？怎么能说劳动力已成为商品呢？

（三）关于同按劳分配是否矛盾的回答

首先，《发展》说："劳动力是商品并没有否定按劳分配。因为第一，在社会主义市场经济条件下的公有制经济中，劳动者仍然是多劳多得、少劳少得、不劳不得……第二，在劳动力是商品的条件下，从数量上看，对劳动者实行的是按劳动力价值分配，劳动者靠出卖劳动力取得收入。其数量等于劳动力的价值，只是劳动者必要劳动创造的价值。"这里，先说多劳多得，也就是按劳分配，然后又说是实行按劳动力价值分配。这样，一种经济关系中实行了两种分配原则。可能吗？

众所周知，按劳分配和劳动力的商品买卖是性质不同的经济范畴，反映着以不同所有制为基础的不同的经济关系，具有鲜明的相斥性，不可能共存于一种经济关系中。如前所述，一个劳动者，如果把自己劳动力当作商品出卖了，他以工资的形式得到劳动力的价值或价格，其劳动力的使用权，在一定时期内便转归他的买主所有，由买者支配和使用。因而其劳动过程和劳动成果都属于买主的，而与劳动者无关。这时，劳动者已不可能再根据其实际提供的劳动量来分得其所创造的劳动成果，这就是说，如果劳动力是商品，就不可能再有按劳分配。反之，如果劳动者是依据其实际提供的劳动量分配劳动成果，即享有按劳分配权，那就表明，他的劳动力并没有出卖，并没有成为商品，其工资就不是劳动力价值或价格的转化形式。所以按劳分配与按劳动力价值分配，与劳动力的商品买卖是相斥的。因此，说我国社会主义公有制经济中既实行按劳分配，又实行按劳动力价值分配，是不可能的。

那么简文又怎样把这两者混到一起了呢？请看接下去是怎么说的吧，他说"按劳分配也不是按劳动者的全部劳动分配，劳动者的收入不是……而是作了'必要的扣除'的劳动所得，按劳分配是按必要劳动的分配，也就是按劳动者必要劳动所创造的价值分配，必要劳动创造的价值等于劳动力的价值，所以，从数量上看，按劳分配实际上也就是按劳动力价值分配"。多么新奇的观点，在作者笔下，按劳分配和按劳动力价值分配简直是一个东西了。这不仅为劳动力商品论，也为用按劳动力价值分配取代按劳分配制造了理论根据，为抹杀社会主义同资本主义的本质区别打开个重大理论缺口，是十分有害的，当然，也是不能成立的。

不难看出，这里理论推导的逻辑前提就是：按劳分配是按必要劳动的分配。只有这样说，他才能得出按劳分配实际上就是按劳动力价值分配的结论。然而，这个逻辑前提是错误的，不能成立的。其手法是偷换概念，既有套用，也有混淆。套用就是把资本主义劳动力买卖关系中特有的范畴套到社会主义分配关系中来。本来，按劳分配就是按劳分配嘛！怎么说是按必要劳动分配呢？众所周知，必要劳动同剩余劳动相对应，存在于资本主义经济关系中，前者创造补偿劳动力价值的价值，后者创造为资本家无偿占有的剩余价值。严格地说，社会主义经济不存在，也不可能存在这样的经济范畴。社会主义经济中在分配上存在的是为个人劳动和为社会劳动的区分。前者所创造的是依据按劳分配原则分配给劳动者个人的个人消费品，后者是创造用于扩大再生产和各项社会公共需要的社会产品，也就是马克思说的各项扣除。它也是直接或间接用于为劳动者个人谋福利的。这种为社会的劳动，对于劳动者个人同样是必要的，不能称为剩余劳动。所以，在社会主义经济中不存在必要劳动与剩余劳动的划分，只能存在为个人劳动和为社会劳动的区别。把必要劳动和剩余劳动的划分搬过来，套在社会主义分配关系上，把为个人的劳动也说成是必要劳动，就很容易混淆社会主义与资本主义的界限，抹杀社会主义和资本主义的本质区别。《试解》和《发展》就是利用这种套用来抹杀按劳分配同按劳动力价值分配的界限，把按劳分配说成"实际上也就是按劳动力价值分配"。

其次，再看看这个逻辑前提中的另一个错误，把分配对象、范围混为分配原则。如果把上述不适当的套用拿掉，那它将成为这样的说法：按劳分配就是按为个人劳动的分配，请看，这不也是荒唐可笑吗？作为按劳分配的依据应当是劳动者全天八小时的实际劳动贡献，但依据这全天实际劳动贡献所分配的劳动产品，是劳动者全部劳动创造中只用于个人消费的部分。这用于个人消费部分的劳动产品或价值，是分配对象，而不是原则。所以说"按劳分配就是按必要劳动的分配"这句话中存在双重的错误、双重的混淆：一是把分配的原则同分配的对象、范围混淆了；二是把按劳分配中的为个人劳动同劳动力商品买卖中的必要劳动混淆了。它的理论推导以这样双重混淆为基础，是当然不能成立的。

还应提出，按劳分配关系中的为个人劳动，同劳动力商品买卖关系中的必要劳动，不仅性质各异，量上也并不尽相同，运动规律则更不一致。作为按劳分配关系中的为个人劳动时间，不受劳动力生产或再生产所必要的劳动时间的局限，因而不随劳动生产率的提高而降低，按照社会主义生产目的的要求，还会逐步有所提高。而作为劳动力商品价值的必要劳动时间，则受着劳动力生产或再生产所必要的时间的局限，必然随劳动生产率的提高而降低，从这一方面来说，把这两者混同起来也是错误的。社会主义企业绝不能用按劳动力价值分配取代按劳分配。否定按劳分配同按劳动力价值分配的区别，用按劳动力价值分配取代按劳分配，这正是劳动力商品论在分配关系上所造成的混乱，必须予以澄清。

(四) 关于对劳动者把自己的劳动力卖给谁的回答

《发展》写道："在公有制经济中，劳动者是企业的主人。如果说社会主义公有制经济中劳动力也是商品，那岂不是劳动者把劳动力卖给自己，或者说自己买自己的劳动力了吗？市场经济中哪里会有这种性质的买卖活动呢？实际上，在社会主义公有经济中，劳动者不是把劳动力卖给自己，而是卖给劳动者全体或集体。"

这是试图用把劳动者集体同劳动者个人截然分开的办法来自圆其说的。然而，劳动者个人同劳动者集体固然有别，但不能截然分开。劳动者集体由各个劳动者个人所组成，离开了各个劳动者个人，劳动者集体就不存在或者是空的。如果劳动力真的是商品，他们的劳动力是卖给了某个"劳动者集体"，那么出卖劳动力的劳动者同这个"劳动者集体"之间就是劳动力商品的买卖关系了。这个劳动者把自己的劳动力卖给这个"集体"之后，他的劳动力的使用权，要归这个"集体"所有，他的劳动成果也要属于这个"集体"而与他个人无关，他就不是这个"集体"中的成员，不是这个"集体"的主人，而只能是这个"集体"管理下的一个雇佣工人，只能拿到作为劳动力价值或价格转化形式的工资，而无权再按其实际劳动贡献参与分配，即已无按劳分配权。这是由商品买卖的一般性质和要求所决定的，不能不如此。如果事情不是这样，劳动者经过劳动力市场把自己的劳动力"卖"给这个集体之后，一进企业的大门，他就成为这个集体中的一员，成为这个集体中的主人之一。这就表明，他的劳动力并没有真正出卖，他的劳动力的使用权并没有让渡，而是加入到这个集体，同其他劳动者一起从事社会主义的联合劳动，而不是雇佣劳动；是根据自己的实际贡献参与按劳分配，而不是获得劳动力的价值。如果是这样，那他在劳动力市场上进行的劳动力的"买卖"只是个假象，只是个形式，并未真正发生劳动力的买卖关系。

那么事情到底是哪一种情况呢？我看，对于社会主义公有制企业来说，只能是后一种情况。前种情况是不可能的，因为，第一，前种情况同社会主义企业的基本性质，同生产资料的社会主义公有制相矛盾；第二，在这种情况下，企业每个劳动者都是劳动力的出卖者，人人同这个"集体"之间都是劳动力的买卖关系，都不能成为这个"集体"中的一员，都不是这个"集体"的主人了，那么，这个"集体"岂不成为空中楼阁了吗？

以上就是《发展》和《试解》对劳动力商品论所面临的种种理论难题的回答。没有一个是可以站得住脚的。

四 关于劳动力商品论是否真是发展社会主义市场经济的需要

令人不解的是,劳动力商品论已陷入如此困境,难以回答其所面临的各种理论难题,但有些人还是在继续努力,按照简文的说法这是发展社会主义市场经济的需要,劳动力商品论是建立劳动力市场、改革劳动就业制度和工资制度的理论根据,果真如此吗？其实不然。

第一,我国社会主义市场经济的发展确实需要建立和完善劳动力市场,但这种需要并非由于我国社会主义公有经济中的劳动力已成商品,而是因为,首先,我国现阶段在以公有制为主体的前提下允许存在多种经济形式,允许私营经济和外资企业的存在和发展。在私营经济和外资企业中就业的劳动者,他们的劳动力是真正的商品,必须经过劳动力市场。这是建立和发展劳动力市场的首要原因。其次,在公有制经济中就业的劳动者,他们的劳动力虽不是商品,但仍然需要自由流动,以实现企业和职工之间的双向选择。这种自由流动和双向选择完全可以利用和通过劳动力市场这一现有形式。利用这种现有形式,既十分方便,又可以在统一的劳动力市场上,实现两种流动的对接。在劳动力市场上,劳动者既可以到社会主义公有制企业中就业,从事联合劳动,又可以随时到私营或外资企业中就业,把自己的劳动力作为商品卖出,从事雇佣劳动。这都要求和推动着我国社会主义初级阶段劳动力市场的存在和发展,推动我国社会主义市场经济的发展、完善。而这都不是靠劳动力商品论。

第二,这里出现了一个值得深思的反常现象。资本主义国家里劳动力是十足的商品,但为了掩盖阶级矛盾和剥削关系,资产阶级经济学家都不愿承认那里的劳动力是商品,而我国社会主义企业中的劳动力本不是商品,我国经济理论界的一些同志却热衷于建立社会主义经济中的劳动力商品论。

第三,是不是只有承认了社会主义经济中劳动力是商品,才能允许社会主义企业中劳动者通过劳动力市场实现自由流动呢？是不是我们反对劳动力商品论,就是反对社会主义企业劳动力通过市场实现自由流动呢？不,都不是。劳动力是不是商品同劳动力要不要自由流动不是一回事。社会主义劳动力商品论的反对者们并不反对劳动力经过市场实现自由流动，只是强调指出这种流动的性质不是劳动力的买卖。所以我们的观点并不妨碍建立劳动力市场，相反地，我们也是通过劳动力市场实现劳动力自由流动的积极倡导者。就笔者而言，早在1986年就曾著文阐述我国社会主义经济中劳动力经过市场实现自由流动的必要性①。这说明没有劳动力商品论我们照样可以建立劳动力市场，改革劳动就业和工资制度。

五　应引出的几个结论

1. 研究社会主义经济问题，切不可停留在表面现象上。毛泽东同志说："用直觉一看就看出本质来，还要科学干什么？还要研究干什么？所以要研究，就是因为现象同本质之间有矛盾。""社会主义经济与资本主义经济在现象上是没有区别的，只在本质上有区别。"② 斯大林对此曾作了极精辟的阐述，他说，在我国社会主义条件下，旧的东西并不是干脆被废除干净，而是把自己的本性改变得与新的东西相适应，仅仅保持着自己的形式；至于新的东西，也不是干脆消灭旧的东西，而是渗透到旧的东西里面去，改变旧的东西的本性和职能，并不破坏它的形式，而是利用它的形式发展新的东西。在我们实行市场经济的今天，毛泽东和斯大林这些话的现实意义更为明显。这里关于利用旧形式发展新内容充满辩证关系的讲话，多么像是针对我们今天利用劳动力市场这种旧的形式，去发展社会主义劳动者实现自愿联合的新内容的情况。这种情况，要求我国经济理论工作者不要为旧形式所迷惑，要透过形式和现象深入研究和揭示事物的内容和本质。劳动力商品论之所以在理论上陷入困境，无法回答所面临的重大理论难题，正是由于他们的认识停留在表面现象上，以表面现象为根据。

2. 事实已经清楚，"马克思主义政治经济学关于社会主义实行生产资料公有制，劳动者是生产资料的主人，劳动力成为商品的第二个条件已不存在，社会主义经济中的劳动力已不是商品"的观点并没有错。实行市场经济，劳动力流动经过劳动力市场，也并未改变这种情况。与

---

① 见冯丛林《关于我国社会主义条件下劳动力的自由流动及其性质》，《辽宁大学学报》（哲学社会科学版）1986年第6期。

② 《毛泽东哲学批注集》，中央文献出版社1988年版，第385—386页。

"经济现实"完全相反的不是这种所谓"传统理论",不是马克思主义政治经济学的上述基本观点,而是劳动力商品论。劳动力商品论之所以与"经济现实"完全相反,基本原因就是背弃了马克思主义经济理论的基本观点,没能透过表面现象揭示经济关系的内在本质。马克思主义政治经济学的一个重大特点和优点,就是它从不停留在经济生活的表面现象上,而是透过现象揭示经济关系的本质和规律。马克思主义政治经济学的基本观点、基本原理,过去是,现在仍然是我们深入研究社会主义经济中各种复杂问题锐利的思想武器。

3. 尽管劳动力商品论者一再宣称他们的劳动力商品论同工人阶级的主人翁地位和作用并不矛盾,但实际上并非如此,人们也不会相信他们那一套。劳动力商品论理论的传播,最大的危害之一,就是势必严重地伤害工人阶级的感情,破坏职工群众的主人翁意识,使他们丧失建设社会主义的积极性和创造性,使社会主义制度所固有的优越性难以发挥。社会主义企业能不能搞好、搞活,优越性能不能得到充分发挥,归根结底,决定的因素是人,是劳动者(包括脑力劳动者)的积极性和创造性能不能得到充分发挥。当初的苏联,过去的中国,尽管经济体制都存在严重的弊端,也有过这样那样重大失误,但都曾创造了震惊世界的经济成就和发展速度,靠的是什么?其中重要的一条就是,社会主义使工人阶级、劳动群众站起来了,成为国家和社会的主人,他们发挥了高昂的积极性和创造性,表现出社会主义所特有的强大动力源泉。

4. 最后,社会主义作为最先进的社会制度,应继承和发扬人类历史发展中一切优秀的文明成果,特别是要借鉴资本主义发展社会化大生产的好经验,但不能借鉴劳动力成为商品这类东西。因为劳动力成为商品,第一,与社会主义制度相比,它不是好东西,它是货币转化资本,资本带来剩余价值的基本条件。它与资本和剩余价值联为一体,构成资本主义剥削制度的基本内容。它只能与资本主义共存亡,不应同市场经济形式一起被保存。第二,它与社会主义基本制度格格不入,如果被硬搬过来,塞进社会主义,那它将像毒瘤一样,破坏社会主义基本制度和它的内部关系,破坏它所特有的动力结构和动力机制,使社会主义丧失活力,丧失优越性,以致瓦解。然后,罪名又势必落到社会主义的头上,宣称社会主义不如资本主义,公有制不如私有制。其严重后果不堪设想。这同改革的社会主义基本方向,同邓小平同志建设有中国特色的社会主义的要求，同坚持四项基本原则和党的基本路线的要求，都是背道而驰的。

　　以上这些，归结到一点就是，应摒弃劳动力商品论，坚持工人阶级的主人翁地位，坚持有中国特色的社会主义道路。

第五部分

关于商品经济条件下按劳分配问题

实行商品经济对按劳分配有何影响[*]

在学习中央文件时，有些同志提出，在企业还是商品生产者的情况下，他们之间的收入差别是不是国家对企业实行按劳分配的结果？马克思提出实行按劳分配的前提是社会主义产品经济，我们现在是社会主义商品经济，能否完全实行按劳分配？也就是说，应当怎样看待商品经济条件的存在对实现按劳分配的影响？这是社会主义建设实践所提出的重大问题。

马克思、恩格斯当年所设想的按劳分配，是在社会占有了全部生产资料，也就是实现了全面全民所有制，因而已经废除了商品生产和商品交换，实现了产品经济条件下的按劳分配。然而，我国和当代各国社会主义实践都证明，社会主义只能是有计划的商品经济，还不能不存在商品货币关系。商品货币关系的存在，对社会主义按劳分配的作用范围和实现形式不能不发生重大的影响，不能不使它出现一些新的特点。

首先，它使按劳分配的作用范围受到了某种程度的限制和局限。例如，在集体所有制经济中，它被局限在一个集体所有制的经济单位之内。在集体所有制经济单位内部，实行按劳分配，在各集体经济单位之间、集体经济单位和全民所有制经济单位之间，以及在公有制经济单位同个体劳动者和其他非社会主义生产者之间所实行的，则是商品交换，即等价交换原则。这样一来，社会主义劳动者之间的劳动交换关系有两种表现形式，一种是在分配上，表现为按劳分配；另一种是在交换上，采取商品等价交换的形式。

正如马克思在《哥达纲领批判》中所指出的，按劳分配和等价交换虽然通行着同一原则，即一种形式一定量的劳动可以和另一种形式同量劳动相交换的原则，但是"内容和形式已经不同了"，"原则和实践已

---

[*] 本文原载于《理论与实践》1985年第8期。全文收入中国人民大学复印报刊资料《按劳分配原则与物质利益原则》。

不再互相矛盾"。这里最主要的区别在于,按劳分配是以劳动自身为尺度的直接的劳动交换,在商品等价物的交换中的等量劳动交换,则是通过劳动生产物的交换,表现为物与物之间的等价交换。这种等价交换所实现的等量劳动交换所实现的不是等量个别劳动时间,而是等量社会必要劳动之间的交换。这里边要受客观生产条件优劣状况的影响。因而等价交换中不仅承认了人们劳动能力上的差别,而且还承认了各自占有的生产条件上的差别。这是等价交换和按劳分配的重大差别。所以,商品等价交换的存在不能不是在社会主义劳动交换关系上对按劳分配作用范围的一种限制。

但是,应当指出的是,这种限制的根源不是来自商品关系本身,而是来自由生产力状况所决定的社会主义生产资料公有制的范围和发展水平。只要生产力还没有达到它应有的高度,只要还没有实现全面全民所有制,只要还没有由社会主义公有制过渡到共产主义的公有制,商品货币关系就是必然的、必要的。它的存在可以促进生产力的迅速发展,促进社会主义公有制的发展、完善,从而可以促进按劳分配范围的逐步扩大,促进将来由按劳分配向按需分配的逐步过渡。所以,从这一方面来看,社会主义商品等价交换的存在和贯彻,又是促进社会主义按劳分配关系发展和完善的必要条件。

其次,商品交换关系的存在,还改变了按劳分配的实现形式。马克思、恩格斯当年所设想的按劳分配,是直接通过"劳动证书"的形式。劳动者按照他提供的劳动量领得一份"劳动证书"。然后,以此为凭证到社会的消费品储存中去领取同他所提供的劳动量相适应的一份消费品。我们实践中的社会主义,由于还存在着商品货币关系,因而按劳分配就不能不借助于商品货币交换的形式。劳动者在提供了劳动之后,所领得的是同他所提供的劳动量相适应的一定额度的货币。然后再拿这些货币到市场上去选购自己所需要的消费品。在这里,他们以劳动为尺度所分得的,不是他们共同的劳动产品,而是他们共同生产的商品经过交换所实现的价值。各个劳动者根据自己所提供的劳动所领得的货币,正是这些价值的代表。在这里,货币具有双重的身份。一方面,它作为按劳分配的一种形式,发挥着当年马克思说的"劳动证书"的作用,因为每个劳动者所领得的货币额的多少是直接依据其所提供的劳动的数量和质量;但另一方面,在这里,货币又是一般等价物,仍然作为商品价值的一般代表和商品流通手段来发挥作用。这反映出，在这种条件下，按劳分配的实现是以商品等价交换为基础的。按劳分配的实现不仅要借助于商品货币交换的形式，而且还要以等价交换原则的贯彻为前提。等价交换成为在社会范围内贯彻按劳分配的必要环节。如果各个单位之间的交换是不等价的，经过交换一方占有了另一方的劳动，那么社会范围内贯彻按劳分配当然也就失去了保证。

至于在企业还是商品生产者的情况下，他们之间的收入差别是不是国家对企业实行按劳分配的结果的问题，这要区别不同的情况，如果这里说的是集体所有制企业，他们之间的收入差别是等价交换的结果。这种差别不仅由于他们的劳动差别，而且由于他们各自占有的客观生产条件的差别。承认这种差别既是集体所有制的性质所决定的，又是充分调动人们的积极性和创造性、促进生产力迅速发展所必需的。

至于全民所有制企业之间的情况则有所不同。全民所有制企业虽然也是相对独立的商品生产者，他们之间的交换也要坚持等价交换原则，并且企业内部的职工之间的分配，也要同企业的经营状况、经济收益挂钩。这似乎同集体所有制企业之间的关系没有什么区别。其实，这只是表面现象，如果我们从本质上看，全民所有制企业之间的等价交换，无非是国家为了克服"大锅饭"的弊端，对企业进行客观的经济评价，促进企业改善经营管理、提高经济效益，并对企业进行按劳分配所采取的一种形式，因为企业之间虽然采取商品等价交换的形式，但国家可以通过资源税、资金占用税等形式，把其中由于客观生产条件优越，通过交换所带来的级差收益，基本上收归社会。这使企业之间的收入差别，大体上只反映他们各自的劳动成果和经营成果，大体上只体现按劳分配原则的要求。过去，在高度集中的旧体制中，国家对企业实行统收统支，对职工的分配实行统一的工资标准。企业职工的所得同企业的经营成果无关。这表面上是按劳分配统一性的体现，实际上是干多干少一个样，企业吃国家的"大锅饭"、职工吃企业的"大锅饭"，使本应生机盎然的社会主义经济在很大程度上失去了自己的活力。现在，我们经过体制改革，使企业成为相对独立的经济实体，成为自主经营、自负盈亏的社会主义商品生产者，企业之间的经济来往，按等价交换原则办事，并使职工的分配所得和企业经营状况直接挂钩。表面上看，这好像脱离了统一的按劳分配原则，破坏了全民所有制内部按劳分配的统一性，同全民所有制的性质不相符合。其实，只要国家注意通过税收等形式进行必要的调节，这不但没有违背全民所有制内部坚持统一按劳分配的要求，而且这正是打破两个"大锅饭"、克服平均主义、切实贯彻按劳分配的有效形式。

商品等价交换原则与按劳分配原则之间的关系[*]

首先应当明确，按劳分配和商品等价交换是在不同领域中发生作用的两个不同的经济原则。按劳分配是在生产资料公有制基础上形成的社会主义的分配原则。等价交换，则是两个不同所有者在流通中从事商品交换的原则。前者是同一公有制内部从事联合劳动的劳动者之间的分配关系，它体现着联合劳动者之间在生产资料所有权上的平等关系，因而在分配上只承认各自在劳动上的差别；后者是两个不同所有者之间的劳动交换关系，它体现着交换双方对生产资料和劳动产品的各自所有权，这里不仅要承认劳动差别，还要承认各自占有的生产条件上要贯彻等价交换原则。但由于社会主义商品经济和以往的商品经济不同，它是以公有制为基础的商品经济，因而，它同时又要贯彻按劳分配原则。这是社会主义商品经济区别于以往商品经济的重要特征之一。社会主义商品经济在分配上贯彻按劳分配原则，在交换上贯彻等价交换原则，两者并行不悖，并且相互依存。

首先，在社会主义经济中，按劳分配必须通过商品等价交换来实现；贯彻等价交换原则是在社会范围内实现按劳分配的重要前提。

在社会主义条件下，由于还存在商品生产和货币交换，企业还是独立的（如集体企业）或相对独立的（如全民企业）商品生产者和经营者，离开了商品货币交换和等价交换原则的贯彻，按劳分配就无法实现。例如，在这种情况下，各企业职工按劳分配所得到的就不是消费品实物，也不是马克思当年说的"劳动证书"，而是一定量的货币，他们拿到这些货币之后，只有在市场上买到了他们所需要，并且包含相应数量的社会必要劳动量的消费品，他们之间的按劳分配才算得到了实现。再者，在这种情况下，全民所有制企业之间的劳动交换也只有通过商品货币交换的形式，

---

[*] 本文原载于《理论与实践》1986年第17期。

按等价交换原则来进行才能实现。这样，整个按劳分配都离不开商品货币交换的形式，离不开等价交换原则的贯彻。因而，贯彻按劳分配就不仅要求劳动报酬同提供的劳动量相一致，而且要求劳动者拿着自己作为劳动报酬所领到的货币去购买消费品时，其价格是合理的、符合价值的，使他们所买到的消费品中所包含的劳动量同他们所提供的劳动量一致。如果商品的价格高于或低于其价值，购买这种消费品较多的劳动者，就要支付多量的或少量的货币，他所支付的等量劳动，就不能换回包含等量劳动的消费品，或者是多于或者是少于他所提供的劳动量。而且，随着体制改革的进展，企业自主权的扩大，职工的劳动报酬也会因企业的经济条件不同而出现差别。因为价值不是由个别劳动时间，而是由社会必要劳动时间决定的，其中，生产条件如何是起作用的一项重要因素。

但正如马克思所指出的，按劳分配和等价交换通行着同一原则，即等量劳动相交换的原则。按劳分配和等价交换是等量劳动交换的两种不同表现形式。前者直接表现为劳动交换，后者则表现为劳动产品的交换，即物与物之间的交换。在社会主义尚存在商品交换的条件下，这两个原则并肩存在，是相互结合、相互依存、相互制约的。

社会主义商品经济和其他任何商品经济一样，与其成果挂起钩来，那么某种产品价格过高，就会使生产这种产品的企业和职工得到超过其劳动贡献的收入。他们以自己较少的劳动支出，可以换得包含更多劳动量的消费品。如果某种商品的价格低于其价值，则情况相反。

可见，在存在商品经济的社会主义条件下，按劳分配原则的实现离不开商品等价交换原则的贯彻。贯彻等价交换原则不仅是价值规律的要求，也是实现按劳分配原则的要求。不贯彻等价交换原则，按劳分配就无从实现。

但是，等价交换毕竟不等于按劳分配。贯彻了等价交换原则，不等于就实现了按劳分配。在全民所有制范围内实现按劳分配的统一要求，还有赖于国家通过资源税、资金占用税等形式来调节由于各企业客观生产条件的差别所带来的收入差别。社会主义全民所有制范围内各企业和全体职工，他们在生产资料所有权关系上是平等的，这种来自客观生产条件上的收入差别，不应当归之于企业：收入高不应留给企业，收入低不应由企业承担。企业之间的收入原则上只应反映他们的劳动成果和经营成果，这些由主观因素所带来的收入差别。这才是按劳分配的要求。在这里，或者从这个角度去观察,全民所有制企业之间的等价交换,只不过是在这个范围内实现按劳分配的一种手段或形式。在这个范围内,等价交换原则的贯彻,要服从于、服务于按劳分配原则的贯彻。

在这里,按劳分配是社会主义经济关系的本质,商品等价交换原则是它赖以实现的现实形式。但这种形式绝非不重要,正是这种形式使社会主义经济具有灵活性,使企业具有生机和活力,使社会主义经济可以表现出更大的优越性。

商品经济条件下按劳分配
若干问题探讨*

社会主义仍然是商品经济，社会主义经济仍然要采取商品经济形式。实践在预示我们，不仅在社会主义的初级阶段上，就是在社会主义的高级阶段上，社会主义也仍然不能离开其商品经济形式。只要社会主义没有过渡到共产主义，商品经济就将作为社会经济发展的必要形式而存在。在这种条件下，按劳分配是否还存在，它发生了一些什么变化？这个问题，现在有各种不同的认识，这里也谈谈我的粗浅看法，以便向同志们请教。

一 在社会主义商品经济条件下存不存在按劳分配

我认为，社会主义是商品经济，但它仍然是以公有制为基础的社会主义经济。按劳分配是社会主义经济中的基本分配原则，是社会主义经济在分配方面的基本特征。只要是社会主义，它就不能不实行按劳分配。

我们都承认，生产资料公有制是社会主义经济的基本特征。离开了生产资料公有制，它就不称其为社会主义。然而，和这一特征相适应，在分配方面就是按劳分配。按劳分配是由生产资料公有制所决定的，又是生产资料公有制在分配上的实现。按劳分配表明，人们除了承认他们各自所提供的劳动的质量和数量上的差别之外，不承认其他差别，不承认人们在生产资料关系上有什么差别。它反映着人们在生产资料关系上的平等地位，

---

* 1987年10月，作者受中国社会科学编辑部邀请参加由中国社会科学杂志社、中国政治经济学（社会主义部分）研究会等单位发起的、在烟台召开的社会主义初级阶段按劳分配理论讨论会。本文就是为这次会议所写的论文。全文选入由中国社会科学编辑部所编的《社会主义商品经济与按劳分配论文集》，并有两处被《社会主义初级阶段按劳分配理论讨论会观点综述》（《中国社会科学》1988年第1期）大段引用。而本文的第三个大问题"怎样认识商品经济条件下按劳分配的特点"，在《理论内参》1990年第1期单独发表后，又被中国人民大学复印报刊资料《经济体制改革》全文收入。

是生产资料公有制在分配方面的必然要求。

当然，按劳分配不只是生产资料公有制的产物，也是劳动力归劳动者个人所有的必然结果。只有生产资料公有制，没有劳动力归劳动者个人所有，就不会有按劳分配。正因为在社会主义条件下，劳动力归劳动者个人所有，是个人谋生手段，才要求人们在分配上承认他们的劳动差别，才要求通过对个人消费品的按劳分配，来实现等量劳动相交换的原则。通过按劳分配来实现这一原则，是在生产资料公有制基础上实现劳动力个人所有权的客观要求。按劳分配是生产资料公有制和劳动力个人所有制相结合的必然产物，是从分配上解决社会主义经济中生产资料公有制和劳动力个人所有制之间矛盾的基本途径。所以，按劳分配是社会主义经济的基本特征之一，是社会主义经济的客观规律。离开了按劳分配，也就从分配方面离开了社会主义。

然而，有些同志把商品经济条件下马克思原来所设想的按劳分配模式不能得到全部实现作为根据，来否定按劳分配原则在社会主义经济中的客观存在。他们把马克思基于生产资料公有制而提出的按劳分配原则，同马克思基于对社会主义将不存在商品经济的设想而提出的按劳分配将采取的具体形式混为一谈，笼统地讲"马克思的按劳分配思想是以社会主义阶段不存在商品货币关系为前提的"，说"如果我们把马克思的按劳分配思想加以概括，就可以得到如下的按劳分配定义：以生产资料公有、没有商品货币关系和劳动者的个别劳动是直接的社会劳动为前提，劳动者与公有的生产资料相结合，进行统一生产、统一经营，以劳动为尺度进行统一分配，把消费资料分配给劳动者个人"①。我想，这样的概括是不科学的。刘克鉴同志在《也谈按劳分配和"劳动所得"》② 一文指出：这种概括，既包括了按劳分配的本义（定义），也包括按劳分配的前提和实现按劳分配的具体形式。按劳分配的定义只能是反映按劳分配的最本质的规定，这种最本质的规定就是在公有制条件下，对联合劳动者所实行的一种按每个劳动者提供给集体的劳动量分配个人消费品的分配制度。只要是坚持这样做，就是坚持了按劳分配。至于实现按劳分配的具体形式，那是可以变的。不能因为具体形式改变了，就认为不成其为按劳分配了。我赞成这种

---

① 张间敏：《关于按劳分配理论的思考》，《经济研究》1987 年第 2 期。
② 《经济研究》1987 年第 7 期。

说法。现在由于仍然存在商品经济，因而按劳分配的具体形式已经不是马克思当年所设想的"劳动券"，而是货币工资，并要借助于商品货币交换来实现。但这并没有，也不可能改变由于生产资料公有制的实现，在劳动力仍然是个人所有的社会主义条件下，在分配上贯彻按劳分配的必要性和必然性。

同样，我们也不能因为在现实经济生活中没有实行马克思当年所设想过的"劳动券"，就认为在我国社会主义现实生活中不存在按劳分配。而且，只要我们在现实生活中力求以劳动为尺度来分配个人消费品，那就是在贯彻按劳分配。至于这个贯彻的程度如何，是否完善，在多大程度上体现了按劳分配，那是另外一个问题。这要在实践中不断总结经验，通过改革来不断完善，而不是有没有按劳分配的问题。

有的同志认为，"我国的人民币从来就不像某些经济学家所说的是'劳动券'，而是道地的货币，从而，以人民币作为支付劳动报酬的主要形式实际早已偏离了马克思的按劳分配思想"①。面对这种说法，我觉得应当讲两点：第一，如前所述，我们不能因为商品经济条件下的按劳分配采取货币工资的形式而否定按劳分配原则的存在；第二，货币虽然和马克思当年所设想的"劳动券"不同，但社会主义条件下的货币，在它作为货币工资来使用的场合，它同时起着马克思当年所设想的"劳动券"的作用。因为在这个场合，劳动者得到货币，并不是因为他提供了某种商品，不是他所出卖的商品价值的实现，他并没有把自己的劳动力当作商品出卖给他人。因此，货币工资也就不是劳动力的价格或价格的转化形式。因而，货币在这个场合，就没有作为一般等价物来发挥作用。劳动者在这个场合所得到的货币工资的多少不是根据其劳动力的价值，而是根据他在共同劳动中所提供的劳动量的多少、实际贡献的大小。劳动者所得货币的多少反映着劳动者所提供劳动量的大小、劳动贡献的多少。这正是马克思当年所设想的"劳动券"的本质所在。尽管现在的货币是可以流通的，当它离开了这个场合，它仍然要进入商品世界，去发挥其一般等价物的作用，但这并不能改变它在这个场合中所发挥作用的实质。我们不能只抓现象不看本质。

---

① 刘克鉴：《也谈按劳分配和"劳动所得"》，《经济研究》1987年第7期。

二 劳动合同制是否使劳动力变成了商品，使按劳分配失去了存在的条件

有的同志认为"劳动力在社会主义的某种劳动制度下仍然表现为商品，从而按劳分配也就相应地不存在了"。例如，在劳动合同制"这种新的经济关系中，劳动者与公有的生产资料不能直接结合……而只能以劳动合同为媒介有条件地结合。这样客观上形成两个具有独立经济利益的所有者，一方为企业，是生产资料的所有者；另一方为劳动者，是劳动力的所有者。双方均按照自己的利益得失来确定是否签订合同"，"这样，劳动者与企业之间实际上是一种商品交换关系，劳动者把自己的劳动能力与企业支付的劳动力价值相交换，使劳动力成为商品，自己成为企业的雇员，……按劳分配已不再发生作用"。[1]

果真如此吗？

按照这种说法，由于劳动合同制的实行，企业是生产资料的所有者。那么，企业的主人是谁？或者企业代表谁？是厂长吗？如果是厂长，那么厂长又代表谁？如果他们不是代表国家和企业的职工，而是代表自己，那么这个企业还是公有制吗？还是社会主义的吗？

另外，按照这种说法，劳动者是劳动力的所有者，但在社会主义条件下，难道他们不同时又是公有的生产资料的共同主人吗？如果他们不是生产资料的共同主人，那么公有制生产资料的主人是谁。如果是归企业的经营者厂长所有，那还是公有制吗？还是社会主义吗？

也可能他们要说，固定工是这个公有制企业中生产资料的主人，那么请问：第一，如果随着改革的深入，劳动合同制的进一步推行，固定工和合同工的界限消失了，企业的主人又是谁？第二，在界限没有消失之前，如果在一个新建的企业里，都是新招收的合同工，那么，企业的主人又是谁？第三，在固定工与合同工混杂的企业里，固定工是企业的主人，而合同工则是这个企业的雇员，是雇佣劳动者。这样一来，一部分人按"按劳分配"的原则领取个人消费品，一部分人靠出卖劳动力取得收入，那么他们之间在经济上是什么关系，是不是前一部分人剥削后一部分人，固定工剥削合同工？这样的说法能成立吗？社会主义企业能是这个样子吗？

---

[1] 张问敏：《关于按劳分配理论的思考》，《经济研究》1987年第2期。

所以，这种说法只能造成混乱，没有其他结果。

实际上，在生产资料公有制基础上实行的劳动合同制，劳动者同生产资料结合的具体形式发生了变化，由原来的国家统一分配、统一调拨，变为企业招聘与劳动者自由选择相结合，但这里只改变了劳动者同生产资料直接结合的具体实现形式，而不能是对直接结合本身的否定。相反地，这正是使这种直接结合可以得到最佳的实现。这不但没有否定劳动者的主人翁地位，而且正是可以使这种地位得到更好的体现。因为他们可以按照自己的意愿去选择企业的岗位，更好地发挥他们的专长、志趣和能力。虽然在这种劳动合同制度下，劳动者不是终身固定在某个企业里，但只要是他在这个企业，他就是这个企业的主人，他就是依据按劳分配原则取得收入。他离开这个企业，到新的企业，他就是新的企业里的主人。绝不会因为实行劳动合同制，允许劳动力自由流动而改变他们的主人翁地位。我想这是毫无疑义的。

在这里，企业的招聘也好，劳动者的自由选择也好，都是在生产资料公有制的基础上，劳动者同生产资料直接结合的具体实现形式。按照这种具体形式实现的直接结合，既符合劳动者集体的公共利益，又符合劳动者个人的意愿。不能把它看作是劳动者与生产资料相分离、劳动力当作商品的自由买卖的体现，而是在社会主义商品经济条件下，劳动者实现自愿联合的一种适当形式。

三　怎样认识社会主义商品经济条件下按劳分配的特点

所谓社会主义商品经济条件下按劳分配的特点问题，是与马克思当年所设想的产品经济条件下的按劳分配相比较而言的，绝非是指在社会主义实践中将商品经济条件下的按劳分配和产品经济条件下的按劳分配的区别。这是因为社会主义采取商品经济形式不是社会主义发展的某一阶段的事，而是整个社会主义的各个阶段都要采取的经济形式。

按劳分配与商品等价交换相结合，与马克思当年所设想的按劳分配相比有如下特点：

第一，分配的对象不同。马克思当年所设想的产品经济条件下的按劳分配，是劳动者按照各自提供的劳动量领取一张劳动证书，然后拿这份劳动证书去到消费品的储存中领取同他所提供的劳动量一致的消费品。在这里，分配的对象是个人消费品。而在商品经济条件下，按劳分配的直接对象是劳动者集体共同创造并经过交换而实现了的价值（在作出各项扣除后可以用作个人消费的部分），这种价值量的大小，并不取决于企业全体职工所支出的个别劳动量，而是取决于它所能体现的社会必要劳动量。当然，这是就直接对象而言，如果从全社会来看，从最终结果来看，其分配对象仍然是个人消费品，而不是价值。这样来看，两者的区别也就不存在了。

第二，由于分配的直接对象不是个人消费品，而是他们共同创造的价值，因而分配所采取的形式，就不能是"劳动券"，而是货币。因为货币是商品经济中的一般等价物，是价值的一般代表。劳动者共同创造的价值通过交换实现为一定量的货币。按劳分配就表现为按照劳动者所提供的劳动量领取与他所提供的劳动量相一致的、一定数量的货币。

第三，按劳分配的实现过程离不开商品交换的过程。劳动者得到一定量的货币以后，只有到市场上买到了他所需要的消费品，按劳分配才算最终得到了实现。如果在交换中，价格变化了，价格背离了价值，劳动者用他所领得的货币所换到的消费品的数量同他所提供的劳动量就要发生偏离。

第四，在产品经济条件下，按劳分配，是社会或代表社会的国家直接对劳动者个人进行分配。而在商品经济条件下，企业是相对独立的商品生产者和经营者，是具有相对独立经济利益的经济实体，按劳分配要经过由国家到企业，再由企业到劳动者个人这样两个层次来实现。对全民所有制来说，这两个层次是缺一不可的。

以上这些特点表明，商品经济条件下的按劳分配，是同商品经济运动拧在一起的。按劳分配的实现，离不开商品货币交换的形式，按劳分配的贯彻，离不开商品等价交换原则的贯彻。如果商品交换离开了等价交换原则，背离了价值规律的要求，劳动者经过交换所得到的消费品就会偏离他所提供的劳动量。

在社会主义条件下，按劳分配既然要通过商品货币交换的形式来实现，那么贯彻按劳分配就不仅要求劳动的货币报酬同劳动者提供的劳动的数量和质量相一致，而且要求职工拿着自己作为劳动报酬的货币去购买消费品时，其价格是合理的，使他所买到的消费品中所包含的劳动量能够同他所提供的劳动量一致。消费品的价格水平和价格构成的变化，同个人消费品的分配是紧密联系的。消费资料价格总水平的变化会改变积累和消费的比例；价格构成的变化会影响劳动者之间收入分配的比例。如果某种商品的价格高于其价值，购买这种消费品数量较多的劳动者，就要支付较多的货币。他所支付的等量劳动就不能换回含等量劳动的消费品。如果某种商品的价格低于其价值，情形则相反。而且，随着经济体制改革的进展、企业自主权的扩大，职工的劳动报酬同企业的经济成果挂起钩来，那么某种产品价格过高，就会使生产这种产品的企业和职工得到超过其劳动贡献的收入。他们以自己较少的劳动支出，可以换得包含更多劳动量的消费品。如果某种商品的价格低于价值，则情况亦相反。

可见，在社会主义条件下，按劳分配原则的实现是离不开商品等价交换原则的贯彻的。价格不合理不仅违背了价值规律的要求，也损害了按劳分配的实现。

但这绝不意味着按劳分配就变成了等价交换，因为这里所改变的只是分配的直接对象和借以实现的具体形式，并不是改变了分配的尺度。在商品经济条件下，分配的尺度仍然是劳动者所提供的劳动量，而不是他们所创造的价值。不能把尺度和对象混同起来。劳动者集体所创造并实现的价值量的多少会影响每个劳动者所能分配到的货币量的多少。企业所实现的货币量越多，每个劳动者所得越多。但这是分配对象增多引起的，与标准无关。在分配对象即货币量一定的条件下，企业中各个劳动者各自所得的多少，取决于各自提供的劳动量，而不是各自创造的价值。所以这里仍然是按劳分配，而不是按价值分配。在商品经济条件下按劳分配的对象和形式改变了，但它仍然以劳动为尺度，仍然是按劳分配。如果我们不把分配的尺度和分配的对象和形式加以区分，以对象代替尺度，以形式代替原则，就必然得出在商品经济条件下不存在按劳分配的结论，就会认为"等量劳动互换转化为等价交换"了，"劳动者的收入多少取决于市场承认的劳动的多少，而不是以付出劳动多少为尺度"[1]。这显然是不妥当的。

有的同志并不否认社会主义商品经济条件下按劳分配的存在，但是他们认为，在商品经济条件下"无论是潜在形态的劳动力还是流动形态的劳动时间以及物化在产品上的个人劳动量，都不能构成分配的依据，能够作为依据的只能是耗费在产品上的，处于凝结状态的社会必要劳动"[2]。

---

[1] 何伟：《试论劳动力商品的社会主义性质》，《经济日报》1986年12月27日。
[2] 胡永明：《商品经济条件下收入方式的特征》，《未定稿》1987年第14期。

这种说法也是似是而非的。如果这种说法成立，那么按劳分配便在事实上被等价交换所代替，因为社会必要劳动正是构成商品价值的实体。按社会必要劳动分配也就是按价值分配。

是的，应当承认，在商品经济条件下，按劳分配要借助于社会必要劳动时间的计量。这是把按劳分配同商品等价交换结合起来，把调动劳动者个人的积极性同调动企业作为相对独立商品生产者的积极性结合起来的必要环节和基本途径。这主要表现在国家对企业进行分配这个层次上，国家首先要依据各个劳动集体（企业）作为相对独立的商品生产者所共同创造并实现了的价值进行分配，实现多产多得。以便把企业和劳动者的收入同他们的劳动成果和经营成果直接挂起钩来，充分调动他们作为相对独立的商品生产者的积极性。但是作为全民所有制企业，国家对企业的分配不能停顿在这里。停顿在这里，它就和集体所有制企业没有区别了，也就不成其为全民所有制企业了。因为在各个企业所创造并实现的价值中所存在的差别，有一部分是由于客观生产条件带来的级差收入。既然客观生产条件是属于全民的，那么国家在分配上就要通过税收、上缴利润等形式把它收为国有，用于全民需要。剔除了这种级差收入后，企业的收入差别就只反映他们主观因素上的差别，就只体现按劳分配的要求。在这个分配层次里，国家对企业的分配，离不开社会必要劳动量，离不开商品等价交换这个形式。但是社会必要劳动不是分配的基本原则和基本尺度。国家对企业进行分配的基本原则和基本尺度是企业向社会所提供的社会有用劳动量。这种社会有用劳动量是社会必要劳动量消除了客观生产条件影响后的劳动量。这种劳动量既不同于原来那种未受社会检验的个别劳动量，又不同于受客观生产条件左右的社会必要劳动量。它是社会主义商品经济条件下按劳分配过程中所出现的一种新的、特有的经济范畴。

至于企业对劳动者个人进行分配的这个层次，从尺度上说，更与社会必要劳动量无关，它是直接依据每个劳动者对企业所提供的有效劳动。

四 社会主义商品经济条件下工资是由什么决定的

既然按劳分配是社会主义经济中个人消费品分配的基本原则，工资作为按劳分配的实现形式，它当然要由劳动者所提供的有效劳动的数量和质量所决定。

通常工资由两个部分组成，一个是基本工资，它是相对固定的；一个是处于变动状态的浮动工资、奖金、津贴等。这两个部分合在一起，体现着按劳分配的要求，决定于劳动者所提供的有效劳动，但这两个部分又有所区别。

相对固定部分的基本工资决定于每个劳动者的劳动能力，即潜在劳动，其存在于劳动者身体之中，是可以向企业，进而向社会可能提供的劳动量。在其他条件不变的情况下，劳动者向企业、向社会所提供的劳动的数量和质量，取决于劳动者身上所潜在的劳动能力的状况。但是，每个劳动者实际向企业、向社会所提供的劳动量不一定同他的劳动能力相一致。具有同样能力的劳动者，在各种复杂的因素的影响下，由于主观努力不同，其提供的有效劳动量会有所不同，甚至会有很大的差别，因而工资不能只有一个固定部分，必须有浮动部分，没有浮动部分，就无法全面反映劳动者实际提供的劳动量，无法全面体现按劳分配的要求，无法充分调动劳动者的积极性和创造性。

在整个工资构成中，这两个组成部分应当有个适当的比例。浮动部分有利于更准确地反映劳动者的实际劳动贡献，有利于调动现实的生产劳动者的积极性、创造性。所以浮动部分的比重不可太小，浮动部分的比例应当保证能足以充分调动劳动者的劳动积极性。但基本工资，即相对固定部分也不可太少。这一部分应当能够保证劳动者的基本生活需要，维持劳动力的再生产。这一部分占比较大的比重，也有利于使劳动者注重提高构成自己劳动能力的基本素质，有利于调动劳动者努力学习，提高自己的科学文化和技术、业务水平的积极性。

浮动部分是由劳动者在劳动过程中实际的劳动支出、由劳动的实际贡献所决定，反映着按劳分配的要求，这是十分明显的。但是，基本工资，即相对固定部分是由什么决定的，它是不是由劳动力的价值决定的呢？就不是那么清楚了。其实，这一部分也不可能是由劳动力的价值决定的。因为在社会主义公有制条件下，劳动力不是商品，没有价值，工资不管哪个部分，都不可能由劳动力的价值所决定。

然而有人主张社会主义商品经济条件下，工资是由劳动力价值决定的。这种看法同浮动工资、奖金是由劳动者在劳动过程中的实际贡献所决定的客观现象不一致。他们这种看法显然是由于只着眼于固定工资。这部分工资的多少是与劳动能力相联系的。但这种联系不是因为它决定于劳动力的价值，而是因为它决定于劳动者向社会所能够提供的劳动量，以及这一劳动量所能创造并可以用作个人消费部分的价值量的大小。这一部分价值量是劳动所创造的，而不是也不可能是劳动力的价值量的大小。这是社会主义按劳分配关系中的固定工资同资本主义劳动力买卖关系中的固定工资的一项根本性区别。不能因为都是依据劳动能力确定的，就看作是一回事。前者是决定于劳动者能向社会提供多少劳动量、能作出多大的贡献，后者则是决定于再生产这种能力所需要的劳动量，即劳动力的价值。这显然有根本性的区别。

有的同志说，"社会主义经济中的工资应该由两重因素决定：劳动者工资的基本部分是由劳动力价值决定的，它发生在劳动力与生产资料结合的劳动生产过程之前，主要受价值规律调节；劳动者工资的非基本部分，如浮动工资、奖金、津贴等，则是由劳动者的有效劳动和企业经营成果决定的，它发生在劳动力与生产资料结合的劳动生产过程和产品售卖过程之后，主要受按劳分配规律调节"[①]。这种说法是承认了浮动部分是由按劳分配规律决定的，但说基本工资部分是由价值规律决定的说法，如上所述，是不能成立的，这里就不多说了。这里要补充说的是，把基本工资的确定说成是发生在劳动者和生产资料相结合之前，恐怕是不全面的。因为当劳动者已经被录用，参加某个企业从事联合劳动之后，只要他没有离开这个企业，他和生产资料就是处于结合状态。在这个过程中，他的基本工资并不是一成不变的，而是要随着劳动生产率的提高和他的技术水平、劳动能力的提高而逐步提高的。这种提高和变动，不是发生在劳动者同生产资料结合之前，而是发生在不断结合的过程之中。这种提高的原因也不是劳动力价值的变动，而是劳动者劳动能力的增长和社会消费基金的增多。是按劳分配规律的要求，而不是什么劳动力价值规律的决定。

五　怎样认识社会主义商品经济条件下劳动力供求规律的作用

有些同志提出，"供求关系的变动以及供求双方在竞争中的力量对比，决定着劳动力的价格——工资的变动"[②]。

[①] 贾履让、房汉廷：《承认劳动力的商品属性是开放劳动力市场的理论前提》，《中国社会科学》1987年第1期。

[②] 韩志国：《对公有制与按劳分配的理解不能简单化》，《北京日报》1987年7月3日。

应当看到，随着劳动力市场的逐步开放，允许劳动力的自由流动，劳动力的供求规律无疑将显著地表现出来。充分认识这个规律的作用，把它建立在科学的基础上，逐步完善社会主义商品经济条件下工资运动的自动调节机制，是一个十分重要的课题。

但是，在市场供求规律作用下，工资的上下波动，它的作用不管有多大，它总是要围绕一个中心。例如，在商品市场上供求的变动引起市场价格的变动，它总是要围绕着价值这个中心。供过于求，商品的市场价格要低于其价值，而供不应求则使商品的市场价格高于其价值，这里上下波动的中心是商品价值量。另外，供求的变化引起市场价格围绕其价值的上下波动，这只是问题的一个方面。问题的另一个方面是，商品价格围绕其价值上下波动又反作用于供求，调节着供求并从而调节着生产。例如，当商品的价格高于其价值就要刺激生产抑制需求，引起供给的增加，需求的减少，使价格逐渐下降；当商品的价格低于其价值时，则要抑制生产刺激需求，引起供给的减少和需求的增加。这些都表明，供求规律的作用通常是从属于商品价值规律的作用的。它要在商品价值规律的基础上发生作用，并受价值规律的制约。

那么劳动力的供求规律的作用是否也是这样？是否也从属于劳动力的价值规律？

因为商品供求规律通常都是从属于商品的价值规律的，因而，一说到劳动力的供求规律的作用，人们很自然地就会认为它是从属于劳动力的价值规律的。然而，我认为，这是不对的。在社会主义公有经济中，劳动力不是商品，没有价值，不存在劳动力价值规律，因而劳动力的供求规律也不可能同劳动力的价值规律相结合，从属于劳动力的价值规律。那么在社会主义条件下，劳动力供求规律的作用的基础是什么呢？在供求规律作用下，工资上下波动围绕的中心是什么呢？这是社会主义实践，在商品经济条件下实行按劳分配所面临的新的理论课题。

在社会主义商品经济条件下，劳动力的供求规律，不是从属于劳动力的价值规律，而是从属于按劳分配规律。在供求规律作用下工资的上下波动不是围绕劳动力的价值，而是围绕按劳分配所要依据的劳动者提供的劳动的数量和质量。

如前所述，在社会主义条件下，按劳分配规律的作用是客观的。既然生产资料是公有的，人们在生产资料关系上是平等的，那么对劳动产品的分配，人们就要求要同他们各自所提供的劳动量、所作出的劳动贡献相一致。也就是说，工资、奖金的确定，要符合按劳分配的要求。如果工资、奖金的收入差别，同他们各自劳动贡献不相一致，就要影响人们的劳动积极性，影响职工内部的团结，在允许劳动力自由流动的条件下，这要引起劳动力供给结构的变化：劳动报酬高于其劳动贡献的人员，供给会增多起来；劳动报酬相对低于其劳动贡献的人员，供给会逐渐减少。结果，劳动的供给结构同由生产发展所决定的劳动力的需求结构不相适应，在劳动力自由流动的情况下，这势必要引起分配上的变化，使国家或企业适当调整收入差别，使各类人员的收入差别大体上同劳动者劳动贡献上的差别相一致。在这里，劳动力供求规律在起作用，但这种作用不是从属于劳动力价值规律，而是从属于社会主义公有制经济中的按劳分配规律的要求。这种作用不是对按劳分配规律的破坏，而是给这一规律的实现增加了一种自动调节机制，使按劳分配的实现过程趋于完备。

在社会主义经济中，特别是在全民所有制经济中实行按劳分配，确定各行各业、各类人员的收入差别，需要由国家自觉地依据按劳分配规律的要求，有计划地确定的。但是，这种确定，是否符合按劳分配规律的要求，是否正确反映了各行各业、各类人员的劳动贡献，在高度集中的旧有体制下，是不易得到及时纠正的。但在劳动力可以自由流动的新的体制下，就可以借助于劳动力供求规律的自发调节作用得到较快纠正。这是在发展有计划的商品经济条件下，市场调节对国家有计划的按劳分配的辅助作用。

随着劳动力市场的开放，由于劳动力的供求规律在按劳分配规律的基础上发生作用，各类人员劳动报酬的高低，都将围绕按劳分配所应达到的水平上下波动。劳动力的供给，从社会范围来看，将拥向劳动报酬较高的部门、行业或岗位；从企业来看，将拥向经济效益高，从而劳动报酬也高的企业。这无疑将大大强化竞争规律对企业的压力和鞭策作用，给社会主义企业增添更大的活力。

随着劳动力自由流动而来的劳动力供求规律同按劳分配规律相结合所发挥的作用，不仅给按劳分配的实现增添了自动调节机制，而且也使国家可以利用作为按劳分配的基本形式的工资这个经济杠杆有效地去调节劳动力在各个部门和各类人员中的分配，使它同国民经济有计划按比例发展的要求相适应，更好地发挥我国人力资源的作用，提高社会经济效益。

总之，正像不能把社会主义和商品经济对立起来一样，我们也不能把按劳分配同商品经济对立起来。在社会主义商品经济条件下，按劳分配规律仍然是客观存在。商品经济条件，改变了按劳分配的存在方式和运动形式，但并没有改变其基本性质及其在个人消费品分配中的决定作用。我们对社会主义分配关系的探索，不应当着眼于寻找一个代替按劳分配的新规律，而是要研究在商品经济条件下，在开放劳动力市场条件下，按劳分配的具体运动形式和工资变化的调节机制，以便通过改革，完善社会主义的分配制度。

对否定社会主义按劳分配原则若干论点之探析[*]

在社会主义商品经济条件下，还要不要坚持按劳分配的社会主义原则，关系十分重大。现在在我国经济理论界，有些人对此持否定态度，竟然想以按劳动力价值分配取代按劳分配，并想从马克思那里找根据。崔向阳先生在《当代经济研究》2006年第2期上发表的《论分配方式的理论基础——兼论社会主义初级阶段的分配方式》（以下简称《兼论》）一文，就是这样一篇很具代表性的文章。对他所提出的一些论点很值得进行认真分析和探讨。

一 我国经济体制由计划过渡到市场后是否要改变社会主义公有制内部的分配关系和分配方式

我国社会主义初级阶段的基本经济制度是以公有制为主体、多种经济形式并存和共同发展，由此决定的应是以按劳分配为主体、多种分配方式并存的分配制度。《兼论》一文对此持否定态度，说这是"似是而非"的。他认为在市场经济条件下，不管是私营经济，还是公有制经济，都要按生产要素分配。"实行按生产要素分配是市场配置资源的必然结果，这种分配方式要求所有的生产要素都是商品，否则，市场机制无法发挥作用。"

首先，这是一种"市场决定论""流通决定论"。《兼论》一开头就声称，"本文从马克思主义经济学的基本理论出发"。但他所提出的基本观点同马克思主义关于生产决定分配、生产条件所有制决定分配关系和分配方式的基本观点相悖。

---

[*] 本文与蔡迎浩合著，原载于《当代经济研究》2007年第6期。被中国人民大学复印报刊资料《社会主义经济理论与实践》2007年第11期全文转载。

按照马克思主义的基本观点，市场属流通范畴，从属于生产，其性质由生产、生产条件所有制的性质决定。这就是说，社会经济制度的性质是由生产条件，特别是由物质生产条件，即生产资料的所有制决定的。是计划，还是市场，这只是经济的运行形式、资源的配置方式而已，它们都不起决定作用，都不改变社会经济制度的基本性质。相反，它们的性质倒是由社会经济制度的基本性质所决定。

不论计划还是市场，既然它们不能改变社会经济制度的基本性质，也就不能改变由社会经济制度所决定的分配关系、分配方式的性质。正如马克思所说："一定的分配关系只是历史规定的生产关系的表现。"因此，经过改革，我国虽然由计划体制改为市场体制，并不改变我国社会主义经济制度的基本性质。在公有制经济中原来实行的是按劳分配，现在仍应是按劳分配，绝不应改为按劳动力价值分配。它所改变的只能是实现按劳分配的具体形式。

二 关于马克思的生产要素所有制决定分配关系、分配方式与《兼论》的资源配置方式决定分配方式

《兼论》说："生产决定分配，但生产又包括两个方面，即生产要素的所有制结构和生产要素的配置方式，前者决定分配的性质，说明要素所有者得到报酬的权利，后者决定分配的方式，说明要素所有者得到报酬的权利所实现的程度。"请注意，他这里讲的由生产要素配置方式所决定的分配方式，并不体现由生产要素所有制所决定的分配的性质。这样，生产要素所有制的决定作用就完全被架空了。他说，"生产资料的所有制只是解释收入分配方式的一个前提，直接决定分配方式的是资源配置方式"。其实，连"前提"也是一句空话。按照《兼论》说的，由资源配置方式决定，在社会主义公有制经济中也只能实行按劳动力价值分配，那么，生产资料公有制的"前提"作用哪里去了？而他所说的生产要素配置方式，不过是计划方式还是市场方式罢了，只是流通方式的问题。就这样，他就以解释马克思生产决定论的名义，偷梁换柱为他的流通决定论。

在马克思主义理论中，生产方式分为两个方面，即生产力和生产关系。《兼论》却把生产进行了重新划分，把生产要素的配置方式这个本属交换、流通范畴的东西拿过来同生产条件所有制相并列，并说它直接决定着分配方式，而把本来是直接决定分配的生产条件所有制架空起来。这同

马克思主义的基本观点显然是格格不入的。

那么他是怎样从马克思那里引申过来的呢？他说："在《政治经济学批判》序言里，曾区分了两种分配，认为在分配是产品的分配之前，首先是……生产要素的分配……产品的分配只是这种分配的结果。"这同马克思原文一致。但接下去讲的就有问题了。他说："马克思所讲的生产要素的分配，包括两层含义：第一，从分配过程看，是指生产要素的分配方式，即资源配置方式；第二，从分配结果看，是指生产要素所有权的分配。这两者共同决定了产品的分配关系，第一个层次解释了具体的分配方式的决定因素，第二个层次解释了分配的性质的决定因素。"

这种说法同马克思的原文不相符。马克思在生产和分配这一节里所反复阐明的是这种生产条件的分配"包含在生产过程中并且决定生产的结构"。马克思指出："生产实际上有它的条件和前提，这些条件和前提构成生产的要素。这些要素最初可能表现为自然发生的东西。通过生产过程本身，它们就从自然发生的东西变成历史的东西了，如果它们对于一个时期表现为生产的自然前提，对于另一个时期就是生产的历史结果了。"马克思这是从再生产的角度来说明再生产的条件也不过是生产的历史结果，也由原来生产的性质所决定。当然，从历史的长河看，对于这种生产条件的分配，马克思说"它们在生产内部被不断地改变"，但这种改变，是由于生产力的变化，而不是"资源配置方式"在起什么作用。从马克思这些论述里，根本没有，也引申不出"资源配置方式"问题，根本找不出有《兼论》说的那"两层含义"。

三 《兼论》提出的"按劳分配的基本条件"问题

《兼论》在引述了马克思《哥达纲领批判》后说："按劳分配的基本经济条件是纯粹公有制、计划经济、产品生产。"这种说法在理论上是站不住脚的。决定按劳分配的只有生产资料公有制，计划经济、产品经济，还有市场经济，均属流通范畴的东西，不能决定是否按劳分配。为了证明自己的观点，他把公有制加个"纯粹"二字。这在理论上也是毫无根据的。按照马克思主义观点，只要是公有制，它就必然是按劳分配。很明显，所谓公有制就是劳动者同生产资料实现直接结合，在共同占有生产资料基础上进行联合劳动，其联合劳动的共同成果，在生产力还没有得到充分发展，劳动还是个人谋生手段的情况下，当然要按每个人所提供的劳动量和所作出的劳动贡献来分配个人消费品。这里，按劳分配和生产资料公有制是不可分割的。

《兼论》又说："马克思所说的按劳分配的基本含义是按劳动时间对社会产品进行分配，分配标准是劳动者的劳动时间，除了这个含义之外的分配方式不能称为按劳分配。"

为什么只有用劳动时间计算才算按劳分配，以劳动的物质成果来计算劳动贡献就不是按劳分配？如果只能以时间计算才算按劳分配，那的确只有实现计划经济、产品生产时才能实行。但现在看来，就是社会主义已经高度发展，实现了全面全民所有制，很可能还要保留商品货币形式。这样，按照《兼论》的说法，不仅在现在的社会主义初级阶段不能实行按劳分配，就是将来社会主义高度发展之后，也是难以实行了。这显然是在用坚持马克思的某种具体词句，来否定马克思主义的基本观点。

还应指出的是，被《兼论》说成是马克思的按劳分配的基本含义的那个"按劳动时间"。马克思在《资本论》第一卷中讲得很清楚，那仅仅是一种假定，并非必须。马克思说："仅仅为了同商品生产进行对比，我们假定，每个生产者在生活资料中得到的份额是由他的劳动时间决定的。这样，劳动时间就会……"但《兼论》在引述马克思《资本论》这段话的时候，把这些假定的话都删掉了，他说："马克思在《资本论》第1卷里谈到，在一个自由人联合体里，劳动时间起双重作用。……另一方面，劳动时间又是计量生产者个人在共同劳动中所占份额的尺度。"这样，就把假定说成必须，说成是马克思的按劳分配的"基本含义"了。

更有甚者，他又把"仅仅为了同商品生产进行对比，我们假定"这些本来是在"按劳动时间"前边的限制词，移植到按劳分配原则的头上了。他说："马克思紧接着又说，仅仅为了同商品生产进行对比，假定在自由人联合体里实行按劳分配，也就是说，实行按劳分配的依据是与商品生产相对的产品生产方式。"经过如此移花接木，马克思本来是对按劳动时间决定说的"假定"，现在就变成了"假定实行按劳分配"了。这样，按劳分配成了不确定的了，把按劳分配的根据说成只是产品生产方式了。这就是《兼论》打着"从马克思主义经济学基本理论出发"的旗号，歪曲否定马克思按劳分配科学论断的基本手法。

四 关于公有制企业劳动力市场机制的作用

《兼论》说:"市场是同质的,私有企业的劳动力是商品,……如果说公有制企业实行按劳分配,就意味着公有制企业的劳动力不是商品,必定分割市场,不符合市场经济要求","市场机制无法发挥作用"。

"市场是同质的",这也要具体分析。就其机制来说是同一的,但就其性质而言就不是同一的。按马克思主义观点,市场属流通范畴,其性质由生产的性质所决定。劳动力市场的性质就不是同质的,它既向私营企业、外资企业输送劳动力,又向国有企业、集体企业输送人员,其输送的性质是不同的。就前者而言,我国劳动力市场是劳动力买卖场所,发生作用的规律是劳动力的价值规律。而就后者而言,其性质却截然不同。虽然也是经过劳动力市场,表面上看也像是劳动力买卖,但劳动者一进入公有制企业,他就和企业中其他职工一样,是企业的共同主人。同其他职工一起,在公有制基础上从事联合劳动,而不是雇佣劳动。他所获得的工资,是依按劳分配原则所分得的劳动报酬。在这种场合,劳动力市场就是社会主义劳动者实现自愿联合、自由流动,实现劳动者与企业之间双向自由选择的场所。

在社会主义公有制经济中,按劳分配是客观经济规律。在社会主义公有制基础上从事联合劳动的劳动者,必然要求他们工资的多少同他们各自提供的劳动的数量和质量相一致。在实现了劳动力自由流动的条件下,这要引起劳动力供给结构的变化:劳动报酬高于其劳动贡献的人员,供给会逐渐增多;劳动报酬相对低于劳动贡献的人员,供给会逐渐减少。结果,劳动的供给结构同由生产发展所决定的劳动力的需求结构不相适应,这势必要引起分配上的变化,使国家或企业适当调整工资差别。在这里,劳动力供求规律在起作用,但这种作用不是从属于劳动力价值规律,而是从属于社会主义公有制经济中的按劳分配规律。这种供求规律的作用,不是对按劳分配规律的破坏,而是给这一规律的实现,增加了一种自动调节机制,使按劳分配的实现过程趋于完备。

五 商品经济与劳动力成为商品及劳动者的主人翁地位

《兼论》说:"劳动力成为商品是伴随商品经济而出现的现象,只要存在商品经济,劳动力必然以商品形式出现。"这种说法既不符合历史事实，在理论上也说不通。

众所周知，所谓商品就是为交换而生产的劳动产品，进行商品生产和商品交换的经济，就叫商品经济。这种商品经济随社会分工的出现而出现，在原始社会、奴隶社会、封建社会中都有缓慢的发展。奴隶社会、封建社会占统治地位的虽然是自然经济，商品经济也曾有较大规模的发展，但都没有使劳动力成为商品。商品经济经过几千年的发展，到资本主义阶段，才使劳动力成为商品。劳动力成为商品是资本主义商品经济的特有现象，是和资本、剩余价值不可分割地联系在一起的资本主义的特有范畴。它们都以生产资料的资本主义私有制为基础。在社会主义社会，由于废除了生产资料的资本主义私有制，建立了生产资料的社会主义公有制，劳动力就不再成为商品，劳动者在生产资料公有制基础上从事联合劳动，成为企业、国家和社会的主人。由于我国尚处于社会主义初级阶段，在公有制为主体的前提下，还允许私营经济的存在和发展。在私营和外资企业中就业的劳动力还具有商品的性质，但在国有企业和集体所有制企业中就业的就不是商品。这都是由生产条件所有制关系的性质决定的，而不取决于其流通形式。

《兼论》说："劳动力成为商品也不会损害国企中工人的主人翁地位，因为只有劳动者才成为主人翁，而劳动力成为商品是指劳动者的劳动能力讲的。"

劳动力和劳动者固然是两个不同的概念，但劳动者同他所出卖的劳动力能够分开吗？劳动者出卖了自己的劳动力，他得到的是劳动力的价值，而劳动力的使用价值，在契约期间内，便归企业所有，由企业经营者支配，这里，他有什么主人翁的身份或地位可言？硬把这种情况说成是主人，那岂不是一句骗人的空话？

六　该文其他一些有关否定按劳分配的说法

1.《兼论》说："从理论上讲，国有企业的生产资料是属于全体劳动人民的。国有企业创造的剩余收入也应归全体劳动人民所有"，国企职工"只能同社会上全体劳动者一道，共同分享剩余劳动成果，即 M。所以，在社会主义市场经济条件下，国有企业工人的工资是劳动力价值的形式，而不是按劳分配的形式"。

首先，这样一说，所有国有企业中的劳动者便失去了企业生产资料共同所有者、企业主人的地位，而成了出卖劳动力的雇佣劳动者，只能依劳动力价值，得到只能维持其劳动力再生产的工资。其次，按照这种说法，M似乎并非企业工人劳动创造，而是生产资料的作用和贡献，应归生产资料所有者。这样一来，全世界资产阶级都可以兴高采烈了。

2.《兼论》说："邓小平讲过'一个公有制占主体，一个共同富裕，这是我们所必须坚持的社会主义的根本原则'，有人将这句理解为，坚持公有制为主体，就意味着坚持按劳分配为主体，而坚持按劳分配才能实现共同富裕。"这种理解有什么不对吗？离开了按劳分配，公有制如何体现？列宁曾说："人类从资本主义只能直接过渡到社会主义，即过渡到生产资料公有制和按劳分配。"这就是说，按劳分配和生产资料公有制一起构成了科学社会主义的基本原则。邓小平同志也曾指出："我们坚持了社会主义公有制和按劳分配原则。……也就是说，我们坚持了科学社会主义。"正因为如此，为了纠正"文化大革命"的错误和它所造成的破坏，把国民经济搞上去，邓小平同志从1975年开始，不止一次地强调要"坚持按劳分配原则"。后来他所讲的"一个公有制占主体，一个共同富裕，这是我们所必须坚持的社会主义的根本原则"中，之所以没有讲按劳分配，绝非因为他认为按劳分配可有可无，那是因为，坚持公有制为主体就意味着坚持按劳分配为主体，而实现共同富裕，则只有坚持按劳分配才有可能。

3.《兼论》说："在我国，按劳分配政策曾经实行了几十年，结果是商品奇缺，被迫实行票证经济，大家都穷。实行按生产要素分配，可以提高效率，发展经济，通过先富带后富，完全可以实现共同富裕。"

《兼论》把改革开放之前，由于"左"的错误和"文化大革命"的破坏所造成的经济困难，都加到了按劳分配的头上。这公正吗？符合实际吗？恰恰相反，造成这种困难局面的一个重要原因正是在于在实践上存在严重的平均主义，背离了按劳分配原则。所以为了消除"文化大革命"的破坏，把国民经济搞上去，小平同志一次又一次地强调要"坚持按劳分配原则"。他指出："这在社会主义建设中始终是一个很大的问题，……如果不管贡献大小、技术高低、能力强弱、劳动轻重，工资都是四五十块钱，表面上看来似乎大家是平等的，但实际上是不符合按劳分配原则的，这怎么能调动人们的积极性？"

按劳分配、社会主义与商品经济相斥吗?*

——与王建民商榷

王建民先生发在《文史哲》2006年第1期（中国人民大学复印报刊资料《社会主义论丛》2006年第4期）上的《社会主义研究的科学性有待加强——以按劳分配理论研究为例》一文（以下简称"王文"），以"加强科学性"为名，从曲解马克思关于按劳分配的科学论断入手，把按劳分配同商品经济从根本上对立起来，否定按劳分配，否定马克思关于按劳分配的科学论断，对此很有必要做认真的探析。

一 关于马克思对社会主义要实行按劳分配的论述中有没有王文所说的那两个"必不可少"的条件

王文断言："马克思、恩格斯认为，要实行按劳分配，除了生产资料公有制这个大前提，还有两个条件必不可少。第一，消灭商品货币，使'个人劳动不再经过迂回曲折的道路，而是直接作为总劳动的组成部分存在着'，即个人劳动成为直接的社会劳动。第二，对不同质具体劳动的耗费，不存在计量和比较的困难。"

如果实行按劳分配真的必须以消灭商品货币为条件，那现在存在商品货币，也就不能搞按劳分配了。这是王文要否定按劳分配所制造的主要根据。但是马克思没有，也不可能说实行按劳分配要以消灭商品货币为条件。

首先，这种"条件"说，不符合马克思主义的基本观点。马克思指出："消费资料的任何一种分配，都不过是生产条件本身分配的结果。而生产条件的分配，则表现生产方式本身的性质。例如，资本主义生产方式的基础就在于：物质的生产条件以资本和地产的形式掌握在非劳动者的手

---

* 本文原载于《理论界》2008年第9期。

中，而人民大众则只有人身的生产条件，即劳动力。既然生产的要素是这样分配的，那末自然而然地就要产生消费资料的现在这样的分配。如果物质的生产条件是劳动者自己的集体财产，那末同样要产生一种和现在不同的消费资料的分配。"① 这里讲得很清楚，社会主义采取同资本主义不同的分配方式——按劳分配，完全取决于生产条件所有制，特别是生产资料的所有制的变化。绝不会再有什么其他的"必不可少"的条件。其他的必不可少的条件之说法，同马克思的观点格格不入。

其次，在《哥达纲领批判》对按劳分配的论述中，也没有王文所说的那两个"必不可少"的条件。马克思的分析正是运用历史唯物主义的基本观点，从生产资料所有制、生产条件所有制的分析入手的。他首先指出："在一个集体的、以共同占有生产资料为基础的社会里，生产者并不交换自己的产品；耗费在产品生产上的劳动，在这里也不表现为这些产品的价值，不表现为它们所具有的某种物的属性，……个人的劳动不再经过迂回曲折的道路，而是直接地作为总劳动的构成部分存在着。"② 这里讲的是在资本主义高度发展基础上建立的以生产资料公有制为基础的共产主义社会，在这个社会中是已经不存在商品生产和货币交换了，但这种不存在是生产资料公有制的结果，而不是按劳分配的条件。在这一段里马克思还没有讲到按劳分配。

下一段，马克思才讲到按劳分配，说："我们这里所说的是这样的共产主义社会，它不是在它自身基础上已经发展了的，恰好相反，是刚刚从资本主义社会中产生出来的，因此它在各方面，在经济、道德和精神方面都还带着它脱胎出来的那个旧社会的痕迹。所以，每一个生产者，在作了各项扣除之后，从社会方面正好领回他所给予社会的一切。他所给予社会的，就是他个人的劳动量。……他从社会方面领得一张证书，证明他提供了多少劳动（扣除他为社会基金而进行的劳动），而他凭这张证书从社会储存中领得和他所提供的劳动量相当的一分消费资料。"③

在这段论述中，马克思是讲到了实行按劳分配除了生产资料公有制之外，还要有一个条件，但也不是指废除商品生产，而是尚存在着"旧社

---

① 《马克思恩格斯选集》第三卷，人民出版社1972年版，第13页。

② 同上书，第10页。

③ 同上书，第10、11页。

会的痕迹"。其中具有决定意义的是后边的论述中讲到的，它要"默认不同等的工作能力是天然特权"，这实际上讲的就是主观生产条件——劳动力归劳动者个人所有，它决定着社会主义公有制只能实行按劳分配，而不能实行按需分配，把社会主义同共产主义区别开来。

接下去，马克思所阐述的是拿按劳分配同商品等价交换进行比较。既指出了它仍然通行着商品等价交换中所通行的同一原则，即一种形式的一定量的劳动可以和另一种形式的同量劳动相交换，又指出了"内容和形式都改变了"（发生了质变）；既指出了这里"按照原则仍然是资产阶级的法权"，仍然要"默认不同等的工作能力是天然特权"，又指出了"原则和实践在这里已不再互相矛盾"。就是说，这里的等量劳动交换，不再像商品等价物交换那样，只能"存在于平均数中"，不会导致两极分化，不会导致在劳动力买卖这个等价交换形式掩盖下来实现的对剩余价值的无偿占有。这是按劳分配较之商品等价交换所实现的巨大的历史性的进步。

马克思在这整个论述中，都没有说过按劳分配要以废除商品货币关系为条件。

最后，在马克思的论述中是设想未来的共产主义、社会主义社会中已不存在商品货币关系了，但这不能证明他们认为实行按劳分配要以废除商品货币为条件。

马克思论证未来共产主义、社会主义的特征，显然应当着眼于在资本主义高度发展基础上所建立的具有典型意义的共产主义社会形态。马克思恩格斯显然认为，这样典型形态的共产主义是生产资料的全社会公有制。在理论上分析按劳分配，当然要从这种典型形态入手，舍去这样那样可能存在的复杂情况。至于各个国家无产阶级革命胜利后，是不是会马上实现全面全民所有制，是不是能马上废除商品货币关系，这是另外一个问题了。对于这样的问题，马克思、恩格斯认为必须从生产力发展的实际状况出发，建立与生产力发展状况相适应的生产资料所有制。要实现整个社会对一切生产资料的直接占有，那只有"在实现它的实际条件已经具备的时候，才能成为可能"①，而在没有实现社会对一切生产资料的直接占有之前，商品货币关系就不可能在整个社会中消失。这时实行的按劳分配就不能不同尚存的商品货币关系并存。既然马克思、恩格斯并不认为无产阶

---

① 《马克思恩格斯选集》第三卷，人民出版社 1995 年版，第 755 页。

级夺取政权后能马上实现全面全民所有制,他们也就不能认为可以马上废除商品生产。这就表明,他们绝不会认为,实行按劳分配要以废除商品货币为条件。

还有一个情况更可以证明这一点,那就是 19 世纪 70 年代中期以后,马克思、恩格斯根据世界革命发展的新情况和总趋势提出了经济不发达的东方国家有可能跨越资本主义发展阶段而直接向社会主义过渡。马克思、恩格斯这种预见,已为后来的事实所证明。而他们这种预见、设想进一步表明,他们并不认为消灭商品货币关系,是在社会主义公有制经济中实行按劳分配的必要条件。因为这些国家要跨越资本主义发展阶段向社会主义过渡,就必须在生产力发展的基础上,逐步建立和发展社会主义公有经济的同时,允许个体经济、私人经济的存在和发展,这就不能不允许商品货币关系的存在和发展。

可见,种种情况表明,马克思、恩格斯没有,也不会把废除商品货币关系看作是在社会主义公有制经济中实行按劳分配的必备条件。

二 关于王文的按劳分配同商品经济的"不可兼容论"

王文是在引证马克思的话来证明他的观点的。他说:"马克思恩格斯的论述十分清楚。商品交换和按劳分配都遵循等量劳动相交换的原则,但两者有根本差别。……用《哥达纲领批判》的话说,'等价物的交换只是平均来说才存在,不是存在于每个个别场合',等劳交换原则在按劳分配中的情形正相反,它应该存在于每个个别场合。"

要讲区别,如前所述,马克思讲的,远非只此。但是两者存在这种根本区别,只能说它们不可能同存于同一经济关系中。只能在这个意义上说,两者具有排他性、相斥性。但在一个国家的社会经济活动中,它们可以同时存在于各自不同的经济领域、经济关系中。十分明显,公有制和私有制是性质截然相反的经济关系,却可以同时存在于我国社会主义初级阶段的社会经济活动中,那么按劳分配和商品等价交换,为什么因性质不同就不能同时存在于我国社会经济活动的不同领域、不同关系之中?为什么为了发展商品经济就要摈弃按劳分配?这是什么逻辑?这是什么"学理"?

那么王文是怎样具体论证他那"不可兼容论"的呢?他说:"在商品经济条件下实行按劳分配,二者必居其一:或者是价值规律从而商品经济本身被破坏，或者是按劳分配丧失其本义"。果真如此吗？请看他是怎样论证的。他说是："……我们面对的是两个意义上的劳动。社会必要劳动和实际耗费的个别劳动。"按劳分配"若以实际耗费的个别劳动为尺度，则那些没有向社会提供有效劳动的劳动者也将参与分配，劳动生产率较低的劳动者的所得也会超出他向社会提供的有效劳动，而劳动生产率较高的劳动者的收入将低于他向社会提供的有效劳动。这是对价值规律的破坏。这将导致落后者不思进取，先进者失去动力，生产者失去积极性的最终结局是整个经济的破产"。

事情真的是这样吗？完全不是。我们现在就是在商品经济条件下实行按劳分配。但是改革开放二十余年来，我们的整个经济不但没有破产，还实现了举世瞩目的高速增长，在全世界处于领先地位。为什么？因为实际并非是王文所说的那样，在公有制经济单位中贯彻按劳分配，按每个劳动者实际劳动贡献进行分配，并不破坏在各个生产经营单位之间进行商品交换中所遵循的等价交换原则，并不破坏价值规律在商品交换中的调节作用。按劳分配和等价交换，在各自领域中发挥自己的作用，彼此并不干扰。党和国家要求贯彻按劳分配也只是要求在企业、生产经营单位内部，从来没有，也不可能要求不同所有者之间、各企业之间的商品交换要遵循按劳分配，要以个别劳动耗费为依据。怎么能说按劳分配的贯彻就会是"对价值规律的破坏"呢？本来是在两个不同过程、不同领域各自作用，却要把它们混淆起来，蓄意制造矛盾、制造混乱？这是在"讲学理"吗？

我们再看看王文又继续怎么说的，他说："若依社会必要劳动为尺度进行分配，首先，其商品价值完全没有实现的劳动者或企业将破产。其次，对那些成功售出其商品的劳动者或企业来说，不同的劳动生产率将使他们的个别价值实现为不同的社会价值，从而造成收入差距。这里，价值规律保全了，但结果将是劳动者的分化，最终是按劳分配与公有制一道瓦解。"

好严重啊，这又把在商品等价交换中才存在、才发挥作用的东西拿到按劳分配中来了。社会必要劳动是商品经济中的特有范畴，它是在商品交换中自发形成的，怎么可能成为按劳分配中的分配尺度？按劳分配只能是依据个人实际的劳动贡献。说按劳分配依社会必要劳动为尺度，显然又是故意混淆和制造混乱。

我们发展社会主义市场经济看起来似乎使按劳分配的作用范围受到一

定限制，但是另一方面由于它使按劳分配所依据的劳动贡献同社会需要更好地挂起钩来，促使企业的劳动者和管理者为提高生产技术，改善经营管理，生产适销对路、物美价廉的产品而齐心努力。这将使社会主义公有制经济更好地发展壮大，从而使按劳分配的作用范围也随之逐步扩大，而绝不会"是按劳分配与公有制一道瓦解"。

三　关于王文的社会主义与商品经济的"不可兼容论"

王文承认，"按劳分配与商品经济能否兼容，是社会主义与商品经济能否兼容这个大问题的一部分。如果说按劳分配与商品经济是相斥的，那么社会主义与商品经济能否兼容呢？"他认为，这"要看如何理解社会主义"。他说："当商品经济与社会主义相斥而两者都不能放弃，同时商品经济自有其不可移易之规定，唯一的出路是重新解释社会主义。在这个意义上，邓小平的新社会主义观是苏联模式社会主义的计划经济体制与商品经济因素冲突的逻辑结果。"

在王文这些高论里，首先有一个问题需要分清。这里，王文既一般地讲社会主义与商品经济相斥，又讲苏联模式的社会主义计划经济体制与商品经济相斥。如果真的只是指苏联模式那种高度集中的计划经济体制与商品经济相斥，为什么又把它扩大到一般社会主义与商品经济相斥？一般意义上的社会主义的根本点在于生产资料的公有制和在公有制基础上实行的按劳分配，实现共同富裕。只要坚持了这两点，就是坚持了科学社会主义。小平同志一方面强调要坚持公有制和按劳分配，实现共同富裕，另一方面又提出要利用市场，把社会主义和市场经济结合起来，按照发展社会主义市场经济的要求改革经济体制。这是对马克思科学社会主义的坚持和发展，不是对社会主义的"重新解释"。首先是坚持，然后是在坚持基础上的发展。

四　关于所谓劳动量难以计量，按劳分配难以实行问题

王文说："要比较熟练与生疏、脑力与体力、复杂与简单等等劳动的耗费，许多人谈到过其中的困难，做了若干克服困难的尝试。然而，比如一个技师的 2 小时劳动被认定等量为一个粗工的 4 小时劳动，迄今为止尚无令人信服的说明，为什么不是更少或更多些。曾有学者指出：'从理论上说，只有把各种不同的劳动化为当作它们的计算单位的简单劳动，才能

准确测定各种劳动者各自提供的劳动量。但在实际运用上，各种劳动化为简单劳动的比例，却是难于准确确定的。'合乎逻辑的结论是：要准确实行按劳分配，是困难的。论者没有得出这一结论。"

第一，有什么必要非得出这样的结论，难道进行按劳分配就一定得那么"准确"吗？难以那么"准确"就应当抛弃吗？商品等价物的交换是准确的吗？它不"只是平均来说才存在"的吗？它首先是价格要围绕其价值上下波动，其次是决定价值的社会必要劳动量中，又包含着生产资料优劣、技术条件高低的作用，在私有制存在的条件下，会导致贫富两极分化，阶级、阶级剥削的出现。这好吗？按劳分配即使计算上难以十分准确，但是这种不十分准确所出现的误差，第一，不是来自生产资料占有条件上的差别，不具有经济必然性，不会导致两极分化。第二，可以在实践中逐步调整，逐步接近准确！有什么必要在这个问题上大做文章？

第二，贯彻按劳分配是要尽量做出接近准确的计算，在实践中发现有不合理之处，就要及时做适当的调整。笔者想，其标准，主要就是群众的满意度。各类人员、各类劳动者都觉得比较合理，就是适当或比较适当，使各类人员的积极都被调动起来，目的就达到了。这并不难。

第三，如果话题回到商品条件下的按劳分配，那么按劳分配和商品等价物的交换相结合，如前所述，由于此时劳动者不是拿着"劳动券"到"社会储存中"去领取消费品，而是拿着货币到市场上去购买消费品。这就使这个环节上劳动量的比较、计算都不需要了。本来，由于这样商品经济条件下贯彻按劳分配是更简便、更易行了，可是有人偏要大做按劳分配难以准确计算和难以实施的文章，岂非咄咄怪事。

五　坚持按劳分配，坚持社会主义的基本方向

王文先是制造按劳分配与商品经济相斥论，然后又大作按劳分配难以准确计算、难以贯彻实施的文章，最后则宣称："在选择了市场经济以后，如果不能像重新解释社会主义那样去重新解释按劳分配，还不如暂束之科学殿堂，以保持其作为尚待验证的科学命题的尊严。"否定、摒弃按劳分配，这就是王文的结论，也是王文的目的。然而，否定按劳分配就是否定社会主义，就是否定改革开放所要坚持的社会主义基本方向。

社会主义在经济上的基本特征就是生产资料的公有制和按劳分配。这两者紧密联系，不可分离。前者决定后者，后者体现前者。如果不进行按

劳分配，那就意味着，劳动产品没有归他们共同所有，他们从事的不是公有制基础上的联合劳动，他们不是这个生产单位、企业的共同主人，而是出卖劳动力的雇佣劳动者。他们所得到的工资就成为出卖劳动力的所得，由劳动力的价值所决定。如果取消按劳分配所发生的就是这样的变化。王文说："近年来的一些话语，使本来不清楚的问题变得更含糊了。'劳动、资本、技术和管理等生产要素按贡献参与分配'原则的提出，适应多种所有制并存的经济结构和市场经济的运行机制，非常合理。但其中的劳动被说成是按劳分配的劳动，这就是完全不讲学理了。这里的劳动绝不是按劳分配中的劳动，而只能是劳动力的价值。"只能是劳动力的价值？对于公有制企业来说就不是这样，公有制企业的工人就不是在出卖劳动力，而是在公有制基础上从事联合劳动，他们的收入，就不是按劳动力的价值，而是按劳分配。但是这种说法反映了王文的目的，反映了他主张取消按劳分配，就是要以按劳动力价值来取代按劳分配。按这种主张去做，企业的性质将发生根本性变化。职工群众将由企业的主人变成出卖劳动力的雇佣劳动者。这是背离改革开放的社会主义基本方向的。

第六部分

有关经济体制改革问题

论家庭承包责任制的历史地位和作用[*]

目前，家庭承包责任制，作为我国亿万农民的伟大创造，正以不可阻挡之势，遍及于我国辽阔的土地上。它一出现就表现出强大的生命力和巨大的优越性，引起了人们的广泛注意。但关于如何认识它的历史必然性，它在合作经济发展完善中的地位和作用，它的前途和寿命，以及它在建设具有中国特色的社会主义道路中的作用和意义，却有进一步探索和回答的必要。

一 不可阻挡的历史发展

在党的十一届三中全会纠正了长期以来"左"的错误，端正了指导思想之后，我国亿万农民长期受到压抑的强烈愿望终于实现了。随着"左"的思想逐步被破除，随着实践的发展，农业生产责任制逐步由不联产到联产，由包产到组到包产到户，以至包干到户。经过这样的筛选，包干到户即家庭承包制，已成为责任制的主要形式。这样一个过程，在责任制的发源地和推广最早的安徽等省，得到了明显的表现。辽宁也不例外。以沈阳农村为例，三中全会后的1979年，沈阳农村开始建立农业生产责任制。由于过去多年"左"的影响，开始时，人们怕"包"、怕"联"，就是搞小段包工、分组作业也如履薄冰，迟疑不前。当时，在全市3042个生产队建立了包产到组责任制，中途垮了大半，只剩554个队。但经过这一实践，其中有468个队平均增产增收25.7%，从而对包产到组的余悸基本消除了，1980年普遍推行了联产到组责任制。但在自愿插组中，出现了37户插不进去的"甩出户"。这些户本来是干活"不顶壳"，被人"瞧不起"，低人一等的，可是年终结算，他们出乎意料地获得了大幅度

---

[*] 本文原载于《辽宁大学学报》1983年第2期，与汤造宇同志合写。全文收入中国人民大学复印报刊资料《体制改革》。

的增产增收，比别人高出一头，有不少户的产量和收入比包产到组的高出一倍，当年翻了身，从贫困户变成了富裕户。这37户"甩出户"搞的就是以家庭为经营单位的大包干，它在农民中产生了强大的吸引力。于是，1981年，各种形式的责任制便在沈阳农村全面开花：实行"双包"（主要是大包干）的有668个生产队，占生产队总数的8%；实行联产到组或包干到组的有4984个生产队，占55.19%；实行专业承包联产计酬的有516个生产队，占6%；实行小段包工定额计酬的有2431个生产队，占30.9%。在一年的实践中，各种责任制形式进行了大比较、大鉴别、大筛选，结果，大包干取得了最佳成绩，全市涌现出一批当年翻身由穷变富的生产队和社员家庭，从而进一步促进了家庭承包责任制的大发展。现在，全省各地都在积极推行家庭承包责任制，它已成为辽宁各地联产计酬责任制的主要形式，深受广大群众欢迎。

家庭承包责任制在全国广大农村迅速而健康地发展起来，这绝非偶然，它是生产关系要适应生产力发展的客观规律作用的结果。马克思主义认为，任何一个经济共同体内部，都要有分工负责，都要有责任制，在社会主义时期，又必须是贯彻物质利益原则，实行权、责、利密切结合的经济责任制。这是没有问题的。问题是我国农村为什么一定要搞联产承包责任制，而且实践证明，它的最好形式是家庭承包的责任制呢？这是由农业生产的特点和我国农业生产力的现实状况所决定的。这种农村生产力的特点和现状，要求发挥社员家庭经营的积极性。和工业生产相比，首先，农业生产的特点是分散性强，它必须在辽阔的土地上分散地进行，因而其经营单位就不宜太大。其次，农业生产对象是动植物，都是有生命的生产和再生产，是经济再生产和自然再生产的统一，受各种自然条件的制约性很强。各种自然因素，如气温、湿度、光照、土壤等都对它的生长发育发生重要作用。其中某一因素的变化，都会引起各种因素的重新组合，要求采取相应的生产措施。这就特别需要生产者有高度的主人翁责任感，随机应变地精心管理、伺候。最后，由于受自然再生产过程的制约，农业生产周期一般都比较长，其经济收益一般都要集中在最终产品上，而生产过程中的每一环节，又都对最终产品有重大影响。这就要求生产者的利益和最终产品的数量和质量直接挂钩，推动他们认真地去搞好其每一环节的工作。这与工业生产不同，工业生产中生产责任制所要联系的产量可以是某种半成品、零部件，甚至是某一工序的成果。而农业生产责任制所要联系的产量，一般必须是生产的最终成果——农畜产品的数量和质量。工业生产中联系产量的责任制可以是计件工资，农业中联系产量的责任制最好是全年承包，甚至是固定几年不变。这种承包可以是小组的或几户的联合，也可以是以家庭为单位的。但它的最好的责任制形式是家庭承包责任制。因为这种形式把生产劳动者和经营管理者合而为一，把个人的物质利益同生产的最终成果直接挂钩，能最好地促使每个人关心生产的全过程和每一项农活的质量，精心地去从事生产每一环节上的工作。也许就是因为这些原因，目前世界上最发达的资本主义国家也没能把个体农户都消灭掉。在那里，家庭农场仍起重要作用。我国经过三十多年的努力，农业生产条件虽有所变化，但技术水平、社会化程度仍然很低，主要还靠手工劳动和人畜动力。在这种生产力的状况下，一家一户的个体承包经营，就大有发挥作用的余地。而且我国人多地少，每人平均耕地只有 1.5 亩，这就特别需要发挥我国劳动力资源丰富的优势，搞精耕细作，提高单产。家庭承包还可以最好地适应这种要求。

过去，我们只强调集体经济要统一管理、统一经营，没有注意分户经营还有同我国生产力状况相适应的一面，没有看到在集体所有制合作经济中还有保留社员分户经营，发挥他们个体经济积极性的必要性。在我国当前农业生产力的状况下，为适应生产力发展的要求，必须找到一种形式，这种形式能够把集体经济的统一管理、统一经营，和社员的分户经营、独立劳动结合起来，并以分户经营为基础。这种形式，经过我国广大农民几十年的反复实践和比较，付出了大量的学费，我们终于找到了，这就是联产计酬的家庭承包责任制。它有"统"有"分"，"统"可以发挥集体经济的作用和优越性，克服原来分散、孤立的个体经济的局限性；"分"可以发挥社员分户经营的积极性，克服集中经营、集中劳动、集中分配中，目前所难以解决的一系列矛盾和弊病。"包"则把这二者有机地、有伸缩性地结合起来。这样的合作经济的经营形式才是同我国农村经济发展要求相适应，最能发挥亿万农民积极性，因而是最受群众欢迎的、最有生命力的责任制形式。

看来，我们党领导农民走合作化的道路，不仅应首先逐步地把个体农民引向集体所有制合作经济的轨道，而且需要在合作经济内部建立适当形式（如家庭承包）的责任制，把社员个人利益和国家、集体利益紧密结合起来，充分调动他们的积极性，否则集体经济就难以巩固和发展。以前我们忽视了这后一项任务，走了很长一段弯路。三中全会以来党领导农民所进行的这场伟大历史变革，终于把这项工作补上了。

二 我国社会主义合作经济发展完善的必经阶段

家庭承包责任制，既是生产力发展的客观要求，也是我国社会主义合作经济发展完善的要求。这两种要求是一致的。一方面，生产关系不完善就不符合生产力发展的要求；另一方面，社会主义生产关系的发展完善也必须从生产力发展的客观要求出发，而不能从某种主观模式出发。毛泽东同志曾经指出，"社会主义生产关系已经建立起来，它是和生产力的发展相适应的；但是，它又还很不完善，这些不完善的方面和生产力的发展又是相矛盾的"[①]。

在过去一段时期里，人们看社会主义集体所有制生产关系是否完善，往往不是从生产力状况及其发展要求出发，而是从"一大二公"的主观模式出发，好像越大越公就越先进、越完善。结果，一再搞"穷过渡""割资本主义尾巴"，犯了主观唯心主义错误。党的十一届六中全会决议指出："社会主义生产关系的发展并不存在一套固定的模式，我们的任务是要根据我国生产力发展的要求，在每一个阶段上创造出与之相适应和便于继续前进的生产关系的具体形式。"社会主义生产关系的完善也必须根据生产力发展的要求，找到同生产力发展相适应的生产关系的具体形式。我国集体所有制合作经济中原来那种高度集中的经营方式，以及由此而来的"大帮轰""大锅饭"，既同我国农村生产力发展要求相矛盾，又是对集体所有制生产关系的破坏。

社会主义生产关系最根本的特征是生产资料的公有制，劳动者是生产资料的共同主人。这种公有制体现在分配上是按劳分配，体现在人们相互关系上是平等互助、同志式的合作。每个人既是劳动者，又是管理者；企业领导人既是指挥员，又是为大家服务的勤务员。这才是社会主义生产关系的本质体现。社会主义生产关系的完善，从内容上说，就应当体现社会主义生产关系这些本质要求。在形式上则应同生产力发展水平相适应，有利于实现这些要求。那种不符合生产力发展的形式，也必然是不利于生产关系完善，甚至是使其遭到破坏的形式。例如，我们过去原有的集体所有

[①] 《毛泽东著作选读》下册，人民出版社1986年版，第768页。

制合作经济中那种高度集中的经营形式就是如此。首先，这种形式从人们相互关系上破坏了社会主义所有制关系。实践一再证明，在我国目前这样生产力和科学文化水平还比较落后，人们还缺乏领导和管理经验的条件下，那种集中劳动，往往会造成封建家长式的统治和独断专行，多吃多占，等等。在这样的形式下，表面上生产资料还是集体所有，但劳动者已经体验不到自己是生产资料的共同主人。长此下去，生产资料公有制有名存实亡的危险。其次，这种经营方式，在现有生产条件和管理水平下，往往只能造成平均主义，背离按劳分配。这是从分配方面对社会主义公有制的破坏。平均主义实际上是允许、鼓励少劳多获，甚至不劳而获。这实质上是从社会主义经济不完善的地方所冒出来的一种新的剥削行为，当然是对社会主义生产关系的严重破坏。在这种情况下所进行的集中劳动，也违背了社会主义联合劳动的性质。社会主义联合劳动，是在生产资料共同占有的前提下，从而也是每个劳动者都以主人翁的身份参加的条件下，每个人把个人劳动作为联合体总劳动的一部分来支出。在集中劳动中既然主人翁的身份没得到体现，联合劳动的性质也就被破坏了。

包产到户、包干到户，即家庭承包责任制，则大不相同。这种责任制形式，在生产经营上有"统"有"分"，"统""分"结合，而以分户经营、分户劳动为基础。如果用原来集体经济"一大二公"的观点看，这是倒退，是由集体退向单干。但实际上，这是按生产力发展要求调整、完善集体所有制合作经济生产关系的重大步骤和最好形式。从所有制关系方面来说，土地承包到户，并没有改变土地的集体所有制，社员户却按照承包合同获得了对承包土地的使用权。这种使用权不仅没有破坏集体所有制，而且正是社员群众集体所有、共同占有的一种体现。土地等主要生产资料归集体所有，这当然意味着，任何个人从其私人地位上来说，都不能具有所有权。但从其作为联合体的成员的身份来说，他们又都对这些生产资料具有所有权。这种所有权，在集中经营的条件下，它应当体现为民主管理和按劳分配；在分散经营的条件下，则应体现为按承包合同对自己所承包的土地的占有权、使用权。这种占有权、使用权，既是每个人作为联合体成员对其共同占有的生产资料的所有权的实现，又是他们履行联合共同体所交给他们的任务和责任，是这两者的结合或统一。在这里，生产资料的公有制、共同占有，是有名、有实的，是得到了切实的体现的。而这里的包干分配，则有效地克服了平均主义，切实地体现了按劳分配，尽管这里加进了由生产资料优劣不同所带来的级差收入，但第一，其比重不大；第二，承认这种收入差别，总比平均主义好千百倍，它不仅可以鼓励人们很好劳动，还鼓励人们搞好经营、追加投资，改善生产条件，这是有利于生产力的发展的。再从相互关系上来考察，这里社员户有了在自己承包土地上独立经营、独立劳动的自主权，可以独立组织生产，安排农活。但这种独立性，与以私有为基础的小农经济不同，是相对的独立性，是在联合体的统一管理下，从属于承包合同所规定的任务的独立性。所以，这种劳动仍然是合作经济共同体中联合劳动的组成部分，它和共同体及其各个社员户之间，仍然存在着互助合作的关系。所不同的是，这种互助合作的平等的、民主的关系和权利，在这里，才得到了切实的体现。这种平等的、民主的关系和权利，在家庭承包责任制中体现为：一、合作经济共同体的管理制度、管理人员由大家民主制定，民主选举产生；二、承包合同的制定是平等协商的；三、在承包土地上都有独立经营的自主权。在这三条中，最后这个自主权最关键。有了这个自主权情况大不一样。在原来生产队的集中经营中，他们只是社员，只是被捆在一起劳动的劳动者，现在他们却"由单纯的劳动者变为既是生产者又是经营者，变为真正的主人翁"。社员有了这块承包地上的自主权，他们的腰板硬起来了，敢说话了。从前农民受了气，给了小鞋穿，也不敢吭声，现在他们敢于讲话，敢于抵制了。社会主义的平等的、民主的关系，在这个基地上开始牢牢地树立起来了。过去在基层干部中一直存在的瞎指挥、不参加劳动、多吃多占等老大难问题，这回一下子被冲开了。干部的作风转变了，干群关系改善了、融洽了。这是多么了不起的变化。这一切难道不都是社会主义合作经济生产关系的重大调整和改善吗？难道不是前进，而是倒退吗？实践证明，家庭承包责任制是我国集体所有制合作经济生产关系发展、完善的必由之路和必经阶段。

三　开创了我国社会主义农村经济发展的光辉道路

这种家庭承包责任制，由于它适应我国农村生产力状况，调整和完善了集体所有制合作经济的生产关系，既发挥了集体经济的优越性，又发挥了社员分户经营的社会主义生产积极性，因而，它一出现就显示出促进增产、增收的巨大威力，迅速改变着我国农村面貌。这已经是有目共睹的事实。但这种家庭承包、分户经营的责任制，其发展前途如何，寿命如何，同建设具有中国特色的社会主义的关系如何，这倒是需要我们认真探讨的一个重要课题。

开始，我们曾经认为这种责任制形式的适用范围，是那些偏远山区、贫困社队，是解决那里温饱问题的权宜措施。但实践证明，它也适用于那些经济发展水平较高、工作基础较好的富社、富队。"双包"在这些社队也普遍取得了增产增收的显著效果。之所以如此，是因为这种责任制，在"统"与"分"的结合上有很大的伸缩性。在那些经济落后的社队集体经营项目，统的因素可以少些，而在那些经济发展水平高的富队，根据生产发展的需要，则可以增加统一经营的项目，"统"的因素可以大一些。这都没有改变这种以家庭承包经营为基础的"统""分"结合的基本形式。

由于这种责任制形式在"统""分"结合上具有这样的伸缩性，因而它可以容纳和适应很大范围的生产力发展水平。它不仅适用于目前主要依靠手工劳动的农业生产力水平，就是将来基本上实现了农业机械化、现代化之后，也不一定就使这种责任制形式丧失其积极作用。原来好多人曾担心，搞家庭承包，包产到户、包干到户会影响农业机械化、现代化，现在许多地方包干到户后，随着生产的发展、收入的迅速增加，出现了越来越多的社员户单独或联合购买小型甚至大型拖拉机的事实表明，这种责任制并不妨碍而且可以大大促进农业的机械化、现代化事业的发展。

过去曾流行这样一种观点，随着生产力的发展，生产规模将越来越大；个体劳动只适应手工生产，集体劳动才能适应机械化生产；机械化水平越高，劳动组织规模就越大。这不符合人类社会发展的历史。原始社会末期，随着铁制工具在生产上的应用，原来以氏族为单位的集体生产逐渐向个体家庭生产转化，从奴隶制向封建制，再向资本主义制的过渡，都经过大庄园向佃农小生产的转化，只有资本主义制度是在排挤小生产的基础上产生和发展起来的。但资本主义发展经过了几百年，到今天，即使在那些发达的资本主义国家里，小生产也并没有被消灭，特别是在农业中，家庭农场还占重要地位。机器的采用和革新，一般是要引起劳动组织和规模的变化，但并非总是引起生产规模的扩大。有些大型机器的采用，需要几户联合购买，或多人分工协作才能操作，这就有促进联合或扩大生产规模的趋势；但有些机器的采用，反而使原来几个人、几十人一起干才能完成的农活，现在由一人、一户操作和使用就可以进行。这就使分散经营、单独劳动的长期存在成为可能。正因为如此，在一些发达资本主义国家，虽然农业已经机械化、现代化，但那里的个体农户、家庭农场，在农业生产中还占有相当重要的地位。他们的一个家庭农场可以经营上千亩的耕地，超过我们现在一个生产队耕地的几倍，更何况我们现在的家庭承包责任制有"分"也有"统"，是"统""分"结合的，同资本主义国家的家庭农场根本不同，那些不适于个人购买和使用的大型机具，或个人无力从事的大型农田水利建设，可以由生产队、联合体统一购置、统一组织、统一管理，或专业承包，分别收费。可见，我们的家庭承包责任制具有很大伸缩性，它可以比资本主义国家家庭农场容纳更大范围的生产力，具有更大的生命力和发展前途。

但家庭承包责任制，作为劳动组织和生产关系的具体形式，又不是固定不变的，它要随着生产力的发展而发展变化。现在的家庭承包还带有小而全，还带有传统的自然经济性质。但随着它推动起来的生产力的大发展、劳动效率的大提高、劳动力的大节约和产量与收入的显著增长，必然推动广大农民积极利用剩余劳动和剩余资金，发展多种经营，分工分业，发展农副产品的商品性生产。许多地方的实践已证明，社员从原来被捆在一起从事"拉大帮"的集体劳动中解放出来，在自己承包的土地上劳动之后，由于有了自主权，由于劳动积极性和劳动效率的大大提高，全年只用 1/3 的时间就可以完成全部农活，可以腾出 2/3 的时间去从事家庭副业、多种经营以及科学、文化等活动。所以，现在凡是搞了家庭承包责任制的地方，各种工、副业生产，以及科学文化等活动，像雨后春笋似的发展起来。随之而来的就是重点户、专业户的大量涌现和学科学、用科学热潮的普遍兴起，以及商品性生产的大发展。随着分工分业，专业户、重点户的发展，随着我国农村经济从传统的自给性和半自给性生产向专业化、社会化、商品化方向的发展，家庭承包责任制也就由小而全，向小而专的方向发展。土地向能耕者集中，各种工副业、多种经营则由不断涌现的各种能工巧匠来承担。不仅各种副业生产、多种经营从农业中独立出来，形成各种专业生产，农业、种植业内部也将出现分工分业，从事专业化生产，搞专业承包。这时的家庭承包责任制就与专业化分工相结合，取得了专业承包的形式。而且随着生产力的不断发展，机械化现代化的进展，承包的规模也将逐步扩大，由小而专向大而专方向前进。一个生产队原来有几十户承包土地，现在有十几户，甚至几户承包就可以完成得很好。这就可以从根本上改变目前这种由八亿农民搞粮食的落后局面。

可见，家庭承包责任制为我们开辟了一条具有中国特色的社会主义农业发展的广阔道路；在我国农业现代化建设过程中，它将在一个比较长的历史时期内存在并发挥其积极作用。当然，我们也不认为这种以社员家庭经营为基础的家庭承包责任制会永久地存在下去，随着农业高度机械化、生产过程系列化，甚至工厂化以后，家庭经营，就将逐步过渡到有精密分工的集中经营、协同劳动。但这不是回复到过去那种"大帮轰"、吃"大锅饭"，而是按生产力发展要求和群众自愿原则，在科学分工基础上形成的新的联合体。这样的合作经济联合体的集中经营、协同劳动是有条件的，不是按某种模式随意搞起来的。对于它的条件，列宁在《论合作制》一文中曾作过论证，实践证明，是完全正确的。列宁指出，"完全合作化这一条件本身就包含有农民（正是人数众多的农民）的文化水平的问题，就是说，没有整个的文化革命，要完全合作化是不可能的"①。列宁说的"完全合作化"，我们理解，就包含着实现集中经营、协同劳动的含义。而列宁所说的这个"文化革命"既包括"纯粹文化方面"，又包括"物质方面"，"因为要成为文明国家，就必须有相当发达的物质生产资料的生产，必须有相当的物质基础"②。没有生产力的相当发展，以及在此基础上科学文化的发展，特别是农民文化水平、管理能力的提高，硬把大伙儿捆在一起搞集中经营、集中劳动、集中分配，结果只能是以前生产队里所搞的那个模样。这只能是对群众社会主义积极性的压抑，对生产力的破坏，并造成农村科学文化发展的停滞。

列宁提出的"完全合作化"的条件，是不可忽视的客观真理。现在实践使我们找到了不是等待，而是在合作化自身发展中来创造"完全合作化"的条件，这就是以家庭承包为主要形式的联产承包责任制。两三年的实践已经证明，这种责任制的推行，既推动了我国农村生产力的大发展、农民收入的大提高，又促成了我国广大农村科学文化建设高潮的到来。与此同时，在这种家庭承包、专业承包和专业户经营发展的基础上，大量懂科学、有技术、会管理的人才必将涌现出来、成长起来，为将来逐步走上新的集中经营、集中劳动创造越来越充分的条件。那时的集中经营，将是人人可以参与的、民主的管理；那时的集中劳动将是有科学分工

---

① 《列宁选集》第四卷，人民出版社 1960 年版，第 722 页。
② 同上书，第 723 页。

的协同劳动；那时的集中分配将是有适当形式和科学方法来实现的按劳分配。在这种家庭承包责任制充分发展的基础上，将来再逐步走上新的集中经营、协同劳动，这才是我国社会主义集体所有制合作经济发展的光辉道路。我们要满怀信心、坚定不移地沿着这条道路前进，应当认真研究以家庭承包为主要形式的联产承包责任制发展过程中出现的新情况，总结新经验，解决新问题，使家庭承包责任制在实践中得到不断完善和健康的发展，沿着中国式的社会主义道路，全面开创社会主义现代化建设的新局面。

论我国城镇住宅经济的改革[*]

怎样认识社会主义条件下城镇住宅的经济性质，怎样按客观经济规律要求改革我国房产经济体制，特别是怎样改革低租金制度，这是需要进一步进行深入探索的重要课题。

一　城镇住宅的经济性质

在社会主义条件下，生活资料作为个人消费品，都要以劳动为尺度进行分配。以劳动为尺度进行分配，把个人的经济收入同他们的劳动贡献紧密联系起来，使人们的消费水平取决于他们对社会所提供的劳动的贡献，这样才能充分调动人们的积极性和创造性，充分发挥社会主义制度的优越性，促进生产力的发展。在人类生活中，衣、食、住、行都是不可缺少的。住宅在人们的消费资料中是一个重要组成部分，显然也必须依据按劳分配原则进行分配。

但是，社会主义还是商品经济社会，按劳分配还要借助于商品货币交换的形式来实现。劳动者在提供了劳动之后，他所得到的不是某种消费品的实物，也不是马克思在《哥达纲领批判》中所曾经设想的、可以拿它到消费品的储存中去领取消费品的"劳动证书"，而是一定数额的货币。劳动者领到同他所提供的劳动量相适应的货币，就可以到消费品的市场上任意选购他所需要的消费品。这是一种现成的，并且是最方便、最灵活的形式。在这里，按劳分配通过商品货币交换的形式来实现，商品货币交换成了按劳分配的实现形式。

在社会主义条件下，按劳分配既然要通过商品货币交换的形式来实现，那么贯彻按劳分配就不仅要求劳动的货币报酬同劳动者提供的劳动的

---

[*] 本文原载于《辽宁大学学报》1985年第2期。被辽宁省社科联评为省社会科学优秀成果三等奖。

数量和质量相一致，而且要求职工拿着自己作为劳动报酬的货币去购买消费品时，其价格是合理的，使他所买到的消费品中所包含的劳动量能够同他所提供的劳动量一致。可见，社会主义条件下的城镇住房既是按劳分配的对象，又是商品交换的对象，这两者都要求贯彻等价交换原则，都要求按价值规律办事。

目前，我国城镇存在两种性质不同的住房的租赁、买卖关系。一种是个人私有的住房，发生在城镇居民之间的租赁、买卖关系。这种租赁、买卖关系，同个体商品生产者之间的商品交换关系相类似，但也有所不同。这种住房的租赁、买卖关系，在我国城镇中是少量的、个别的，但又是有益的，是社会主义公有经济的必要补充，应允许其存在和在一定限度内的发展。在我国城镇中大量存在的、起主导作用的是国家所有的住房，发生在国家和城镇居民（主要是全民职工）之间的租赁、买卖关系。我们这里要着重考察的是这种租赁、买卖关系。这种租赁、买卖关系，既是商品交换关系，又是按劳分配的一种实现形式。我们应当全面把握这两个方面的性质和作用，不应只见其一不见其二。但这都要求我们重视价值规律的作用，因为按劳分配的贯彻也要依赖于商品等价交换原则的贯彻。按价值规律办事，不仅是商品交换关系的要求，也是实现按劳分配的要求。所以，房产经济的改革，应当坚定不移地遵循商品等价交换的原则。

但是，几十年来，我们一直把城镇住宅当作福利事业来经营，租赁价格严重地背离价值，租金过低，不仅不能补偿住房的建筑费用，而且连修缮和管理费都不够。如沈阳市近几年市直所管住宅，每平方米建筑面积平均每年支出修缮费 3 元以上，而租金却只收 0.95 元，不足修缮费的 40%。这是对价值规律的背离，也是对按劳分配的破坏。这使我国房产经济陷入困境，也给国民经济的发展造成了极其不利的影响。

第一，租金过低，国家投在建房上的大量资金收不回来，房产部门不能依靠自身的资金周转实现不间断的再生产，断绝了住房再生产的稳定的资金来源。

第二，租金过低，不足维修费，使现有房屋失修失养，破损房、危险房所占比重日益增多，无法充分发挥现有房屋的使用价值。

第三，租金过低，不仅抑制了住房的生产和修缮，也刺激了消费。人们想方设法多住房、住好房，大大助长了走后门、利用职权多占房等不正之风。无房户、缺房户和不合理多占房户同时并存，而且越来越突出，矛盾越来越尖锐。

第四，租金过低，接近白住，实际上是靠国家的大量补贴来维持。谁多住房、多占房，谁就多享受了国家的补贴。这是极不合理的。福利政策实际上成了苦乐不均的政策。

第五，租金过低，靠国家的福利补贴住房，造成了人人伸手向国家"等、靠、要"的局面，把得到住房看成是应享受到的权利，而不需要向国家提供相应的劳动。人们不是靠多劳动、多贡献来改善自己的居住条件。这不利于促进人们社会主义劳动积极性的发挥。这是我国现行经济体制中平均主义"大锅饭"的一个很重要方面的表现。

二　房产经济改革的基本方向和途径

我认为房产经济改革的基本方向是彻底抛弃把城镇住宅当作福利事业经营的一套做法，按商品等价交换的原则调整租赁价格，发挥租赁价格的经济杠杆作用。

有些人也承认住宅的商品属性，但他们还想坚持低租金制，搞平均、定量分配办法。在他们看来，"平均分配住宅同按劳分配并不矛盾"，"住宅的商品属性，并不排斥实行低价政策"。这种看法是难以成立的。

按劳分配就是承认差别，就是在分配上以劳动为尺度，承认劳动差别。它同平均主义是不相容的。哪里存在平均主义，哪里就离开了按劳分配。一方面承认按劳分配；另一方面又要搞平均分配。这实际上是以平均主义代替按劳分配，是口头上的按劳分配，实际上的平均主义。

至于商品的等价交换更是同平均主义相对立的。等价交换不仅要承认人们的劳动差别，而且要承认商品生产者之间各自占有的客观劳动条件的差别。搞平均主义就不可能按商品经济的原则办事，就不能不背离价值规律的客观要求。

另外，有人主张，按价值规律办事、实现住宅"商品化"的主要形式是住宅的买卖，是大量建设向个人出售的商品房，并把现有公有住宅逐步折价出售给住户。我认为这种做法并不可取，也难以行通。

当然，我们既然承认社会主义条件下的城镇住宅是商品，就应当允许把它作为商品进行买卖，国家就可以把住宅卖给职工个人，归个人所有。也应当允许并鼓励个人投资或联合投资建房。在城镇住宅问题上，也应当是在社会主义公有制占绝对优势的前提下，允许多种形式同时并存。这样做，可以调动个人投资建房的积极性、加速房产经济的发展。这都是在社会主义经济轨道上的正常运转，绝不是什么资本主义。

但是，住宅这种商品，由于其使用价值的特殊性，和其他商品相比又有自己的特点，这就是它是一种高值、耐用，并且固着在一定地面上供人们居住的不动产。这种特点使它的流通形式可以买卖，也可以租赁。租赁是住房的零星买卖。恩格斯在《论住宅问题》中指出，"各种商品的使用价值互相差异的地方，就中还在于消费它们所需要的时间的不同。一个大面包一天就吃完了，一条裤子一年就穿破了，一所房屋比方说要一百年才住得坏。因此，对消耗期限很长的商品，就有可能把使用价值零星出卖，每次有一定的期限，即将使用价值出租。因此，零星出卖只是逐渐地实现交换价值"的一种形式。[①] 在这里，出租是零星地分期地出卖，承租是零星地分期地购买。对于住房这种商品来说，"租赁是一种最普通的商品交易"形式。随着生产社会化和房屋建设结构的大型化、高层化，这种租赁形式会越来越发展，在社会主义条件下则不能不成为住宅这种商品流通的主要形式。这还有以下三个原因：一是在社会主义条件下每个人都是靠个人劳动收入，一般一下子难以拿出大量货币收入购买住房；二是社会主义条件下每个职工的工作都应当服从国家统一调动，具有较大的流动性，这种流动性同住房的固定性是个矛盾，租赁是解决这个矛盾的最好形式；三是社会主义国家的城市建设要有统一的规划、合理的布局，城镇住宅的大量的、广泛的私有化，不利于国家有计划的拆迁、改造和建设。

从近几年一些地方进行的出售商品房试点所反映出来的情况看，开始按成本价格全价出售时，能够认购者甚少，出售的数量很有限，局面没有打开。后来改成补贴出售，按成本价格，本人承担1/3，单位补贴2/3，并且分期付款15年付完，才打开了局面。这种补贴出售办法，较之低租分配制，无疑是很大的进步，国家可以在15年内收回建房投资的1/3，重新投入住房的再生产，减少国家建房投资的一部分负担，加速房产建设，缓解目前住房供应的紧张状况。但是这种做法：第一，未从根本上扭转住房靠国家补贴的局面；第二，这种办法的补贴，其数量虽已大为减少，但也相当巨大，推行起来，仍然是国家财政的巨大负担，恐怕是难以为继的，并且存在不合理的因素，仍然是谁买到住房，谁享受到补贴，谁

[①]《马克思恩格斯选集》第二卷，人民出版社1972年版，第532页。

买得多、质量好，谁得的补贴多。这同现有享受到低租金补贴的比较并无问题，但同仍然买不起房或买不到房的无房户、缺房户相比，则又是明显的不合理，存在苦乐不均的问题。所以，长期依靠这种办法作为解决城镇住房问题的基本途径未必合适。

当然，目前试行补贴出售只打算把它作为一种过渡，准备随着工资改革和工资水平、收入水平的提高逐步减少补贴的比重，直至取消补贴，实行全价自费出售。但是，从我国现阶段的经济状况和群众收入水平来看，不仅目前，就是在工资改革、工资水平有显著提高以后，推行全价出售，也将是困难的。即使到20世纪末人均收入达到千元的小康水平，能够一下子拿出一大笔钱，付全价以购买住房者也未必是多数。那时按人均收入千元计，四口之家年收入4000元，如果是付租金，即使按基础租金，租50平方米建筑面积的两室一套，年租金600元左右，占年收入的15%左右，就差不多了。如按这个水平把它积蓄起来，至少要20年才能攒足支付按房屋价值决定的全价房费。如果我们舍去父母等其他因素，一对青年职工，从参加工作之日起，到能够购房结婚安家，恐怕已经四五十岁了。这恐怕是难以行得通的事。更何况按全价自费出售，也要以把房屋租赁价格提高到以基础租金收租的水平为前提。否则更无人认购了。

基于上述原因，我认为，城镇住宅"商品化"的主要形式不是售卖，而是以价值为基础调整租赁价格，贯彻等价交换原则。在这个问题上我们必须从总体上、从长远上看，而不能着眼于一时。主张用售卖代替租赁为住房流通的主要形式的同志可能想以此来摆脱居民住房问题上的包袱。但住房是否成为包袱绝不在于它采取何种流通形式，而在于其价格是否符合价值，是否按价值规律和其他经济规律办事。

以价值为基础调整租赁价格，收取租金，租金中应当包括：（1）房屋按价值的逐年、逐月的折旧费。房屋的价值中既要包括成本，也要包括利润，是建筑材料和其他生产资料转移的价值和建筑工人劳动所创造的全部价值的总和。（2）管理费、维修费（这里也应包括维修工人为国家或社会创造的利润）。（3）尚未收回、被住房占用的资金和利润的利息。这是要通过银行上交国家的对国家资金占用的补偿。（4）地租。租金中只有包括了这些内容才符合价值规律的要求。

以价值为基础收取租金，租金中包括了上述内容，其好处是：

第一，国家房产部门就可以通过收取租金逐步收回房屋建设上的投资和利润，可以依靠自身的资金的循环运动，实现住房建设的简单再生产和扩大再生产，使住房建设不断发展，以适应日益增长的住房需要。

第二，国家房产部门还可以通过收取租金，取得房屋的管理费和修缮费，依靠这笔费用，可以搞好现有房屋的维修和保养，充分发挥现有房屋的作用，彻底扭转目前房屋失修、失养的状况。这将是一个很大的节约。目前全国城市住宅7.1亿平方米，如延长使用1年，等于新建1420万平方米，相当于国家每年平均新建住宅2565万平方米的55%。

第三，租赁价格与价值一致，支付租金就不是轻而易举的事，多住房就不是便宜的事。这可以从经济上鼓励人们节约使用住房。争房、抢房的事会杜绝。走后门、利用职权多占房的不正之风也会根除。原来多住、多占的住房，也会自动让出。从而可以使现有住房的分配和使用真正合理化，充分发挥房屋的使用效益，大大缓解住宅的紧张局面。

第四，租赁价格同价值一致，使买房、建房在经济上再不是吃亏的事，可以从经济上鼓励私人买房、投资建房的积极性，打开群众投资、集资发展房产经济的渠道。

第五，可以使几十年来投入房产建设的资金，一下子由死变活，逐步收回，集中到国家房产部门，使房产建设有了雄厚而稳定的资金来源；使房产建设部门和其他国民经济部门一样，成为一个强大的物质生产部门发展起来。这又使它可以吸引大量的劳动力就业，并带动钢铁、建材、建筑制品等工业部门的发展，促进国民经济的良性循环。这样，房产部门将由原来的国民经济发展的累赘变成强大的动力。而且，由于住宅的消费弹性很大，市场很广阔，房产建筑业还会成为国民经济稳定增长的强大支柱。

第六，这样做，人们为解决自己的住房问题，改善自己的居住条件，就不是向国家伸手"等、靠、要"，也不是利用种种不正当手段去多抢、多占，而是孜孜不倦地学习，兢兢业业地工作、劳动，为社会多作贡献，按照自己的贡献取得支付租金的报酬。这就有助于激发人们的社会主义劳动积极性，改善社会风气，促进社会主义精神文明建设和整个社会主义事业的发展。

第七，有助于消除城乡差别。恩格斯在《论住宅问题》中就反复强调消除城乡对立对解决住宅问题的意义。消除城乡对立的关键是消除剥削制度。这一点我们已经做到了。但进一步解决住宅问题，还要逐步消除城乡差别，解决城市人口过分集中问题。目前城乡差别的表现之一是农村住房是自建、自理、自住，城市则是公建、公理、私住。农村住房自建要花很大一笔钱才行，城市租房只拿少许租金即可。这是使一部分农村人口盲目流向城市，已经进城的人口又不愿意离开城市，回农村谋求职业，使城镇人口过分集中，超越了生产发展的需要和城市建设所能承担的能力的原因之一。把城镇住宅的租赁价格调到同价值一致的水平上，租房对于职工来说虽然很方便，但在经济上并不比自建便宜。这就从经济上消除了城乡在这方面的差别，有助于缓解城镇人口过分集中和住宅不足的矛盾。

所以，这样的改革是振兴房产经济，解决好住房问题，促进国民经济发展的根本途径。这样的改革不管开始会碰到多大困难，遇到怎样的阻力，都应当坚定不移地进行下去。

有人认为我国当前实行低工资制，大幅度提高租金是办不到的。当然，在现有工资水平不变的情况下，大幅度提高群众住房租金是行不通的。但问题在于现有工资水平低的原因除了由于我国当前生产发展水平低，还由于在国民收入中用于个人消费的部分，有相当一个数额没有以劳动为尺度，以工资的形式支付给职工个人，而是以福利基金或住房补贴金的形式，支出在住房的建设和维修上。职工工资如此之低，并不是由于在国民收入分配上消费基金的比重太少，而是由于有一部分没有以工资的形式支付给职工个人，却把它用在一经支出就不能收回的住房的建设和修缮上了。国家的钱是已经支出了，问题是怎样支出为好。实践证明，现有这样的支出弊病太多、效益极差。如果我们转换一下支出的途径，把这笔钱用在提高工资上，然后职工按房价交租，从而使国家房产部门可以收回住房建设的投资和利润，可以依靠自身的资金周转实现住房的再生产和维修。这样做，国家不见得就多支出，职工却有了支付房租的能力；国家房产部门就可以实现企业化管理，有效地运用经济杠杆，按价值规律和其他客观经济规律的要求办事，来开创我国房产经济发展的新局面。

三　逐步过渡的妥善办法

改革房产经济，必须改革租金制度，实现以价值为基础的租赁价格政策。这个目标应当是坚定不移的。但这绝不是可以一蹴而就的，而是必须从实际出发，找出一个逐步过渡的适当办法。这是因为：第一，大幅度地提高房租，需要相应地提高职工工资，这就有待于同工资改革同步进行。第二，社会主义时期住房分配应当体现按劳分配，遵循等价交换原则，但长期以来所实行的是一套福利办法。要改变这套做法，牵涉群众的切身利益，不可草率从事，一定要找出一个妥善的过渡途径。这就需要经过认真研究、反复测算，并要经过试点总结经验，才能定下来的。我的初步设想如下：

第一，租金改革必须以实现按价值确定的基础租金为目标。但一下子难以提得这样高，可以分两步：第一步，提高到成本租金的水平，使租金的最低经济界限不低于成本，即不少于按成本计算的折旧费、修缮费、管理费三项因素之和。第二步，随着工资改革的进行和工资水平的提高，条件具备时，再由成本租金提高到按价值确定的基础租金的水平。

第二，变暗补为明补。这就是承租者按国家统一制定的按质论价的租金标准向房产部门交租，同时，又按国家规定的住房标准享受和领取补贴金。这部分补贴金，由单位或地方财政补贴。地方或单位一般不再集资建房，把这笔钱用在租金补贴上。城镇住宅的建设、维修和管理，由国家房产部门，依靠收取的租金统一进行。房产系统也要政企分开，实现企业化，提高经济效益，不再依赖国家投资或补贴。

第三，改变补贴办法，把享受补贴和实际住房分开。现在，越来越多的同志主张把国家的财政补贴由暗补改为明补。但他们所提出的办法还是把补贴和实际住房连在一起，只是把超过规定标准部分加倍收租、不予补贴，在规定标准以内还是住多补多、住少补少、不住不补。这解决不了标准以内苦乐不均的不合理问题。因而也解决不了标准以内的"等、靠、要"以及争房、抢房和走后门等不正之风。所以，这种做法，虽然有所进步，但弊病仍然很多，问题仍然不能彻底解决。为了解决这个问题，必须把享受补贴和实际住房分开。职工个人一律按其实际住房数和国家统一的租金标准交租（任何人不得例外），同时又按国家规定的住房标准享受和领取补贴金，任何人都可享受。这样做，多住房，要按等价交换原则多交租，一点不少交；少住房，同样按住房标准领取补贴，一点不少得。这样做，多住房一点也占不到便宜，少住房一点也不吃亏，真正做到公平合理。这样做，才能在仍然保留住房补贴，从整体上不增加或不大增加群众支出的情况下，让租赁价格同价值基本相符，充分发挥租赁价格的经济杠杆作用，促进房产经济发展，调节住宅的供求，解决供求矛盾；才能鼓励节约住房，彻底扭转"等、靠、要"的局面，使住宅的分配和使用日益合理化，缓和紧张状态。

第四，适当确定住房租金的个人承担额，确定它在个人消费支出中的适当比重。由于长期以来一直把城镇住宅当作福利事业经营，我国城镇住房租金占职工家庭消费支出总额的比例一直很低，并一再降低。目前只占2%—3%（资本主义国家现在通常占20%—30%）。周恩来同志在1957年党的八届三中全会上就明确指出：必须适当提高职工住公房的收费标准，每月房租一般占职工工资收入的6%—10%，平均占8%左右。现在应当按周恩来同志这个指示精神，第一步把个人对住房租金的负担额提高到占职工工资收入的6%—10%，平均占8%的水平上来。以后随着工资改革和工资水平的提高再逐步把这个比例提高到15%—20%。这个比例提高的前提应当是不至由此而降低其他消费支出的水平，并且应当是在其他消费支出的水平也能逐步有所提高的前提下，来提高住房租金支出所占的比重。

在这里，由于各个职工的工资收入水平不同，其所应承担的租金额是不同的，从而享受和领取的住房补贴也不同。收入低的职工，享受和领取的住房补贴要多些。这是对收入低的职工的照顾，是应当的、合理的。例如，有甲、乙二人，其收入水平不同，假定甲每月200元，乙每月100元，按住房标准面积个人承担租金都占其工资收入10%计算，甲每月应承担租金20元，乙每月为10元。如果按规定两人应享受的标准住房面积相同，假定都是50建筑平方米，其租金额按成本租金计算，又都是30元，那么，甲每月应享受住房补贴为10元，乙为20元。从这里也可以看出，按照这样的做法，随着生产的发展和工资收入水平的提高，随着职工个人可承担房租额占家庭收入比例的逐步提高，国家所承担的房屋补贴金将逐步减少。并且，将有一批一批的住户由于按自己家庭收入中依比例可承担的房租额已经达到或超过了其标准住房所需房租额，而陆续地离开被补贴的队伍。这表明这个方案可以实现它所要实现的逐步过渡的目的。

但也还会有一些收入低、负担重的困难户、五保户，长期需要由国家继续予以补贴。这样所遗留下来的福利性补贴的长期存在，才是必要的，才是社会主义制度优越性的一种表现。

第五，补贴还要适当地和企业经营状况挂起钩来。为了不增加国家财政压力，补贴应按原来解决职工住房的渠道，分别由企业或地方财政负担。党政机关和文教卫生事业单位的职工，只能由地方财政负担。其数额可按个人负担占家庭工资收入8%的平均水平补。除了政策性亏损的企业，其余企业都应负担所属职工住房补贴金，由福利基金开支。其数额可按个人负担占家庭工资收入 6%—10% 浮动。企业经营好、收益高，可按职工个人负担占家庭工资收入 6% 来补；经营情况不好、收益低，应按个人负担占家庭收入的 10% 来补。这种把享受补贴的数额同所在企业生产经营状况联系起来的办法，有利于人们关心自己企业生产经营状况的改善，有利于经济效益的提高。

总之，我认为，作为改革中的一种过渡办法，上述这些是可行的。这些做法，既承认了、照顾了目前房租政策上已存在的福利性，保留了福利性的合理因素，照顾了群众的当前利益，又坚持了按价值规律和按劳分配原则的要求改革租金制度的基本方向；既可以随着生产的发展、工资改革的进行和工资水平的提高，逐步减少国家的补贴，又使那些工资收入低的职工，能得到较多的和较长时期的福利性补贴照顾；既主要照顾了低收入的职工，又兼顾了各方面的利益。通过这种办法实现逐步过渡，哪一部分群众都可以接受，只是那些不合理多占房的人将受到经济上的一些损失。但这是完全应该的。这不是使他们吃亏，而是不能再白占国家和人民的便宜罢了。

住房问题能否得到适当解决，是人民生活中和国家建设中一个重大问题。我们应当认真研究探索出一条改革我国房产经济体制，发展我国房产经济的正确途径。这也是探索具有中国特色的社会主义现代化建设道路的一项重要内容和当前城市经济体制改革的一项重大课题。

我国不应以售卖为实现住宅商品化的主要形式[*]

改革我国现行的城镇住宅制度，必须逐步实现住宅的商品化，按照商品经济原则，以实现住宅建设资金的良性循环。这在我国房产经济学界已取得了一致的认识。但是，住宅商品化的主要形式和主要途径是什么？能否把出售作为城镇住宅商品化的主要形式，把私有化作为解决我国城镇住宅问题的主要途径呢？这是个有待认真研究的问题。在讨论我国城镇住宅经济改革的文章中，很多人主张出售，他们几乎把商品化和出售看成是一回事，我对此持有不同看法。我在《辽宁大学学报》1985年第2期的文章中，曾经讲过此点，这里准备进一步谈谈我的看法。

一　售卖不能成为我国住房制度改革的基本方向

我认为，按价值规律办事，实现住宅"商品化"的主要形式不是住宅买卖，既不是把新建的住房出售给个人，也不是把原有住宅折价卖给住户，而是按商品等价交换原则逐步调整租金。

当然，我们既然承认社会主义条件下城镇住宅是商品，就应当允许把它作为商品进行买卖，国家就可以把住宅卖给职工个人，归个人所有。也应当允许并鼓励个人投资或联合投资建房。在城镇住宅问题上，也应当是在社会主义公有制占绝对优势的前提下，允许多种经济形式同时并存。这可以调动个人投资建房的积极性，加速房产经济的发展。

但是，在社会主义条件下，买卖，绝不能成为住宅这种商品的主要流通形式。住宅这种商品，由于其使用价值的特殊性，和其他商品相比，有着显著的特点。这就是，它是一种高值、耐用，并且固着在一定地面上供

---

[*] 本文原载于《房地产经济》1986年第2期。全文收入中国人民大学复印报刊资料的两个复印集：《经济理论与经济管理》和《外国商品经济》。

人们居住的不动产。这种特点，使它的流通形式可以买卖，也可以租赁。租赁是住房的零星买卖。对此，恩格斯在《论住宅问题》中早已讲明，"各种商品的使用价值互相差异的地方，就中还在于消费它们所需要的时间的不同。一个大面包一天就吃完了，一条裤子一年就穿破了，一所房屋比方说要一百年才住得坏。因此，对消耗期限很长的商品，就有可能把使用价值零星出卖，每次有一定的期限，即将使用价值出租。因此，零星出卖只是逐渐地实现交换价值"[①] 的一种形式。在这里，出租是零星地分期地出卖，承租是零星地分期地购买。对于住房这种商品来说，恩格斯指出，"租赁是一种最普通的商品交易"形式。我认为，随着生产社会化和房屋建设结构的日趋大型化、高层化，这种租赁形式会越来越发展，在社会主义条件下则不能不成为住宅这种商品流通的主要形式。之所以如此，还有以下几个原因：一是在社会主义条件下，每个人都是靠个人劳动收入，一般一下子很难拿出大量货币收入购买住房；二是社会主义条件下每个职工的工作都应服从国家的统一调动，有些职工具有较大的流动性，这种流动性同住宅地理位置的固定性是个矛盾，租赁是可以解决这个矛盾的最好形式；三是不用说今后越来越高层化、大型化的住宅楼，就是现有的住宅，一栋楼也往往要住几十户、上百户，如果都售给职工个人，一栋楼有几十个、上百个产权所有者，这将给管理和维修带来种种的矛盾和困难；四是社会主义国家的城镇建设要有统一的规划、合理的布局，城镇住宅的大量的、广泛的私有化，不利于国家有计划地拆迁、改造和建设。所以，个人住宅的私有化绝不能成为社会主义条件下城镇住宅经济的发展方向，出售绝不能成为我国改革房产制度、实现城镇住宅商品化的主要形式。实现住宅商品化的主要形式，只能是以价值为基础调整租赁价格。

二 推行售卖制将是困难的

从近几年一些地方出售商品房的试点情况来看，开始时按成本价格全价出售，能够认购者甚少。后来改为补贴出售，按成本价格，本人只承担1/3，单位补贴2/3，并且可以分期付款，15 年付完，才打开了局面。这种补贴出售办法，较之低租分配制，无疑是很大的进步，国家可以在 15 年内收回建房投资的 1/3，重新投入房屋的再生产，减少国家建房投资的

[①] 《马克思恩格斯选集》第二卷，人民出版社 1972 年版，第 532 页。

一部分负担，加速房产建设，缓和住房的紧张状态。但这种做法：第一，未从根本上扭转住房靠国家补贴的局面；第二，这种补贴的数量虽大为减少，但也相当巨大，仍然是国家财政的巨大负担。

从目前情况来说，要购买一套两居室，使用面积45平方米的住房，即使按成本价格（由折旧费、维修费、管理费、投资利息四项因素构成）计算，并且本人只承担50%的优惠的办法，也需要支付购房费一两万元，一下子能支付得了的职工，恐怕很少。即使可以分期付款，按首先至少要交20%的规定，一开始也要支出四五千元，不用说困难户，这对一般收入水平的家庭，也是困难的，何况，随后还要每年平均支付近千元的分期付款，对于一般家庭来说，这是难以办到的。

至于从经济上来说，同支付租金租房比较，职工能否愿意支付巨款买房，则更成为问题。这里问题最大的是原来已住公房的职工。他们如果把交租改为购买，首先一下子就要支付数千元，它在银行的利息，平均每年就是几百元（超过了租金），更不用说以后还要支付分期付款。这样，不用说一般职工支付房价有困难，就是手中有钱的少数人，也不会愿意把租房改为买房。愿意在享受优惠条件下买房的，恐怕只是那些手中有钱，而又确实无房或缺房，并且在短期内又分不到住房的人。而这是少数的。于是，这里将出现这样的局面，同意买房的人，他们并没有住上公有住房，已经住上公房的职工，却不愿意买房，能把他们撵走，然后把腾出来的住房卖给没房而愿意买的人吗？这样，国家能够拿出来出卖的只有那些新建出来尚未住人的或者是那些由于超标准要交高房租因而愿意退出来的一部分公有住房。至于那些大量的、被人们住着的原有住房，要推行售卖制将是困难的。

就是到2000年，人们生活达到小康水平，广泛推行住房售卖制，恐怕也是困难的。那时，如果人均年收入达到人民币2000元，四口之家年收入8000元，如果是租房，即使是按全额商品租金，租50建筑平方米的两居室的一套，全年房租有600元就够了，只占年收入的7.5%。如果是买房，按照这个水平进行积蓄，至少20年才能攒足按全价支付的购房费。如果加倍积攒拿出年收入的15%也要10年。青年职工收入低，拿出收入15%进行积攒，恐怕要更长的时间才能攒够。而租房则不同，即使是按价值的全额租金交租，也不会存在这样的困难，所以，即使到2000年以后，人们也是愿意租房，而不愿意买房。而对于国家来讲，按商品价值出租和按价值出卖，在经济上是一样的，同样可以搞活房产经济，依靠房产经济自身收入实现房产建筑业的扩大再生产。

目前推行住房出售制，可能有一种特殊作用，这就是，似乎可以使国家由此而摆脱居民住房问题上的包袱。但住房是否成为包袱绝不在于它采取何种流通形式，而在于是否真正把它当作商品经营，是否按价值来确定价格，是否按价值规律和其他经济规律的要求办事。

在我国社会主义条件下，不能推行城镇住房的出售制，把国家所有的住房转为个人私有的住房，还有一条很重要的原因，那就是我国社会主义经济虽然允许多种经济形式同时存在，但必须以公有制占绝对优势为前提。整个国民经济如此，房产经济亦应如此。把全民所有的城镇住宅大量地、广泛地转为居民个人所有，实现居民住宅的私有化，同这种要求是相矛盾的。当然，城镇职工个人居住的住宅，是消费资料，但也应当看到，住宅这种消费资料和其他日用消费资料还有一点明显的区别，那就是由于这是一种高值、耐用的不动产。它既可以成为买卖对象，又可以成为租赁对象，它可以转化为生产资料，这就有可能使一些人借此谋取非劳动收入。当然，对此，我们可以通过行政的、法律的和经济的手段加以适当限制。这种经济上的可能性毕竟是存在的。因而，就不宜把住户个人私有制作为城镇住房经济的主要形式或发展方向。

三 恩格斯给我们的启示

实际上，恩格斯在《论住宅问题》一文中，在批判蒲鲁东主义者"把废除住宅租赁制"，使"每个承租人变成自己住房的所有者"作为解决资本主义社会里日趋严重的住宅问题，消除资本主义病害的万灵药方时所作的论述，就已经为我们解决我国社会主义条件下住宅问题，提供了重要的启示。我看，其中至少有如下两点是不可忽略的：

1. 蒲鲁东主义在住宅问题上的主张，其所以是反动的，不仅是因为蒲鲁东主义者主张在不触动资本主义制度基础的条件下来解决本来是由于资本主义剥削制度所造成的日趋严重的住宅问题，而且是因为，他们还要按小资产阶级的模式来处理这个问题，让工人重新成为自己的房屋、土地的小私有者，这是要把历史拉向倒退。恩格斯指出，蒲鲁东主义者"哀叹工人被逐出自己的家园是一个大退步，殊不知这正是工人获得精神解放的最首要的条件"①。因为"正是现代大工业把先前被束缚在土地上的工人变成了一个完全没有财产、摆脱一切历来的枷锁"的无产者,"正是在这个经济革命造成的条件下才可能推翻剥削劳动阶级的最后一种形式,即资本主义生产形式"。②

2. 恩格斯指出,在大城市中,随着地价日益提高,住宅建筑日趋高层化、大型化,在一栋楼内,往往"住着十家、二十家、三十家人。假定说在宣称赎买一切出租住宅的救世法令颁布的那一天,有一个名叫彼得的工人在柏林一家机器制造厂做工。经过一年以后,假定他成了汉堡门附近他所住的五层楼上的一个小房间的 1/15 的所有者。后来他失业了","既然一座有多层楼房的大楼中,比方说,共有二十套住宅,而这座大楼在赎买期满和住宅租赁制废除后也许就要分属散居世界各处的三百个部分所有者,那末对于任何一座这样的大楼中的所有权关系将怎么处置呢?"③在我国社会主义条件下,并不存在随时被解雇而变换居住地点的情况,但一栋楼中居住的职工户数已经大大超过了二三十户,而且工作的变动性同楼房的固着性的矛盾也是存在的,因而,恩格斯所提出的"所有权关系"问题也是不能不存在的。

显然,恩格斯在这里所批判的蒲鲁东主义者在解决住宅问题上的反动主张,同我们在我国城镇住房制度改革中准备把公有住房售卖给职工个人的做法在本质上是不同的。但有一点是值得注意的,这就是恩格斯在批判蒲鲁东的小资产阶级社会主义反动思潮时,从未提到过在无产阶级革命后可以实现职工住宅的个人所有制。相反,恩格斯却讲"只要消灭资本主义生产方式这件事一开始,那问题就不是给每个工人一所归他所有的小屋子,而完全是另一回事了"④。他认为,"有一点是肯定的,现在各大城市中有足够的住宅,只要合理使用,就可以立即帮助解决真正的'住宅缺乏'问题。当然,要实现这一点,就必须剥夺现在的房主,让没有房子住或现在住得很挤的工人搬到这些住宅里去。只要无产阶级取得了政权,这种有关社会福利的措施就会象现代国家剥夺其他东西和占据住宅那样容

---

① 《马克思恩格斯选集》第二卷,人民出版社 1972 年版,第 477 页。
② 同上。
③ 同上书,第 482、483 页。
④ 同上书,第 503 页。

易实现了"①。

  这里,恩格斯向我们提出了无产阶级国家解决住宅问题的革命措施和福利办法。我认为,现在仍然应当肯定,作为无产阶级革命胜利后的最初行动,这种措施是必要的、理所当然的,是满足群众要求、巩固和发展无产阶级革命胜利成果所必需的。但实践又证明,社会主义国家不能把房产经济当作福利事业长期经营。无产阶级国家必须本着按劳分配的要求,贯彻商品等价交换的原则,逐步改革城镇住宅经济,实现城镇住宅的"商品化"。但住宅的"商品化"的形式,不一定是出售,也可以是租赁。而且用恩格斯所提示的思想进行分析,这种住宅"商品化"的主要形式、主要方向,不应当是售卖,不应当是实现职工住宅的个人私有化,而应当是按商品等价交换原则来改革低租金制度。

---

① 《马克思恩格斯选集》第二卷,人民出版社1972年版,第485页。

我国房产经济改革的目标模式与实施办法[*]

一

在社会主义条件下，城镇住宅和其他消费品一样，既是按劳分配对象，又是商品交换的对象。在流通中贯彻等价交换原则，是分配上实现按劳分配的必要条件。我国城镇住宅经济改革的目标模式必须从这种经济性质和客观规律的要求出发，实现两个方面的过渡：一方面，要从过去的福利分配制逐渐向按劳分配过渡；另一方面，要实现由低租金制向以价值为基础的商品化租金过渡。逐步做到，使城镇职工都凭自己按劳分配的货币收入去支付由商品价值决定的住房租金，取得住宅的使用权。这就是我国城镇住宅经济改革的基本目标。

这里碰到了我国城镇住宅商品化应采取什么主要形式，是应以出售，还是以出租为主的问题。我主张应以出租为主而不应以出售为主。因为：(1) 居民一下子拿不出那么多钱；(2) 出售后不好管理；(3) 发展住宅私有化，不好解决住宅地理位置的固定性和职工工作具有流动性的矛盾；(4) 住宅私有化不利于有计划的拆迁、改造和建设。我之所以极力主张通过改革租金制度，把租赁价格提高到同价值相符合的水平上，来实现城镇住宅的商品化，是因为租赁是实现住宅商品化的一种最灵活、最容易为群众所接受的形式。只要我们逐步把住房租金提高到以价值为基础的基础租金的水平：

第一，国家房产部门就可以通过收取租金，逐步收回住宅建设上的投资和利润，可以依靠自身的资金的循环运动，实现住房建设的简单再生产和扩大再生产，使住宅建设不断发展，以适应日益增长的住房需要。

---

[*] 本文原载于《经济科学》1987 年第 3 期。全文收入中国人民大学复印报刊资料《城市土地管理》。并被沈阳市社科联评为优秀论文二等奖。

第二，国家房产部门就可以通过收取租金，取得房屋的管理费和修缮费，搞好现有房屋的维修和保养，充分发挥现有房屋的作用，彻底扭转目前房屋失修、失养的状况。

第三，租赁价格与价值一致，支付租金就不是轻而易举的事，多住房就不是便宜的事。这可以从经济上鼓励人们节约使用住房，杜绝争房、抢房和走后门、利用职权多占房的不正之风。原来多住、多占的住房也会主动让出。从而使住房的分配和使用真正合理化，充分发挥现有住房的使用效益，缓解住宅的紧张局面。

第四，租赁价格同价值一致，使买房、建房在经济上不再是吃亏的事，可以从经济上鼓励私人买房、建房的积极性，打开群众投资、集资发展房产经济的渠道。

第五，还可以使几十年来投入房产建设的大量资金，一下子由死变活，逐步收回，集中到国家房产部门，使房产建设得到雄厚而稳定的资金来源；使房产建设部门成为一个强大的物资生产部门，并进而吸收大量的劳动就业，带动钢铁、建材、建筑制品等工业部门的发展，促进国民经济的良性循环。这样，房产部门将由原来国民经济发展的负担，变成强大的动力，成为国民经济稳定增长的强大支柱。

第六，这样做，人们为解决自己的住房问题，改善自己的居住条件，就不是向国家伸手"等、靠、要"，也不是利用种种不正当手段去多抢、多占，而是努力学习、工作、劳动，为社会主义多作贡献，按照自己的贡献取得支付租金的报酬。这就有助于激发人们的社会主义劳动积极性，改善社会风气，促进社会主义精神文明建设和整个社会主义事业的发展。

第七，可以消除改革劳动制度、实现劳动力合理流动的障碍。因为，在低租制下，单位都不愿意把住房分配给合同工；同时有的单位还用收回住房来限制固定工的流动。

第八，有助于消除城乡差别，缓解人口过分集中问题。目前城乡差别的表现之一是农村住房是自建、自理、自住，城市则是公建、公理、私住。农村住房自建要花很大一笔钱，城市租房只拿少许租金即可。这是使一部分农村人口盲目流向城市，已经进城的人口又不愿离开城市，从而使城镇人口过分集中的原因之一。把城镇住宅的租赁价格调到同价值一致的水平上，租房对于职工来说虽然很方便，但在经济上并不比自建便宜。这就从经济上消除了城乡在这方面的差别，有助于缓解城镇人口过分集中和住宅不足的矛盾。

既然我国城镇住宅经济改革的目标模式应当是通过逐步把租赁价格提高到以价值为基础的全额租金的水平,实现住宅的商品化,那么,我们就应当实事求是地总结改革试点工作经验,适时地把改革试点工作的着眼点转移到寻找改革租金制度的适当办法上来。

二

1985年下半年,国务院初步拟定了关于改革城市现行住房制度的《试点方案》,1986年5月份华东地区在扬州召开的会议上交流了"常州方案"和"锦州方案"。这里,我想就租金制度改革方面,特别是关于补贴问题,谈点看法。

(一) 关于补贴的依据问题

《试点方案》规定,新建住宅出租,标准内部分实行明补,而旧有住宅,标准内部分却实行暗补,暗补由产权单位承担,对职工不发生现金问题。

这种做法包含两方面的含义:一是超标准不补,这是对的;二是标准内部分按实际住多少补多少。多住多补,少住少补,没有住着公房的不补,这就不好了。现在不是所有职工都能按标准住到公房,因而,这种做法没有改变标准内多住多补、少住少补的不合理状态。与此相联系,这种做法不能从根本上消除争房、抢房的矛盾及由此而来的种种不正之风。

我认为从根本上解决这个问题,必须把补贴和实际住房彻底分开。补贴,一律按应享受的住房标准进行,真正体现补贴的福利性和公平合理性;交租,一律按实际住房和租金标准,体现商品等价交换原则。这才是真正按经济规律办事,才能用经济手段推动人们节约用房。因为这样做,节约用房可少交租金,但并不由此而少享受补贴,多住房多交租金,但并不因此而多享受补贴。这样才能充分发挥现有住房的使用效益,并消除在住房问题上的种种矛盾、苦乐不均现象和不正之风。

为了把补贴和实际住房彻底分开,就必须全部实行明补。《试点方案》对旧房标准内部分实行暗补,这实际上还是把占我国城镇住房绝大部分的现有住房继续当作福利事业来经营,没有按商品化的要求进行改革。因为在旧有住宅中,超标准居住的为数很少。这种为数很少的超标准房,实行新租金以后,其中多数将被退让出来,分给标准内住房不足的职工去住。这当然是好事。但这些旧有住房也就将被标准内居住，基本上还是实行原来的低租制。这样在标准内争房的问题绝不会减少。相反地，当人们知道了这种暗补的数量之后，不足标准的人争房的积极性将会增大。

（二）关于补贴标准中要不要考虑家庭人口中赡养人口多少的问题

《试点方案》中所规定的住房补贴标准是依据就业职工数和领导干部的职务。对赡养人口的补贴，不是按各家庭的实际人口，而是以平均值纳入职工人均补贴额15平方米之内（即含赡养人口6平方米），这样，各家庭人口的实际差别在补贴标准中没有反映。这样的标准只同按劳分配的要求相一致，却没有反映出补贴应有的福利性要求。

首先应当肯定，在社会主义时期，住房的分配，应当体现按劳分配原则的要求。这种要求首先应当在工资中体现出来。过去我们实行低租金制，在工资构成中基本上不包括住房部分，这一部分是通过暗补来分配的。这种办法很不合理，弊端很多，现在由暗补改为明补实现住宅商品化，在明补中首先就应当反映按劳分配因素的要求。这是理所当然的。过去在暗补中也有这方面的因素，例如各地住房的分配标准米数的多少，首先看职务，这就是按劳分配方面的要求。在由暗补改为明补之后，这方面的要求仍然应当反映。但是，在过去的暗补中也还有人口的因素，这表现为在各地、各单位在分房标准中，一般都考虑人口的因素。在分配住房问题上，考虑人口的因素是福利性的要求，具有社会保障性质。在由暗补变成明补之后，这个因素可不可以取消呢？

在由暗补变为明补以后，这种福利因素，可以逐步缩小，但不能取消。首先这是因为这种福利因素是历史上长期形成并遗留下来的既成事实。如果在明补中一下子把它取消了，就会使那些职务低、家庭人口多、就业人员少、本来就比较困难的家庭补贴减少，房租支出增多，使他们的生活水平下降，甚至难以维持。相反，却使那些人口少、就业职工多、职务高的人家一下子显著地增加了收入。两下一对比，矛盾就会突出出来，以致影响社会的安定团结。这是应当预料到的。

其次，对于我们这样经济不发达、人均收入还比较低的社会主义国家来说，这种福利因素，还是不可缺少的。

应当承认福利性的东西带有明显的平均主义的性质，它同按劳分配、等价交换原则都是不相容的。随着生产的发展，在消费品的分配上我们应当逐步削减福利因素，扩大按劳分配的贯彻程度。但是社会主义国家对人们的衣、食、住的基本需要，一般应给以最低保障。按劳分配原则拉开收入差距、生活水平的差距，只能以此为前提。所以，在经济发展水平还比较低，人们的收入还比较少的现实条件下，在贯彻按劳分配的同时，还不能不存在一些福利性的因素。在住房这种消费补贴中，就应当保留适当程度的福利因素。这就是对赡养人口的差别，在住房补贴中要有所反映。

如果我们在补贴上不考虑这个因素，就会增加需要由国家来救济的困难户。那些职务低、就业人口少、赡养人口多的家庭，本来就是比较困难的，现在由于住房补贴不包括人口因素，取消了福利性，他们的收入就会更低，支出就会更要增加，生活就要更加困难，这样做，国家并未减少支出，只是使那些职务高、就业人口多、赡养人口少的富裕户增加了收入，更加富裕了。而救济困难户的担子却加大了，又落到了国家的身上。这只能扩大社会矛盾，加重国家负担。

这里有一个问题，我这里又在强调住宅补贴上的福利因素，这和承认社会主义条件下住宅是商品，要实现住宅的商品化是不是矛盾呢？我认为不矛盾。这是两个不同方面的问题。就住房基金的分配标准来说，在社会主义条件下应当遵循按劳分配原则，在现实条件下，还要承认一定程度上的福利因素。但就住房的流通形式来说，又要采取商品等价交换的形式，这同其他消费品要依据按劳分配原则来分配，但要通过商品等价交换来实现是一样的。

（三）要不要考虑工龄或资历因素问题

我想，在补贴标准中，还应有工龄因素、资历因素。根据按劳分配原则的要求，在固定工资中，有工龄因素、资历因素。国家工作人员的工资构成，就是由基础工资、职务工资、工龄工资这三部分组成的。工龄工资是其中不可缺少的一部分。现在的工龄工资和整个工资构成都是处于低标准的。原因之一是有一部分消费基金没有纳入工资，而是以补贴的形式支付给职工的。其中一个最大的项目就是住房补贴。这种补贴过去是暗补，现在要转为明补。过去在暗补时有工龄或资历的因素，无论工矿企业，还是机关团体，在分房中都有相应规定，解放前的、解放后的、工龄长的、工龄短的，都有所区别。现在由暗补转为明补，也应当有这个因素。这既是对老同志的尊重和照顾，又是对他们以往长期所作贡献的补偿。这无论从按劳分配上看，还是从社会道德上看，都是应当的。

三

改革房产经济，必须按商品等价交换原则改革租金制度，实现以价值为基础的租赁价格政策。这个目标是要坚定不移的，但实现这个目标不能一蹴而就，也不能操之过急，必须采取妥善的过渡办法，有步骤的逐步实现。应当采取什么样的逐步过渡的办法，这是改革实践上需要解决的重要课题，需要深入探索。

第一，租金改革应当分两步，第一步提高到成本租金的水平，使租金不低于成本，即不少于按成本计算的折旧费、修缮费、管理费和资金占用的利息等项因素之和，然后随着生产的发展、工资水平的提高，条件具备时，再由成本租金提高到按价值确定的基础租金的水平。

第二，变暗补为明补，并且把享受补贴和实际住房分开。每个职工一律按其实际住房面积和新的统一规定的租金标准交租。同时又按规定的住房标准享受和领取补贴，任何人都可以同等地享受。这样做，多住房一点也不多占便宜，少住房一点也不吃亏，真正做到公平合理。这样做，才能充分发挥租赁价格的经济杠杆作用，促进房产经济的发展，调节住宅供求，解决供求矛盾。这样做，才能鼓励节约住房，扭转"等、靠、要"的局面，使住宅的分配和使用日趋合理化，缓解住宅的紧张状态。

第三，确定合理的住房标准。这是明补的依据。确定住房标准面积，既要首先反映按劳分配的要求，由职工、职务、资历三个方面的因素确定；又要适当承认现存的福利因素，把实际赡养人口数作为一项根据。这应当参照现有住房标准来拟订。

第四，要适当确定住房租金的个人应承担额，确定它在个人（家庭）消费支出中应占的适当比重，这是决定明补的补贴额的重要条件或因素之一。从个人或家庭来看，其应当享受的住房补贴额由三个条件或因素决定：（1）按标准应得到的住房面积；（2）新的租金标准；（3）个人应承担的租金额。每户应享受的补贴金额，等于标准住房面积乘以每平方米标准租金额的积与个人应承担的租金额的差额。我主张，这次租金改革的第一步，应把个人对住房租金的承担额提高到占职工工资和其他固定收入的6%—10%，平均占8%的水平上来。这样做，可以适当改变个人的消费构成，减少对高档消费品的压力，减轻目前已经形成的巨大的潜在购买力给市场和物价所造成的威胁。

第五，补贴要适当地和企业经营状况挂钩。为了不增加国家财政负担，补贴应按原来解决职工住房的渠道，分别由企业或地方财政负担。党政机关和文教卫生事业单位的职工，只能由地方财政负担。其数额可按个人负担占家庭工资收入 8% 的平均水平补。除了政策性亏损企业，其余企业都应负担所属职工住房的补贴金，由福利基金开支。其数额可按个人负担占家庭工资收入的 6%—10% 浮动。企业经营好、收益高，可按职工个人负担占家庭工资收入 6% 来补；经营情况不好、收益低，应按个人负担占家庭收入 10% 来补。这种把享受补贴的数额同所在企业生产经营状况联系起来的办法，有利于人们关心自己企业生产经营状况的改善，有利于经济效益的提高。

第六，改革的实施，可采取先分后统的办法。在我们拟订改革方案、制定补贴标准的时候，难免要碰到各地区、各部门、各单位住房造价高低不同，原来住房所达到的水平不同，分配标准不同，财力不同等情况所带来的矛盾和困难。面对这种种不同情况，如果硬要按一个统一的标准、统一的水平来拟订方案、来进行改革，按照高水平、高标准的地区、部门、单位式企业制定统一的标准，国家就要拿出大量的财力进行补贴，国家财政难以承受；如果按低水平、低标准的地区、部门、单位的情况来拟订统一的标准，原来水平高、标准高的地区、部门、单位或企业，就会过多地增加职工群众个人的租金负担，以致难以承受。所以，我认为，第一步应当面对现实，各地区、各部门、各单位、各企业可以根据自己的实际情况，按照国家统一的原则要求和一定的控制幅度，拟订自己的标准和实施方案，进行各自的租金改革。以后随着经济的发展，国家财力的增大，再逐步地把应该统的陆续统起来。

要把改革开放同坚持四项
基本原则一致起来[*]

改革开放和坚持四项基本原则是不可分割的、相辅相成的两个方面。从根本上说，我们的改革开放是为了更好地坚持四项基本原则、建设有中国特色的社会主义。另一方面，也只有坚持四项基本原则，才能确保改革和开放得到健康而顺利的发展。既要坚持改革开放，又要坚持四项基本原则，这是建设有中国特色的社会主义所必需的。忽视了哪一个方面，都会使我们偏离建设有中国特色的社会主义的道路，阻碍四化建设的顺利进行。

近几年来，我们强调改革开放，一些人就以为可以离开四项基本原则，可以不讲四项基本原则，或者只愿意讲改革开放，而不愿意讲四项基本原则。结果，资产阶级自由化思潮泛滥起来，终于导致一些城市、一部分学生，在自由化思潮的影响下，在极少数人蛊惑、挑动、策划下，上街游行，严重地威胁着安定团结的政治局面，威胁着改革、开放和四化建设的顺利进行。党中央及时地发现了问题，领导全党、全国人民旗帜鲜明地开展了反对资产阶级自由化的斗争，使坏事转化为好事，形势向更好的方向迅速发展。但是有些人又担心，是不是又要"收"了，会不会影响改革开放。这种认识把改革开放和坚持四项基本原则分割开来，甚至对立起来，是完全错误的、有害的。这种认识，过去曾导致资产阶级自由化思潮的泛滥，现在则阻碍着人们起来从事反对资产阶级自由化思潮的斗争。

把改革开放同坚持四项基本原则对立起来，有来自"左"的方面，否定改革的必要性的倾向，有来自"右"的方面，忽视或否定四项基本原则的倾向。对于来自"左"的方面，否定或忽视改革开放的倾向，我们要继续反对。但目前我们要特别注意来自"右"的方面，即否定或忽

---

[*] 本文原载于《理论与实践》1986年第21期。是作为"本刊评论员"的文章发表的。

视四项基本原则的资产阶级自由化倾向。高举四项基本原则的光辉旗帜，坚持不懈地同资产阶级自由化倾向作斗争，并把这种斗争同搞好改革开放结合起来，是当前头等重大的政治任务。

坚持四项基本原则是我们立国治国之本，是中国革命历史的科学总结，是使国家长治久安、实现四化、繁荣昌盛的基本保证。四项基本原则的出发点和归结点，它的实质，是坚持在以马列主义毛泽东思想武装起来的中国共产党的领导下走社会主义道路，建设有中国特色的社会主义。在中国共产党的领导下走社会主义道路，这是中国人民百余年来，经过种种选择，在斗争实践中得出的科学结论。社会主义实行在公有制基础上的按劳分配，铲除了阶级剥削和阶级压迫，既承认差别，又以实现共同富裕为目标，并且把计划经济同商品经济统一起来，实行社会主义商品经济，实现国民经济有计划按比例的协调发展。当然，我国社会主义制度还很不完善，经济体制还有很多弊端，加上我们工作上的错误和曲折，三十年来我国经济发展还不理想。但是，我们坚信，经过体制改革，我国社会主义制度的优越性将得到充分发挥。依靠社会主义制度的优越性，再加上我国人民奋发图强、艰苦奋斗、学习借鉴外国一切可以学习、借鉴的东西为我所用，我们就一定能够在不太长的历史时期内，接近或赶上发达的资本主义国家的经济和科学技术的发展水平。如果我们离开党的马克思主义领导，放弃社会主义道路，我们这样占世界人口近 1/4 的大国，只能成为被帝国主义分而治之的殖民地、半殖民地，我国人民必将重新陷入苦难深渊。在资本主义世界中居于少数的发达资本主义国家，虽然它们在经济技术的发展水平上远远高于我国，但这是历史形成的。资本主义已经有二三百年的发展历史，它们的发展，在国内，靠的是剥削压榨本国劳动人民，靠的是互相倾轧、饥饿和死亡；在国外，则是靠侵略、掠夺、飞机、大炮和皮鞭。资本主义的存在和发展一刻也离不开这些东西。资本主义发展"繁荣"的历史，实际上是劳动人民的血泪史，是一部血和火的历史。从鸦片战争到中华人民共和国成立，百余年来，中国人民受尽了资本主义帝国主义发展给世界人民所带来的苦难。中国人民对此记忆犹新，绝不能让这样的历史重演。我们要坚定不移地在中国共产党的领导下，在国内走社会主义道路，建设有中国特色的社会主义，实现共同富裕的目标；在国外，奉行和平共处的五项原则，同一切爱好和平的国家和人民友好相处，并承担起我们的国际主义义务。

邓小平同志早在1979年就明确指出："为了实现四个现代化，我们必须坚持社会主义道路，坚持无产阶级专政，坚持共产党的领导，坚持马列主义、毛泽东思想。"小平同志又说，"今天必须反复强调坚持这四项基本原则，因为某些人（哪怕只是极少数人）企图动摇这些基本原则。这是决不许可的。每个共产党员，更不必说每个党的思想理论工作者，决不允许在这个根本立场上有丝毫动摇。如果动摇了这四项基本原则中的任何一项，那就动摇了整个社会主义事业，整个现代化建设事业"①。小平同志这些话的正确性和重要性，已为八年来的实践所完全证实。但是，一个时期以来，不少同志，特别是思想理论战线上的一些同志，忽略小平同志的教导，削弱了四项基本原则的宣传，没有旗帜鲜明地同资产阶级自由化思潮作斗争，致使这种自由化思潮泛滥成灾。导致少部分学生在坏人的策动下上街闹事，严重地威胁着安定团结的政治局面，干扰改革开放和四化建设。我们一定要充分吸取教训，紧跟党中央的战略部署，坚定不移地宣传四项基本原则，旗帜鲜明地投入反对资产阶级自由化的斗争中去。

我们要坚定不移地维护、宣传四项基本原则，旗帜鲜明地开展反对资产阶级自由化的斗争，但这绝不意味着可以放弃或放松改革和开放。既要坚持四项基本原则，又要坚持改革开放，并把这二者结合起来、统一起来，这是十一届三中全会以来党的路线的基本点。不可否认，资产阶级自由化思潮的泛滥，少部分学生出来闹事，这对我们的改革和经济建设都是严重的干扰。但是，我们千万不可因为存在这种干扰，而对我们所面临的经济建设、体制改革、对外开放和精神文明建设等全局性的工作有所忽视和放松。我们只有把改革开放搞好，把四化建设搞上去，把精神文明建设搞上去，使广大人民的物质文化生活得到不断的改善和提高，才能为更好地开展反对资产阶级自由化的斗争奠定坚实的基础。

我们要坚定不移地坚持社会主义道路，但我们深知，目前我国社会主义制度还很不完善，现有的经济体制还有很多弊端，特别是不适应发展社会主义商品经济的需要。这都妨碍着社会主义优越性的发挥，妨碍着生产力的发展，妨碍着四化的顺利进行。而这些都需要通过改革来解决。目前，改革已经向纵深发展，已经取得显著成效，但离完成还相差甚远。我们必须排除任何干扰，坚定不移地把改革进行下去。只有这样，社会主义

---

① 《邓小平文选（一九七五——一九八二年）》，人民出版社1983年版，第159页。

制度的优越性才能得到充分的发挥，人们才能更坚定不移地走社会主义道路。

我们要坚持人民民主专政，对敌对势力的斗争不能手软。但与此同时必须高度重视发扬社会主义民主，加强民主政治建设，完善社会主义法制，改革政治体制，使人民群众的民主权利，在宪法和法律范围内得到切实的保障，使人民真正成为国家和社会的主人。邓小平同志早已指出："无产阶级专政对于人民来说就是社会主义民主"，"是历史上最广泛的民主"，"没有民主就没有社会主义"。[①] 发扬人民民主也是坚持社会主义道路在政治方面的重要表现。进行政治体制改革，加强民主政治建设，使社会主义民主制度逐步完善起来，就能使那些资产阶级自由化的鼓吹者们找不到借口。

我们要坚持党的领导，我们党是中国工人阶级政党，是伟大的马克思主义政党，她在中国革命史上所创建的光辉业绩是举世瞩目的。当然，我们要坚持和加强党的领导必须改善党的领导。我们党也是从半封建半殖民地社会中生长起来的，在她健康的肌体上也难免带有旧社会的某些痕迹。她在枪林弹雨的战争环境中壮大起来，在开展四化建设、发展社会主义商品经济的新环境中，也会暴露出一些弱点，出现一些新问题，包括一些不正之风在一部分党员身上的蔓延。但我们坚信，中国共产党不同于历史上一切剥削阶级和小资产阶级政党。她忠于人民、忠于工人阶级、忠于马列主义毛泽东思想。她必将认真倾听人民群众的意见和呼声，坚持不懈地同缺点错误作斗争，保持无产阶级政党的纯洁性。深入地开展整党就是这种斗争的集中体现。我们绝不会因为开展反对资产阶级自由化思潮的斗争，而把消除党内不良倾向的斗争停顿下来。相反地，为了更好地坚持四项基本原则，消除自由化思潮的泛滥，党更要采取有效措施，克服自身的缺点错误，这是毫无疑问的。

我们要旗帜鲜明地坚持马列主义、毛泽东思想。坚持马列主义、毛泽东思想，就是运用它的基本原理、立场、观点、方法来分析新情况、研究新问题，对现实问题作出马克思主义的回答，使马克思主义在新的条件下不断发展、前进。这种坚持，同时就是发展。特别是在当前改革和开放的新形势下，新的问题层出不穷，更需要分析新情况、研究新问题，不断地

[①] 《邓小平文选（一九七五——一九八二年）》，人民出版社 1983 年版，第 154 页。

把马克思主义推向前进。在这个前进中，就必须"突破"马克思主义理论中某些个别结论。但这种"突破"是同坚持马克思主义相一致的，绝不是无条件地乱突破，更不是突破得越多越好，更不是用西方资产阶级那一套，来取代马克思主义。

总之，我们党对改革开放是坚定不移的，但是，实践证明，改革开放不仅存在着改不改、开不开的问题，也存在着改到哪里、开到哪里的问题。我们要反复强调，我们的改革是社会主义的自我完善，是为了更好地坚持社会主义，建设有中国特色的社会主义，而不是其他。也就是说，我们的改革开放必须置于四项基本原则之下，绝不允许它离开社会主义方向。为了确保改革开放沿着社会主义方向健康发展，我们每一个共产党员、革命干部、工人、农民、知识分子以及一切关心改革、热爱社会主义祖国的人们，都要毫不犹豫地积极投身于反对资产阶级自由化思潮、保卫四项基本原则、保卫安定团结的伟大斗争中去。

经济体制改革必须适应发展社会主义商品经济的要求[*]

"充分认识经济体制改革必须适应发展社会主义商品经济的要求",这是"七五"计划报告中着重讲的进一步明确的几个认识问题的第一条。充分认识这个问题,对于我们沿着正确方向,坚定不移地推进改革,建立起有中国特色的、充满生机和活力的社会主义经济体制具有决定性的意义。

一 商品经济的充分发展是社会经济发展不可逾越的阶段

整个人类社会的发展,要经历自然经济、商品经济和产品经济三个阶段。这三个阶段的依序更替,从自然经济发展到商品经济,然后再从商品经济发展到产品经济,是不以人的意志为转移的客观规律。人类社会经济发展的这种时序性,是生产力的状况及其内在运动规律所决定的。自然经济是与低下的生产力水平相联系的。产品经济只有在生产力极高发展的基础上才能得到发展。商品经济则是由前者转变为后者的必经阶段。只有经过这个阶段才能创造出最终过渡到产品经济所必需的高度发达的社会化生产力。从原始社会到封建社会,人类社会经历了几十万年的漫长岁月,但由于自给自足的自然经济一直占着统治地位,生产力的发展十分缓慢。随着商品经济在自然经济的缝隙中的出现,才使人类社会经济的发展开始出现了生机。以后随着由简单商品生产发展到资本主义商品生产,人类社会生产才得到了飞速的发展。奴隶社会、封建社会之所以发展缓慢,除了它们的十分残酷的剥削,就是因为它们都是建立在自然经济的基础之上的。资本主义也是一种残酷的剥削制度。但是,它在不到二百年的时间里取得

---

[*] 本文原载于《理论与实践》1986年第11期。全文收入中国人民大学复印报刊资料《经济决策》。

了生产力和科学技术的巨大发展。马克思、恩格斯一百多年前在《共产党宣言》中谈到资产阶级在历史上曾经起过的非常革命的作用时指出："资产阶级在它的不到一百年的阶级统治中所创造的生产力，比过去一切世代创造的全部生产力还要多，还要大。"① 资产阶级之所以能做到这一点，根本的原因，就是因为资本主义生产方式是建立在商品经济的基础之上的。它是商品经济发展的产物，又促进了商品经济的大发展。"生产的不断变革，一切社会关系不停的动荡，永远的不安定和变动，这就是资产阶级时代不同于过去一切时代的地方。"② 资本主义在人类历史上的巨大功绩就在于它容纳了商品经济的大发展，大大推进了科学技术和社会生产力的发展，为人类社会进入它的更高发展阶段创造了物质技术条件。

商品经济之所以能给生产力的发展以如此巨大的推动力，首先是因为它是社会分工的产物，反过来又大大地促进了社会分工和生产的专业化。分工和专业化的发展，既可以由于劳动操作的专门化，有利于提高劳动者劳动技能、熟练程度和劳动效率，又可以由于劳动工具的专门化、专一化，使劳动工具不断改进，并引起机器的产生和不断改进，直至生产的自动化、系列化，使生产高度社会化。另外，分工和专业化的发展，又加强了地区之间、企业之间的横向联系，因而使各地区、各企业可以扬长避短，充分发挥各自的经济优势，并有利于自然资源的合理利用。其次，商品经济在价值规律的推动下优胜劣汰，使科学技术不断发展。价值规律是商品经济的客观规律。价值规律的基本要求是商品交换要按由社会必要劳动时间决定的价值进行。各个商品生产者生产同种商品不管各自花费的个别劳动时间如何不同，但只能按平均水平，即社会必要劳动时间决定的价值进行交换，如果某生产者的个别劳动耗费高于社会必要劳动时间，高出部分不被社会所承认，就要发生亏损，如果它的个别劳动耗费低于社会必要劳动时间，它就可以以较少的劳动耗费实现较多的社会价值，获得超额利润。这就推动各个商品生产者努力提高管理水平，革新生产技术，降低生产成本，提高劳动生产率。最后，有商品经济就有竞争。在价值规律的作用下，各个商品生产者之间围绕着夺取原料来源和销售市场开展着激烈的竞争，为了在竞争中取胜，他们都要密切注视市场的变化，要不断革新

---

① 《马克思恩格斯选集》第一卷，人民出版社1972年版，第256页。

② 同上书，第254页。

技术，努力生产适销对路、物美价廉的产品。所有这些，都给商品经济注入了不断革新、不断前进的内在动力，使商品经济具有激励进取、鼓励奋斗，推动创造、促进革新的功能。资本主义之所以能造成生产力和科学技术的巨大发展，就是因为它是建立在商品经济的基础上，并使商品经济得到了最充分的发展。

但是，实践证明，资本主义的发展，还不足以使商品经济最终完成它的历史使命。资本主义商品经济的大发展所造成的社会化生产力达到了资本主义关系所无法容纳的程度。资本主义必然为社会主义所代替，这是人类历史发展的必然规律。但在资本主义废墟上建立起来的社会主义，还不能废除商品生产。社会主义还要利用商品经济这种不断推陈出新，不断鞭策人们革新、创造的经济形式，推动社会生产力以资本主义所不能比拟的速度更快的发展，直至建成共产主义。这样我们才能最终实现由商品经济过渡到产品经济。特别是像我们这样经济不发达的社会主义国家，要实现生产的高度社会化和现代化，迅速发展社会生产力，不断改善人民生活，更要大力发展商品经济。

由于特殊的历史和社会条件，我国可以越过资本主义发展的历史阶段，由半封建半殖民地，经过新民主主义革命和社会主义改造，直接进入社会主义，但不可以跳过商品经济发展的历史阶段，从自然经济直接过渡到产品经济。相反地，我们必须补上商品经济一直未得发展的这一课，利用社会主义制度的优越性和有利于生产力发展的商品经济形式，创造比资本主义更高的劳动生产率，在一个不太长的历史时期内，在生产和科学技术发展方面赶上和超过发达资本主义国家已达到的水平。这就是摆在我国人民面前的宏伟历史任务。

二 我国原有经济体制同商品经济发展要求格格不入

资本主义利用商品经济形式，在世界范围内促进了科学技术和生产力的飞跃发展。但由于资本主义是建立在阶级对立的基础上的，存在不可克服的矛盾，使资本主义商品经济在其发展过程中不时陷入困境。社会主义商品经济是以生产资料公有制为基础的，实行按劳分配的，有计划有控制的商品经济。这种商品经济可以消除资本主义商品经济的种种弊端，充分发挥劳动者的积极性、创造性，可以推动生产力和科学技术以更高的速度向前发展。

马克思主义创始人曾经预言,社会主义在消灭剥削制度的基础上,必然能够创造出更高的劳动生产率,使生产力以更高的速度向前发展。我国建国三十余年来所发生的深刻变化,已经初步显示了社会主义制度的优越性。但应当承认,这种优越性还没有得到应有的发挥。其所以如此,一个重要的原因,就是在经济体制上形成了一种同社会生产力发展要求不相适应的僵化的模式。这种模式的主要弊端是:政企职责不分,条块分割,国家对企业统得过多过死,忽视商品生产、价值规律和市场的作用,分配中的平均主义严重。这就造成了企业缺乏应有的自主权,企业吃国家的"大锅饭"、职工吃企业"大锅饭"的局面,严重压抑了企业和广大职工群众的积极性、主动性、创造性,使本来应该生机盎然的社会主义经济在很大程度上失去了活力。

这种情况之所以发生,其根本的原因,就是由于我们一直固守马克思当年曾经有过关于社会主义将废除商品经济的设想,不了解社会主义仍然要采取商品经济形式,不了解商品经济的充分发展是社会经济发展不可逾越的阶段。即使承认社会主义还不能一下子废除商品经济和价值规律的作用,也只是承认其暂时的、一定范围内存在的必要性,并且总是把它看成是资本主义旧制度的遗留物,需要创造条件尽早予以消除。在这种"左"的思想指导下建立起来的经济体制,当然就不是按照商品经济,而是按照产品经济模式建立起来的高度集中的僵化的体制。在这种体制下,企业只是国家行政机构的附属物,生产计划由国家规定,生产资料由国家调拨,资金由财政拨款,盈利全部上缴,亏损国家补贴,产品国家包销。企业实际上成为全民范围内大工厂中的一个车间,他们既无发展商品生产的内在要求,又无这样做所必要的自主权力。在这种体制下,企业经营好坏一个样,企业和职工既不关心市场需要,也不关心改进技术、降低成本,缺乏发展商品经济的动力和压力,这使社会主义经济缺乏生机和活力。在这种体制下,企业既要受条条的约束,又要受块块的限制,条块分割,使它很难按商品经济发展的要求,建立横向经济联系。所有这些都表明,这种经济体制同商品经济发展要求格格不入,不打破这种旧有的体制,社会主义商品经济就难以发展,社会主义制度的优越性也就难以充分发挥。

三 改革的基本方向必须符合发展商品经济的要求

为了发展商品经济必须改革经济体制,而改革经济体制则必须适应发展社会主义商品经济的要求。这是经济体制改革的基本方向，也是经济体制改革的基本指导思想。我们必须把这一基本指导思想贯彻于经济体制改革的各个方面。我们的一切改革，无论是调整政企关系，还是改革计划体制、价格体制、分配方式、劳动人事制度，都要遵循发展社会主义商品经济这一基本要求。

例如，在处理国家和企业的关系、改革国家管理企业的方式上，就必须按照发展社会主义商品经济的要求，给企业以自主权，把国家对企业的所有权同企业的经营管理权适当分开，改变过去那种集中过多、管得过死的局面，使企业成为相对独立的经济实体，成为自主经营、自负盈亏的社会主义商品生产者和经营者。这样做，把企业的责、权、利紧密结合起来，使企业真正具有关心市场、关心改善管理、革新技术、提高企业经济效益的内在动力和外在压力，具有自我积累、自我改造、自我发展的能力。只有这样，整个社会主义经济才能充满生机和活力。

与此相适应，计划体制的改革也必须适应社会主义商品经济发展的要求，必须自觉依据和运用价值规律，逐步实现由以指令性计划为主转向以指导性计划为主，并适当扩大市场调节的范围，使企业可以根据市场需要进行生产；国家对企业的管理也要逐步实现由直接控制为主转向间接控制为主，由主要靠行政手段转向主要依靠经济手段和法律手段。这就要逐步完善社会主义的市场体系，充分发挥价值规律和市场机制的自动调节和自我平衡作用，把计划和市场很好地结合起来，把统一性和灵活性结合起来。

与此相适应，在价格体系和价格体制改革方面，也要适应社会主义商品经济发展的要求，尊重价值规律，逐步缩小国家统一计价范围，适当扩大一定幅度的浮动价格和自由价格的范围，使价格能灵敏地反映社会劳动生产率和市场供求关系的变化，使价格符合价值，以很好地发挥价值规律对商品经济的调节作用和推进作用。

与此相适应，在分配制度方面，对企业的按劳分配要实行两级分配制。企业对职工的分配要和企业的经济效益紧密挂钩，企业之间，则要通过在商品交换中贯彻等价交换原则，并由国家利用税收等形式调节由于客观生产条件差别所带来的收入差别、消除苦乐不均来实现。这就使按劳分配原则的贯彻，同发展社会主义商品经济、贯彻等价交换原则结合起来，使它们相辅相成，相互促进。在劳动制度方面，也要由统包、统配改为企业招聘，给企业和劳动者个人以选择的自由和权利，在国家计划指导下，适应商品经济发展的要求，利用市场机制实现劳动力的合理流动。

这样做，就可以把社会主义制度的优越性和商品经济制度的灵活性、自控性、激发性结合起来，我国社会主义经济的发展，就将如虎添翼，表现出更大的优越性。

坚持生产力标准同坚持四项基本原则的关系[*]

我想，这两者从根本上说是完全一致的，绝不可把它们对立起来。我们既要坚持四项基本原则，又要坚持生产力标准。绝不是，也不会因为强调一个而丢掉另一个。有人认为，我们现在强调生产力标准，强调一切以是否有利于生产力发展为出发点，似乎就是准备放弃四项基本原则，或者允许放弃四项基本原则。也有人认为，我们既然要坚持四项基本原则，就不应当强调生产力标准，强调生产力标准会导致放弃四项基本原则。这都是把生产力标准同四项基本原则对立起来的糊涂观念，应予以消除。

首先要肯定，我们必须坚持四项基本原则，因为四项基本原则是我国立国之本，是实现四化的基本保证，是百余年来我国人民用鲜血凝结的革命经验的基本总结。但是，坚持四项基本原则并不排斥，而是要求以生产力为基本标准，以是否有利于生产力的发展作为我们考虑一切问题，制定各项政策、措施，检验各项工作的基本出发点。

大家知道，马克思主义是四项基本原则中的灵魂，但是，马克思历史唯物主义的最基本的观点则是，人类历史首先是生产发展史。在人类历史发展中，生产力决定生产关系，经济基础决定上层建筑。有什么样的生产力就有什么样的生产关系，从而就有什么样的上层建筑，也就是说，就有什么样的社会形态。新旧生产关系的更替只能以生产力发展要求为转移。旧的生产关系之所以必然被取代，只是因为这种生产关系已经过时，已经不适应生产力的状况，不利于生产力的发展；新的生产关系之所以能够产生并取代旧的生产关系，也只是因为它适应已经发展了的生产力的状况，能够给生产力的发展以更广阔的天地。

---

[*] 本文原载于《理论与实践》1988年第9期。

实际上，我们党的一切活动都是从解放生产力、发展生产力这一基本要求出发的。在新民主主义革命时期，我们党之所以提出了反帝、反封建的革命任务，就是因为帝国主义的侵略和封建主义的剥削和统治，严重地阻碍着中国生产力的发展。现在我们把发展生产力、实现四个现代化作为自己的中心任务，这更体现了我们党这一基本出发点，体现了历史唯物主义这一基本要求。

还应看到，我们坚持搞社会主义，坚持用社会主义代替资本主义，也是为了解放生产力，发展生产力，实现人民的富裕幸福。贫穷不是社会主义。社会主义就是要在生产发展的基础上不断改善人民生活，实现共同富裕。社会主义的根本任务就是发展生产力，就是在生产发展的基础上逐步提高人民生活。这才是我们所坚持的马克思主义的科学社会主义。这样的社会主义的一切具体实现形式、一切方针政策，都要以有利于生产力发展的要求为准绳。

这就是说，坚持生产力标准是坚持马克思主义，坚持科学社会主义所要求的，离开了生产力标准也就离开了马克思主义和马克思的科学社会主义。

我们还要看到，离开生产力标准，四项基本原则也得不到坚持。我们党之所以能够不断取得胜利，就是因为它的一切活动都是从解放生产力，发展生产力，使人民富裕、幸福这个根本目的出发的，因而取得了人民的信任和支持的结果。社会主义之所以被证明是优越的，被人民所接受的，就是因为它有利于生产力的发展，能够使人民共同富裕幸福。只有从有利于生产力发展的要求出发，来组织社会主义的一切生产活动，来确立社会主义的一切具体活动形式，社会主义才能深得人心，才能得到巩固和发展。这就是说，只有坚持以生产力为标准，才能真正做到坚持社会主义，坚持党的领导，坚持四项基本原则。

以上这些都说明，坚持生产力标准是坚持四项基本原则的要求和需要。这是坚持生产力标准同坚持四项基本原则的一致性的第一个方面的表现，坚持生产力标准同坚持四项基本原则一致性的第二个方面的表现是，坚持四项基本原则又是从生产力标准出发所作出的历史结论和所提出的客观要求。

马克思、恩格斯之所以向工人阶级提出了用社会主义、共产主义代替资本主义的历史任务，那是按照生产力决定生产关系这一人类历史运动的客观规律，又是深入分析了随着生产力的发展、资本主义所固有矛盾的日益尖锐化、社会化生产的发展，客观上要求以社会占有代替私人占有，以社会主义公有制代替资本主义私有制而得出的科学结论。中国人民百余年来反复实践，多次失败，最后只有在中国共产党领导下，经过新民主主义革命，走上社会主义的发展道路，才取得了最终的胜利。中国人民之所以必须作出这样的历史选择，这既是由中国革命所处的历史条件所决定的，又是由我国社会生产力发展的客观要求所决定的。我们党当时领导中国革命，提出新民主主义总路线，并要经过新民主主义达到社会主义，都是自觉地从生产力发展这一客观要求出发的。正如党的十三大报告中所指出的："我们为什么要坚持四项基本原则，就是因为在当代中国，只有这样做，才能从根本上保证生产力的发展。"中华人民共和国成立后三十八年来的历史证明了这一科学论断，证明了中国人民在中国共产党的领导下选择了社会主义发展道路是正确的，是反映了生产力发展的客观要求的。诚然，1957年以后近20年的时间里，我国经济建设一再遭到挫折。但这是由于"左"的指导思想造成的，并非社会主义制度本质的体现。十一届三中全会以后近十年来的实践有力地证明了，我们党一旦纠正了"左"的错误，端正了自己的指导思想，社会主义建设就会蓬勃发展；几年来经济体制改革实践又证明，社会主义公有制一旦实行了各种行之有效的责任制形式，打破"大锅饭""铁饭碗"，切实贯彻按劳分配和商品等价交换原则，社会主义制度的优越性就会得到振奋人心的表现，社会主义经济就会以资本主义所无法比拟的速度向前发展。在改革中坚持社会主义道路，坚持四项基本原则，这是我国社会生产力发展的客观要求，是实现四化的基本保证。

所以，不管从哪个方面说，我们都不能把坚持四项基本原则同坚持生产力标准对立起来。

有人会提醒说，你说的同坚持生产力标准相一致的四项基本原则必须有一个限定，那就是它只能是在实践中不断发展的，而不能是僵化的。这是当然的。但我们必须指出，我们所强调必须坚持的四项基本原则，就是在实践中不断发展前进的，而不是"四人帮"时期或"左倾"教条主义手中那种僵化的东西。那种僵化的教条主义的东西，不是马克思主义。马克思主义活的灵魂就是具体情况具体分析，就是坚持实事求是，一切从实际出发，一切以时间、地点、条件作为转移，而绝不固守已经过时的原有结论。马克思主义的强大生命力也就在于它永远也不脱离实践，永远要在实践中不断地丰富和发展。我们所讲的、所坚持的，就是这种在实践中不断丰富和发展的马克思主义。我们所坚持的四项基本原则，就是这种在实践中发展完善的四项基本原则。这已经是越来越明显的了。

驳"公有制产权模糊"论[*]

在否定公有制、鼓吹私有化的种种喧嚣声中，流传最广、影响最大的是"公有制产权模糊"论。这种观点认为，公有制名义上大家共同所有，实则谁也没有，落实不到人，"产权缺位"，造成无人负责。要解决这个问题，就要使产权落实到人，实现私有化。据说这应是我国经济体制改革的基本方向。果真如此吗？

不可否认，公有制成为无人负责制，这确实曾经是历史事实，并且现在也尚未完全解决。但这并非来自公有制的本质，而是旧体制、"大锅饭"、"铁饭碗"带来的弊端。这绝非公有制本质的体现，而是对社会主义公有制的破坏。消除这种弊端不是搞私有化，而是完善社会主义公有制。

关于产权明晰化，按照马克思历史唯物主义的基本观点，没有一个适用于各种不同所有制形式的抽象标准。不同的所有制形式由其性质所决定，有不同的明晰化要求。社会主义全民所有制就是由代表全民利益的国家所有，归企业使用。企业是受代表全民利益的国家之托来管理和使用归国家所有的生产资料。它有占有、支配、使用权，但并无所有权。企业作为全体职工联合劳动共同体，它只在作为全民的一个组成部分或构成因素这个意义上，具有一定程度的所有权，或所有权因素。

当然，社会主义公有制一个重要特点是它同劳动力的劳动者个人所有相结合。因而它要求在生产资料公有制基础上实现劳动的个人所有权。为此，国家就要承认企业由于经营管理好坏不同所形成的效益差别应当同企业及其职工的利益挂钩。企业全体职工所创造的价值，应归企业全体职工所有，在作出各项扣除之后，应依据按劳分配原则分配给各个职工所有，以实现劳动的个人所有权。这样，虽然企业的生产资料的所有权归国家，

---

[*] 本文原载于《辽宁日报》1984年8月31日。

但劳动产品中新创造的价值应属于企业所有；企业在对国家的关系上虽然不是所有者，但从企业之间的关系上看，却表现为所有者，他们彼此以商品生产者的身份相互对待。他们之间的经济往来要贯彻等价交换原则。这在旧体制下确实是不大明确的，有必要通过改革予以明确。但这种明确也绝不是通过产权的私有化明确到人，而是通过完善公有制内部关系，通过按劳分配和等价交换这两大物质利益原则的认真贯彻。

另外，也不能说只有实现产权制度的私有化，才能激起人们（劳动者和经营者）的积极性。如果真是这样，那只有都退到个体小生产。然而，这是违背经济发展的客观规律的。个体小生产被资本主义大生产所代替，这是商品经济和社会化生产发展的必然结果。但在资本主义条件下，所有者只是少数资本家，广大工人群众不仅不占有生产资料，而且连他们自身都是被资本家榨取的对象。资本主义经过几百年的发展，已经有了一套相当有效的利益机制的调节方法。但他们那套利益机制调节效应，总不能不受到资产阶级所有权关系的限制，不能不受到资产阶级靠占有资本来榨取剩余价值的限制。这种限制，只有废除生产资料的资本主义所有制，建立起生产资料的社会主义公有制，才能从根本上消除。社会主义在生产资料公有制的基础上实现劳动的个人所有权。每个劳动者都是生产资料的共同所有者。他们的劳动都是为了他们自己和自己的社会，他们所得到的工资奖金再不是劳动力价值的转化形式，而是按劳动分配的实现形式。工人群众既是所有者又是劳动者，既是生产者又是管理者，这就可以把所有权机制的作用同利益机制的作用紧密地结合起来，充分调动广大职工群众的主人翁积极性，发挥出资本主义所不可能充分发挥的创造力，创造出比资本主义更高的劳动生产率，表现出更大的优越性。诚然，由于旧体制的弊端，这种优越性过去远未充分发挥。在体制转换的今天，由于企业内部关系还没有完全理顺，按劳分配原则尚未很好体现，责任制体系和利益机制体系还没有健全起来，这种优越性也没有充分发挥出来。但实践证明，只要按照在生产资料公有制基础上实现劳动的个人所有权的要求，深化企业内部改革，理顺企业内部关系，坚持等价交换和按劳分配，坚持既发挥厂长、企业家的作用，又发挥职工群众的主人翁作用和党委的保证监督作用，社会主义经济制度的优越性就会得到充分发挥，社会主义就会创造出比资本主义高得多的劳动生产率，这已为改革中的成功经验所证实。

既要坚持四项基本原则又要坚持
改革开放[*]

关于坚持四项基本原则和坚持改革开放相统一的问题，江泽民同志在国庆重要讲话中，从统一全党认识的需要出发，作了精辟的阐述。

四项基本原则是立国之本，改革开放是强国之路，这两者不可分割地统一于建设有中国特色的社会主义的具体实践。从根本上说，我们的改革开放是为了更好地坚持四项基本原则，建设有中国特色的社会主义；另外，也只有经过改革开放使社会主义优越性得到更充分的发挥，四项基本原则才能得到有效的坚持。两者相互依存，缺一不可。

四项基本原则作为立国之本，是中国革命历史的科学总结，是国家长治久安、实现四化、繁荣昌盛的基本保证。四项基本原则的出发点和归结点，其实质是要坚持在以马列主义、毛泽东思想武装起来的中国共产党的领导下走社会主义道路，建设有中国特色的社会主义。这是中国人民百余年来经过种种选择，在斗争实践中得出的科学结论。正如江泽民同志讲话中所指出的："如果不进行以社会主义为前途的人民革命，就不可能推翻帝国主义、封建主义、官僚资本主义，不可能把黑暗的中国变成光明的中国。如果新中国建立以后不走社会主义道路，不坚持人民民主专政，就不可能维护国家的统一和民族的独立，不可能逐步实现人民共同富裕的愿望。"

社会主义在公有制基础上实现按劳分配，废除了剥削和阶级，既承认劳动差别，又坚持共同富裕的目标，并把计划经济和商品经济结合起来，实行有计划的商品经济，既有灵活性，又有统一性，可以实现国民经济有计划、按比例协调发展，具有极大的优越性和强大的生命力，可以创造出比资本主义高得多的劳动生产率，可以在生产发展的基础上不断提高人民

---

[*] 本文原载于《理论与实践》1989 年第 21 期。全文收入中国人民大学复印报刊资料。

的物质文化生活水平。当然，我国社会主义制度尚属年轻，还很不完善，原有经济体制还有很多弊端，加上我们工作中也有不少失误和曲折，甚至发生过十年动乱的破坏。但即使这样，40年来我国的经济建设和科学文化事业都取得了举世瞩目的辉煌成就。可以预见，如果我们改革搞好了，社会主义更完善了，建立了适应社会主义商品经济发展的新体制，我们的工作又吸取以往的经验教训，减少失误，那么，社会主义制度的优越性将得到更充分的显示，我们将以更快的速度赶上发达的资本主义国家。

当然，在资本主义世界中是有一些发达资本主义国家，他们的经济技术发展水平远远高于我国。但这是历史形成的。资本主义已经有二三百年的发展历史。他们的发展，在国内，靠的是剥削压榨本国劳动人民；在国外，还要靠侵略和掠夺。资本主义发展"繁荣"的历史，实际上是劳动人民的血泪史，是一部血和火的历史。从鸦片战争到中华人民共和国成立，百余年来，中国人民尝够了资本帝国主义发展所带来的苦难。正如江泽民同志指出的："如果今后不坚持社会主义，而是像有人主张的那样退回去走资本主义道路，用劳动人民的血汗去重新培植和养肥一个资产阶级，在我国人口众多、社会生产力水平很低的情况下，只能使大多数人重新陷入极其贫困的状态。这种资本主义，只能是原始的、买办式的资本主义，只能意味着中国各族人民再度沦为外国资本和本国剥削阶级的双重奴隶。"这是千真万确的。蒋介石22年反动统治的历史就是证明。在蒋介石22年的反动统治期间，民族资本没有得到多少发展，四大家族的官僚买办资本却恶性膨胀起来。这是人所共知的事实。现在，搞资产阶级自由化的人又打着改革开放的旗号，要重新把中国拉回到资本主义，实际上还是蒋介石那套货色。他们在动乱和暴乱的前前后后的许多表演已经暴露了他们同国外反动势力互相勾结的丑恶面目，他们都是有自己后台的帝国主义奴才。如果他们的阴谋得逞，他们之间就要在各自主子的支持下相互争夺，中国还要陷入四分五裂、被帝国主义分而治之的灾难之中。所以，中国人民走上了社会主义道路是中国人民的幸运。我们绝不能让它得而复失。

我们要坚定不移地坚持四项基本原则，旗帜鲜明地反对资产阶级自由化，但这绝不意味着可以放弃或放松改革开放。改革开放是完善社会主义、坚持四项基本原则的内在要求。社会主义制度是在自身基础上不断发展和完善的制度。社会主义的根本任务就在于发展生产力，并在生产力发展基础上不断提高人民的生活水平。为此，就要根据生产力的现有水平和进一步发展的要求，自觉地调整生产关系中与生产力不相适应的部分，调整上层建筑中与经济基础不相适应的部分。这是生产力发展的要求，也是社会主义自我发展、自我完善的要求。离开了这样的改革，就会窒息社会主义的内在活力和生机，妨碍社会主义优越性的发挥。社会主义就是要在改革中求得发展和完善。社会主义在其向共产主义前进中，永远也不是一个僵化的模式。这正是社会主义具有强大生命力的表现。

就现实情况来说，我国社会主义的政治经济制度都不完善，原有经济体制是按产品经济模式建立的，存在着过分集中和"大锅饭""铁饭碗"的严重弊端，束缚着企业和职工的积极性，不利于社会主义商品经济的发展，妨碍着社会主义优越性的发挥，阻碍着生产力的发展。只有通过改革破除原有体制中这些弊端，建立适应发展社会主义商品经济的新的经济和政治体制，才能使社会主义制度的优越性得到充分发挥，使社会主义制度更加深入人心，使四项基本原则得到切实可靠的坚持。

对外开放是改革的一项内容。社会主义国家的革命和建设事业主要依靠本国人民自力更生、艰苦奋斗，但这绝不意味着可以盲目排外、闭关自守。我们既要坚持自力更生，又要坚持对外开放。通过对外开放进一步扩大对外经济技术交流，学习发达国家的先进科学技术和经营管理经验，积极有效地利用外资，才能加速我国的社会主义现代化建设，在生产发展的基础上更快地提高我国人民的物质文化生活水平。

总之，我们既要坚持四项基本原则又要坚持改革开放，两者不可分割，只有把两者紧密结合起来才能建设有中国特色的社会主义，把我国建设为繁荣昌盛的现代化社会主义强国，为人类作出更大的贡献。

社会主义是我国历史发展的
必然选择[*]

迄今为止，人类历史已经先后出现了五种基本的社会形态，即原始社会、奴隶社会、封建社会、资本主义社会和社会主义社会。社会主义社会是高于资本主义社会的更先进的社会形态，按一般规律，在资本主义社会高度发展的基础上，经过无产阶级革命，废除生产资料资产阶级私有制，才能建立以生产资料公有制为基础的社会主义社会。但是我国没有经过资本主义充分发展的历史阶段，而是由半封建半殖民地经过新民主主义革命而过渡到社会主义。这是由中国特殊的社会历史条件决定的，是客观的、必然的。

中华民族具有悠久的历史，曾经创造了灿烂的文化，为人类作出重要的贡献。但由于封建主义残酷剥削和统治，到19世纪中叶，西方资本主义世界已经强大起来，开始由自由资本主义向帝国主义过渡的时期，中国却仍然停留在古老的封建社会，自然经济刚刚解体，资本主义尚处萌芽状态。鸦片战争后，资本主义的侵入加速了封建自然经济的解体过程，客观上促进了我国资本主义经济的发展。但帝国主义列强在中国开工厂，办学堂，传播西方科学文化，并非要让中国发展资本主义，而是要把中国变成他们的殖民地，供其掠夺和剥削。所以鸦片战争后，从洪秀全、康有为到孙中山等一些志士仁人都渴望向西方寻找救国救民的真理，但是都以失败而告终。

他们之中最有代表性的是伟大的民主主义革命先行者孙中山先生。他从资产阶级革命学说中学来了进化论、天赋人权论和资产阶级共和国等思想，推出了一个以建立资产阶级共和国为目标的革命纲领。孙中山已经注意到了资本主义制度的一些弊端，提出了节制资本的要求，但他们的目标

---

[*] 本文原载于《法制世界》1990年第3期。

还是在中国发展资本主义。1911年10月他领导的辛亥革命推翻了清王朝，但由于领导这次革命的资产阶级先天的软弱性和妥协性，没有消灭封建主义基础，更没有触动帝国主义在中国的既得利益，结果，辛亥革命的成果很快被帝国主义的走狗袁世凯所窃取。袁死后，北洋军阀在帝国主义的支持下，实行反动统治，连年混战不已，中国半封建半殖民地性质依然如故。

从鸦片战争到辛亥革命的历史，反复证明了这样一个真理：在半封建半殖民地的中国社会里，建立资产阶级共和国，实行资产阶级专政，走资本主义道路是行不通的。资产阶级共和国，外国有过，但中国不能有，因为中国是受帝国主义侵略和压迫的国家。无论是改良的还是革命的运动，都不可避免地遭到西方资本主义、帝国主义同中国封建势力的联合绞杀。所以毛泽东同志说："帝国主义的侵略打破了中国人学西方的迷梦。很奇怪，为什么先生老是侵略学生呢？中国人向西方学得很不少，但是行不通，理想总是不能实现。多次奋斗，包括辛亥革命那样全国规模的运动，都失败了。国家的情况一天一天坏，环境迫使人们活不下去。怀疑产生了，增长了，发展了。第一次世界大战震动了全世界。俄国人举行了十月革命……""十月革命帮助了全世界的也帮助了中国的先进分子，用无产阶级的宇宙观作为观察国家命运的工具，重新考虑自己的问题。走俄国人的路——这就是结论。"[①] 1919年中国发生了五四运动，1921年中国共产党成立。孙中山先生在绝望中遇到了十月革命和中国共产党，总结其几十年革命失败的经验制定了"联俄、联共、扶助农工"的政策。孙中山逝世后，蒋介石背叛了孙中山的遗训，在22年中把中国拖到了绝境，民族工商业没有得到发展，官僚资本倒急剧地膨胀起来。这使中国人民（包括民族资产阶级在内）在反复实践中越来越认识到只有在中国共产党的领导下，才能推翻帝国主义、封建主义和官僚资本主义的反动统治，完成中国的资产阶级民主主义革命的任务。

中国革命历史证明，处于帝国主义和无产阶级革命时代，中国资产阶级没有力量完成民主主义革命任务，这个革命只能由中国工人阶级政党中国共产党领导中国人民来完成。因而中国也就不可能建立起资产阶级共和国，不可能走上资本主义发展道路。

[①] 《毛泽东著作选读》下册，人民出版社1986年版，第676、677页。

中国共产党作为中国工人阶级政党的基本目标是在中国建设社会主义共产主义。但是中国共产党从我国资本主义尚未得到充分发展的客观情况出发，认为中国共产党所领导的革命，在当时仍属资产阶级民主革命范畴，这个革命的胜利虽然可以为社会主义准备必要条件，但并不直接实行社会主义。在革命胜利前夕我们党明确宣布的三大经济纲领是：一、没收封建阶级的土地归农民所有；二、没收国民党反动统治者手中的垄断资本，即官僚资本，归新民主主义国家所有；三、保护民族工商业。由此便形成了新民主主义经济中的三种经济成分：一、全民所有制的国营经济，它在国民经济中居于主导地位；二、私人资本经济，它在整个国民经济中还是个不可缺少的部分，应当允许它在一定范围内存在和发展；三、农民手工业者的个体经济，它是处于十字路口上的经济，它的自发趋势是两极分化，大多数人贫困破产，沦为无产者，少数人发财致富，成为资本家。中国共产党不能走这种让广大农民手工业者贫困破产的道路。所以在新民主主义社会中客观上摆着两条发展道路，一条是在党的领导下，走上社会主义，这是全国人民共同富裕的道路；一条是自发地走向资本主义，这是少数人发财、广大劳动人民贫困破产的道路。为了摆脱贫困破产，广大群众愿意在党的领导下通过互助合作的途径，走上社会主义的发展道路。这种情况又促进了资本主义工商业的改造。由于国营经济在整个国民经济中居于领导地位，控制着国家的经济命脉，由于农民手工业者积极地通过合作迅速地走向社会主义的发展道路，这就促使资本主义工商业迅速转向国家资本主义，接受社会主义改造。于是原预定 15 年实现的社会主义改造的伟大历史任务，到 1957 年即不到 5 年的时间就基本上完成了。这不是少数人的意愿可以左右的，而是由我国社会生产力发展的客观要求和广大群众的共同意愿决定的。

总之，中国的民主革命为什么没有在资产阶级领导下取得胜利，建立资产阶级共和国，发展资本主义，而是在无产阶级领导下经过新民主主义革命而走上社会主义发展道路，这是由中国的历史条件，由中国社会发展的客观规律决定的，是我国人民在反复实践中所作出的必然选择。

坚持科学社会主义的基本特征和基本原则[*]

科学社会主义是随着资本主义基本矛盾的发展和无产阶级与资产阶级的阶级对立和工人运动的高涨诞生的,是揭示社会主义必然代替资本主义,社会主义必将在全世界取得胜利的科学理论。马克思恩格斯在论述科学社会主义理论的过程中,都曾经从不同角度阐述了社会主义的基本特征和基本原则。列宁在俄国十月社会主义革命胜利后,通过苏联进行社会主义革命和建设的实践,又科学地论述了社会主义的基本特征和基本原则。我们党在进行中国社会主义革命和建设中,对这些基本特征和基本原则又加以丰富和发展。在今天,正确认识和把握社会主义的基本特征和基本原则,对于划清科学社会主义与形形色色的民主社会主义思潮的界限;对于抵制帝国主义"和平演变"战略和批判资产阶级自由化;对于坚持科学社会主义基本原理,建设有中国特色的社会主义,都有着重要的指导意义。

一　社会主义的基本特征和基本原则

根据科学社会主义学说和 20 世纪社会主义实践经验,社会主义制度的本质特征和基本原则,最主要的应当包括以下几点:

第一,建立和巩固工人阶级领导的劳动人民当家做主的政权——无产阶级专政。也就是无产阶级要领导和团结广大劳动人民推翻资产阶级的统治,用无产阶级专政或人民民主专政代替资产阶级专政,巩固和发展工农联盟,建立广泛的统一战线,在人民内部实行广泛的民主,对占人口极少数的剥削阶级的反抗和敌对势力的反社会主义活动实行专政。这是建立和发展社会主义的重要前提条件,也是社会主义社会最根本的政治制度。

---

* 本文原载于《理论与实践》1990 年第 21 期。

在这里，对人民大众实行广泛的人民民主和对人民的敌人实行专政，这两个方面是统一的，是互相依存、缺一不可的。社会主义在本质上是民主的，没有民主就没有社会主义。但是如果没有对反社会主义分子、人民的敌人的专政，人民的民主就没有保障，社会主义事业就无法巩固。那些打着"民主"的旗号，否定或放弃无产阶级专政，是对科学社会主义的背离，必然导致社会主义事业的失败。

第二，建立以公有制为主体的社会主义所有制关系，根据生产力的发展，有步骤地用社会主义生产资料公有制代替资本主义私有制。

第三，建立以按劳分配为主体的社会主义分配制度，根据生产力的发展，有步骤地用按劳分配制度代替一切体现剥削关系的分配制度，实现劳动人民的共同富裕。

第四，以经济建设为中心，发展社会主义的有计划的商品经济，把计划经济和市场调节结合起来，改变生产的无政府状态，不断提高社会生产力和劳动生产率，提高全体人民的物质和文化生活水平。

第五，社会主义社会必须确立马克思主义在整个意识形态领域的指导地位，努力继承人类创造的一切优秀文化成果，不断提高全体人民的思想道德和科学文化素质，大力发展社会主义精神文明。人类社会的前进总要表现为物质生产和精神生产的发展，其成果就是物质文明和精神文明。马克思主义是工人阶级的科学世界观，是全人类精神文明的伟大成果，是社会主义意识形态起主导作用的组成部分。社会主义要求在马克思主义指导下，一方面继承以往精神文明的优秀成果，另一方面又必须在新的基础上创造更高的精神文明。一个社会主义国家，只有坚持以马克思主义为指导，一手抓物质文明建设，一手抓精神文明建设，才能健康、协调、全面地发展，而不致走上畸形和变质的邪路。

第六，实行民族平等和民族团结，反对民族歧视和民族压迫。民族对立和民族压迫根源于阶级对立和阶级压迫。社会主义消除了阶级剥削和阶级压迫，这就消除了种族歧视和民族压迫的阶级根源。无产阶级只有解放全人类才能最终解放他们自己。马克思主义认为，压迫其他民族的民族是不自由的，坚持以马克思主义理论为指导的社会主义国家，必然奉行民族平等和民族团结政策，反对民族歧视和民族压迫，建立起各民族友好互助的大家庭。坚持睦邻友好，与世界各国友好相处，走和平发展道路，谋共同繁荣。这是由马克思主义的世界观和社会主义制度的性质所决定的。

第七,坚持独立自主的和平外交原则,反对侵略战争,反对霸权主义和强权政治,支持被压迫民族和被压迫人民的正义斗争,维护世界和平。

第八,坚持工人阶级政党的领导。社会主义制度的建立、巩固和发展,必须依靠以马克思主义理论为武装的、按照民主集中制原则组织起来的、密切联系群众的、实行批评和自我批评的工人阶级先锋队——共产党的领导来实现。否则,就没有社会主义。一定要把坚持共产党的领导和充分发展社会主义的民主和自由紧密地结合起来、统一起来。

二 坚持社会主义就是要坚持社会主义的基本特征和基本原则

以上这些基本原则和基本特征就是科学社会主义本质的完整体现。列宁讲的社会主义是生产资料公有制加按劳分配,是从生产关系上讲社会主义区别于其他社会形态的最根本的东西。只要是生产资料公有制和按劳分配,它就是社会主义。但要使社会主义得到全面的、完整的体现,上述基本特征和基本原则是缺一不可的。缺了哪一条,社会主义都是不完整的,或使社会主义受到损伤,甚至使整个社会主义大厦垮下来。特别是其中关于无产阶级专政、共产党的领导、马克思主义在意识形态领域的指导地位等,少了哪一条都不行。我们要坚持社会主义就是要全面坚持上述基本特征和基本原则,就是要按照上述科学社会主义的基本特征和基本原则的要求来建设社会主义,搞好改革开放。社会主义制度的优越性就是来自这些基本原则和基本特征。只有按照这些基本原则和基本特征的要求来改革和完善社会主义,社会主义制度的优越性才能得到充分的发挥。

这里要科学地区别社会主义的基本制度和现实社会主义社会中的具体实现形式和复杂现象。基本制度由基本特征所构成,至于各种具体形式和复杂现象,有些是由社会主义制度本质所决定,符合社会主义基本特征的要求,是有生命力的;有些社会现象则是旧社会的痕迹如官僚主义、特权思想、以权谋私、投机诈骗等,都是封建主义、资本主义的遗留或受国际资本主义的影响,同社会主义的本质格格不入,妨碍着社会主义优越性的发挥,要采取措施加以消除。

还应指出,那种说"到底什么是社会主义,本身就没有一个很确切的含义","什么是社会主义现在谁也说不清",把坚持社会主义说成无从谈起的东西,是毫无根据的。当然,如果说社会主义的具体实现形式现在还说不清，有待于在改革中去探索和创新，那无疑是对的。这种说法同前者根本不同。前者是否定社会主义的基本特征，否定坚持社会主义的必要性，后者则是要打破思想僵化，通过改革来完善社会主义，更好地坚持社会主义。

上述科学社会主义的基本特征和基本原则，作为社会主义的本质要求，对于每个社会主义国家都具有普遍适用性，但其具体的实现形式和程度，在不同国家和不同发展阶段又是不同的。建设社会主义没有也不可能有统一的、固定不变的具体模式。各个国家在建设社会主义的具体实践中，必须根据自己的国情和生产力发展的实际状况，来选择具体的发展道路。中国共产党就是根据这种要求，把科学社会主义的一般原理同我国国情相结合，建设有中国特色的社会主义，并丰富和发展科学社会主义学说。

三　坚持和实现社会主义的基本特征和基本原则需要一个长期的实践过程

搞社会主义必须坚持社会主义的基本特征和基本原则，但社会主义基本特征和基本原则的实现，要经历社会主义的若干发展阶段，经历一个长期实践过程。其原因主要有两个方面，一是受生产力发展水平的制约。例如，无论是生产资料公有制，还有按劳分配、计划经济与市场调节相结合，其完善程度、所占地位，都受生产力发展水平的严格制约，都只能随生产力的发展而发展完善。再如，不仅精神文明建设中科学文化、思想道德水平的提高，要受生产力发展水平的制约，就是人民民主专政中民主政治建设的发展，也要受由生产力发展所决定的科学文化水平的制约。由于这样原因，上述基本特征的实现，在我们这样原来经济落后的国家中，就要经历一个更长的建设过程；二是社会主义是新生事物，不可能一开始就得到完善，社会主义建设是前无古人的事业，不可能一开始就搞得很好。特别是它的各个特征、各项原则的实现，在各个国家都要从自己的国情出发找到适当的具体实现形式，这都要经过反复的探索和实践。其中有成功，也会有失败。要总结成功的经验，也要吸取失败的教训，才能不断改进和完善。这就不能不经历一个长期的，甚至是艰难曲折的过程，社会主义才能逐渐完善起来，优越性才能充分发挥出来。要求社会主义一下子就是完善的，优越性一下子就能充分发挥出来，是不实际的。

建设社会主义是一个长期的历史过程,在这个过程中,同时就是对社会主义基本特征和基本原则不断丰富、发展和完善的过程。这就是说在建设社会主义过程中,一方面要坚持这些基本特征和基本原则,另一方面又要丰富、发展和完善。我们要坚持的这些基本特征和基本原则绝不是僵化、凝固的教条,它要根据本国国情选择适合本国特点的社会主义道路,丰富和发展社会主义学说。我们说丰富和发展,绝不等于可以背离这些基本特征和基本原则,背离了社会主义基本特征和基本原则,也就抛弃和背离了社会主义。

对高尚全有中国特色社会主义基本特征的质疑

正确认识什么是有中国特色社会主义的基本特征十分重要，关系着改革开放的基本方向。高尚全同志在《炎黄春秋》2006年第9期《深化改革是中国的唯一出路》一文提出了他所设想的有中国特色社会主义的基本特征。看过之后不能不令人忧虑和不安。我的看法虽属粗浅，但也不能不把它提出来，与高尚全同志探讨，向理论界的同志请教。

对于什么是有中国特色的社会主义，高文提出："它有五个基本特征：1. 以民为本，是中国特色社会主义的根本出发点；2. 市场经济，是中国特色社会主义的经济运行基础；3. 共同富裕，是中国特色社会主义的根本目的；4. 民主政治，是中国特色社会主义的重要保障；5. 中华文化，是中国特色社会主义的内在要求。"

在这五个基本特征中，没有哪个是属于社会主义性质的规定性的。

在有中国特色社会主义特征中，它应当体现出两个方面，一是社会主义性质的一般特征、一般规定性的内容；二是同我国国情相结合的特殊表现。应当是一般和特殊的结合和统一。

什么是社会主义性质的一般规定性呢？

马克思历史唯物主义基本观点指明，上层建筑决定于其经济基础，而经济基础则由生产方式所构成。一定的生产方式又是由一定的生产条件所有制，特别是其中的物质生产条件，即生产资料所有制所决定。有什么样的生产资料的所有制，就有什么样的生产方式，就有什么样的经济基础，以及由其决定的上层建筑，也就是说，就有什么样的社会。马克思说："资本主义生产方式的基础就在于：物质的生产条件以资本和地产的形式掌握在非劳动者的手中，而人民大众只有人身的生产条件，即劳动力。"①

---

① 《马克思恩格斯选集》第三卷，人民出版社1972年版，第13页。

在这样的生产条件下，劳动者只有把自己的劳动力作为商品出卖给占有生产资料的资本家，才能与生产资料相结合进行生产。这样，他们所创造价值的一部分甚至大部分，要作为剩余价值被资本家无偿占有，而他们自己所得到的，只能是由劳动力价值所决定的工资，只能维持劳动力的再生产。社会主义的基础则是在废除这种生产资料的资本主义私有制基础上建立的社会主义公有制。它使劳动者可以在共同占有生产资料基础上从事联合劳动、进行按劳分配，可以实现共同富裕，这是社会主义和资本主义在经济上的基本区别所在。基础就在于生产资料的所有制不同，就在于以生产资料的公有制代替了生产资料的资本主义私有制。

所以，马克思、恩格斯在《共产党宣言》中宣布："共产党人可以用一句话把自己的理论概括起来：消灭私有制。"①

所以，消灭私有制，实现公有制，这是共产主义第一阶段——科学社会主义最首要的原则，在这个基础上消灭剥削，实行按劳分配，才能实现共同富裕的目标。

所以，列宁说社会主义就是"生产资料公有和按劳分配"②。小平同志也说："我们坚持了社会主义公有制和按劳分配的原则，……也就是……坚持了科学社会主义。"③

所以，改革开放以来，我国宪法虽几经修改，但总纲第六条仍然规定："中华人民共和国的社会主义经济制度的基础是生产资料的社会主义公有制，即全民所有制和劳动群众集体所有制。社会主义公有制消灭人剥削人的制度，实行各尽所能、按劳分配的原则。"而对社会主义初级阶段则规定，要"坚持公有制为主体、多种所有制经济共同发展的基本经济制度，坚持按劳分配为主体、多种分配方式并存的分配制度"，党章中也作了同样的规定。

但是，高尚全同志却不顾这一切，不顾马克思科学社会主义的基本原则，不顾我国宪法对我国社会主义基本经济制度的规定，在他所提出的有中国特色社会主义基本特征中，根本没提生产资料公有制和按劳分配。而离开了生产资料公有制和按劳分配，他所提出的那几个特征，有些不成其

---

① 《马克思恩格斯选集》第一卷，人民出版社 1972 年版，第 265 页。
② 《列宁选集》第三卷，人民出版社 1960 年版，第 62 页。
③ 《邓小平文选》第二卷，人民出版社 1983 年版，第 165 页。

为社会主义的特征，有的则是无法实现的空话。

首先看"共同富裕"。这确实是社会主义的目的、目标。实现共同富裕体现着社会主义的本质，是社会主义的根本原则。真正实现共同富裕，确实是社会主义的重大特征。但是，只有以生产资料公有制为基础，消除了剥削，实现了按劳分配，才能真正实现共同富裕。而离开了生产资料公有制和按劳分配，靠按要素分配，即工人出卖劳动力，按劳动力价值得到工资，企业经营者按资本获得利润（剩余价值），不仅不能实现共同富裕，还要使收入差别越来越大。请看一篇文章所列举如下的事实：

"中共中央统战部、中国工商联、中国民（私）营经济研究会，调查提供的公开发表的材料表明，2004年全国私营企业共344万个，注册资本42146亿元；从业人员4714万人……可见，鼓励发展私营企业的总方向是正确的。"但"从另一方面看，收入差距确实拉大了，企业主个人收入年平均为20.2万元，被雇工人年人均工资加奖金为8033元（相当于国企职工人均工资14577元的55.11%），相当于企业主年均收入的3.98%，即25.11∶1，一个企业主的收入相当于25个职工的收入。这是平均计算的。实际上，企业主内部差别甚大。比如，资本千万元以上的企业，其职工的年收入仅为6819元，相差近千倍，而资本亿元以上的业主（以年收入5000万元计）与职工年收入之差为3900倍"[①]。

事实证明，只有坚持生产资料公有制和按劳分配，坚持生产资料公有制为主体、按劳分配为主要分配方式，并在生产力发展的基础上逐步扩大公有制和按劳分配的比重，才能实现社会主义的共同富裕这一根本目标。否则，那只能成为空话。

再看"以民为本"。如果这民指的是广大人民群众，那主体应当是工农劳动群众，这样的以民为本，符合社会主义生产目的。但是，实现这样的以民为本，那就要坚持以生产资料公有制和按劳分配为主体。离开了生产资料公有制和按劳分配，广大劳动者要到私营企业中出卖劳动力，算什么以民为本？那只能说是以民营企业为本。

再看"民主政治"。社会主义同人民民主密不可分。经过改革，建设有中国特色的社会主义，应不断加强和完善社会主义的民主和法制。社会

[①] 见《科学认识分配关系与所有制结构之间的内在联系》，《社会主义经济理论与实践》（中国人民大学复印报刊资料）2006年第3期。

主义在生产资料公有制基础上废除了阶级剥削和阶级压迫，可以实现最广泛的、真正的人民民主。但其前提是坚持生产资料公有制。离开了生产资料公有制，工农劳动群众失去了企业中的主人翁地位，就不可能实现真正的人民民主，"民主政治"也将成为空谈。实际上，民主政治、民主自由等口号，资产阶级不是已经喊了几百年了吗？那只是资产阶级少数人的民主，其实质是资产阶级对无产阶级的专政，那是建立在资本主义经济制度基础上的上层建筑，是为维护资本主义剥削制度服务的。能够保证有中国特色社会主义的民主政治制度，只能是在中国共产党领导下的以工人阶级为领导，以工农联盟为基础，团结一切可以团结的社会力量的人民民主专政。这是广大人民群众对少数反社会主义的敌对分子的专政。这里的民主，其范围随着社会主义事业的发展，阶级斗争的逐渐消失会越来越大，越来越广。但只要还存在着反社会主义的敌对分子，只要国内外还存在企图颠覆我国社会主义制度的敌对势力，我们的民主政治就只能是人民民主专政，就要有强大的国家机器来保护我国社会主义制度。这是建设有中国特色社会主义不可缺少的政治保证。特别是我国尚处于社会主义的初级阶段，在公有制占主体的条件下还要允许多种所有制并存；还要允许和鼓励私营经济的存在和发展，如何保证私营经济在有利于社会主义现代化建设的轨道上遵纪守法、健康发展，如何确保将来向社会主义中级阶段和平过渡时，使其和平转变为社会主义公有制经济，都需要有人民民主专政国家机器作后盾。小平同志说："没有民主就没有社会主义，……社会主义愈发展，民主也愈发展。……但是发展社会主义民主，绝不是可以不要对敌视社会主义的势力实行无产阶级专政。……因此，在阶级斗争存在的条件下，在帝国主义、霸权主义存在的条件下，不可能设想国家的专政职能的消亡，……没有无产阶级专政，我们就不可能保卫从而也不可能建设社会主义。"[①] 讲有中国特色社会主义特征，怎么可以抛开人民民主专政，只抽象地讲"民主政治"？

再看"中华文化"。有中国特色社会主义在文化上当然要发扬中华文化。但中华文化中既有健康向上的精华，也有腐朽没落的糟粕，只有同马克思主义科学理论相结合，在马克思主义先进思想理论的指导下，才能得到健康的弘扬和发展，才能成为建设有中国特色的社会主义的精神动力。

---

① 《邓小平文选》第二卷，人民出版社1983年版，第168—169页。

讲有中国特色社会主义在思想文化上的特征，怎么可以抛弃马克思主义的指导地位不讲？离开了马克思主义的指导作用，党的领导地位、社会主义道路、人民民主专政，这一切都将完全丧失。

最后，我们看看"市场经济"。通过经济体制改革，我们要建立社会主义市场经济体制，但要把市场经济说成是我国社会主义经济的基本特征，恐怕并不妥当。

一切经济活动由市场来调节，由价值规律盲目支配，这是以私有制为基础的发达的商品经济，即资本主义经济的特征，而不是以公有制为基础的社会主义经济的特征。社会主义经济，仍然要采取商品经济形式，仍然要利用市场机制和价值规律的调节作用。但社会主义经济又是以公有制为基础，或在公有制为主体基础上的市场经济，是与社会主义基本经济制度相结合的市场经济。这样的市场经济，一要受社会主义所特有的经济规律，特别是社会主义基本经济规律的制约，二要受反映这些规律要求的社会主义国家有计划的宏观调控的制约，并非一切都由市场盲目支配。在一定历史时期内，市场有着不可替代的积极作用，但它也有其弊端。不可只看到其长处，而忽视其短处和可能造成的危害。我们经过改革所要建立的市场经济，应当是同社会主义基本经济制度相结合的市场经济。这样的市场经济，既可发挥市场经济的长处、积极作用，又可发挥社会主义制度自身的优越性，克服市场经济的短处、消极作用。这才是社会主义的市场经济。离开了生产资料公有制和按劳分配，市场经济就不是社会主义的，更不能成为社会主义的基本特征了。

这些情况又说明，讲中国特色社会主义的基本特征，不仅不讲生产资料公有制和按劳分配为主体这一社会主义基本经济制度不行，不讲人民民主专政，不讲马列主义、毛泽东思想也不行。这些都是邓小平同志一再强调的，党纲明确规定的，我们党必须始终坚持的四项基本原则的重要内容。小平同志指出："为了实现四个现代化，我们必须坚持社会主义道路，坚持无产阶级专政，坚持共产党的领导，坚持马列主义、毛泽东思想。……如果动摇了这四项基本原则中的任何一项，那就动摇了整个社会主义事业……"[①]

但是，高尚全同志一方面说："邓小平同志创立的中国特色社会主

[①] 《邓小平文选》第二卷，人民出版社1983年版，第173页。

理论，是指导我国现代化建设和改革开放的强大武器。"但另一方面，他所提出的有中国特色社会主义基本特征中，又完全脱离了小平同志所反复强调要坚持的这四项基本原则。这无非是在打着小平同志的旗号，推行他自己的理念。

　　高尚全同志打着理解小平同志的旗号，提出这样一个完全脱离四项基本原则的"有中国特色社会主义基本特征"，无非是为接下去他所提到的、他推行改革的指导思想开道。好像有了这五条基本特征，他就可以对人们提出的现在国有经济比重太小、公有制已不占主体地位的情况不予理睬，不当回事，并予以讽刺；就可以一方面把我国国有经济，即全民所有制经济贬之为"以国家为本的社会主义"，并把它同恩格斯曾批判过的拉萨尔的国家社会主义（马克思称之为"普鲁士王国政府的社会主义"）相提并论；另一方面却又把私营经济美化为"民有、民营、民享的""民本经济""是人民社会主义"，把它作为我国经济发展方向，大加推崇，并不惜冒曲解之嫌，把马克思在《资本论》中阐明资本积累的历史趋势，用否定之否定的辩证规律描述其历史过程时讲的"重新建立个人所有制"搬到这里来，当作其推行、宣扬私有化的护身符，等等。他这种国退、民进，搞民营化、私有化的指导思想，同他那五条基本特征，抛弃社会主义基本经济制度、抛弃四项基本原则是一脉相承的。如果中国的改革真的沿着高尚全同志所提出的这样的指导思想走下去，社会主义事业将半途而废，我国人民将重新陷入苦难深渊，"中国人民就将失去一切希望"[①]。

　　[①]《邓小平文选》第二卷，人民出版社1983年版，第176页。

对高尚全所提改革指导思想之评析

高尚全在《炎黄春秋》2006年第9期所发《深化改革是中国的唯一出路》一文，以理解邓小平同志有中国特色社会主义的名义提出了他所设想的"有中国特色社会主义的基本特征"五条，并提出了相应的改革基本指导思想。对他所提出的五条基本特征，我在《对高尚全有中国特色社会主义基本特征的质疑》中作了初步分析。这里，仅就其所提出的改革指导思想做些探讨。

高尚全文章提出的改革指导思想，是从回答人们对改革中出现的问题和所提出的意见开始的。他说："有人认为，现在全国工业产值中，国有的比重已经不到20%，公有制经济不占主体地位了，不是搞社会主义了，是搞资本主义了；有人批判说，根据普查，工业领域中，国有和集体企业就业比重只占20.3%，这怎么叫社会主义？这就是资本主义。按照这些先生们的逻辑，只能搞一次国有化运动，把国有经济比重搞到70%—80%才算搞社会主义。按照他们的逻辑，只有倒退回去才算是社会主义。"

看来，高尚全对人们所提出的这种情况，国有经济、公有制经济降到这种程度，是不以为然的，对人们所提出的意见，是根本不想考虑的，而且，予以讽刺、挖苦和斥责。

可是，对这种情况人们不应当提出意见吗？公有经济降到如此程度，不应引起注意吗？难道党章、宪法规定的，小平同志反复强调的，江泽民同志、胡锦涛同志也都一再讲的，要坚持公有制为主体、国有经济为主导，都可以置之不顾吗？

生产资料所有制问题，这是决定社会性质的最根本的问题。前文我已经说过，这是马克思历史唯物主义基本观点所指明的。社会主义和资本主义区别的根基就在于所有制不同，就在于资本主义是资本家占有一切生产资料，而劳动者、工人则只有劳动力，他们只有向资本家出卖劳动力，接受资本家的剥削，为资本家创造剩余价值才能从事劳动生产，才能生存，而社会主义则是在废除这种资本主义私有制的基础上建立起生产资料的公有制，因而劳动者可以在共同占有生产资料基础上，从事联合劳动，共同占有劳动成果。社会主义之所以可以废除剥削，实现共同富裕，之所以能实现人民当家做主，实现最广泛的人民民主，就在于社会主义是以生产资料公有制为基础。离开了生产资料公有制，这一切都不可能。社会主义的一切优越性，无不植根于生产资料公有制。没有公有制就没有社会主义。我国目前处于社会主义初级阶段，要允许多种所有制并存，允许私人经济的存在和发展，它之所以还是社会主义，就在于它是公有制占主体。离开公有制为主体，它就不成其为社会主义，就要逐渐丧失其社会主义的性质。

是否坚持社会主义公有制，是否坚持公有制为主体，关系如此重大，如此重要，人们看到改革中国有经济比重已经太小，公有制已不占主体地位，怎么能不提出批评和意见？这是他们关怀社会主义的前途，关怀党和国家的前途和命运，是无可非议的。不可理解的是高尚全对这种情况不但不当回事，还对提出意见的人横加指责、讽刺、挖苦。请问，为什么这样？

原来，这位高尚全心目中的改革，并非是社会主义自我完善，并非要走中国特色社会主义道路，而是要搞国退、民进，搞民营化、私有化。

这首先表现在他竭力贬斥国有制，否定全民所有制。

众所周知，我们社会主义国家是以工人阶级为领导、以工农联盟为主体的人民当家做主的国家。国有经济就是全民所有制的经济。我国宪法总纲第七条规定："国有经济，即社会主义全民所有制经济，是国民经济中的主导力量，国家保障国有经济的巩固和发展。"

但高文对我国社会主义国有经济大加贬斥，说"社会主义的本质是以民为本，以社会为本。那种国家控制全部资源，国家包办所有企业，国家作为创造财富的主体，总之是以国家为主体的社会主义，以往的历史已做出了结论。国家社会主义，就是要通过国家的力量把企业和托拉斯国有化。德国拉萨尔曾鼓吹国家社会主义。恩格斯曾作过深刻的批判……"

面对这段话，需要指出以下几点：

第一，我们的国家是人民当家做主的国家，如果"以民为本"的民指的是以工农劳动人民为主体的广大人民群众，那么"以民为本"同"国有""国营"都是一致的，不是对立的。社会主义公有制中的全民所有制，在国家存在的条件下，就不能不表现为国有或国营。否定了国有经济，就是否定了全民所有制。高之所以要打着"以民为本"的旗号，来贬斥、否定国有经济，无非是因为他所说的"以民为本"的"民"，不过是民营、民营企业主罢了。

第二，我们要坚持国有经济在国民经济中发挥主导作用，并没有要"国家控制全部资源、国家包办所有企业"。这里的"控制全部""包办所有"云云，都是莫须有的，无非是为了贬斥而强加的。这是显而易见的。

第三，为了否定社会主义全民所有制，否定社会主义国家的国有制，他居然把我国人民民主专政的国家所有，把人民当家做主的国家所有，同恩格斯所批判的、拉萨尔所鼓吹的国家社会主义混为一谈。对于拉萨尔所鼓吹的国家社会主义，马克思称之为"普鲁士王国政府的社会主义"。普鲁士王国政府，是地主资产阶级的国家，那种国家所有，当然不是社会主义，它同我国人民当家做主的国家所有，怎么可以相提并论、混为一谈？正因为不同，所以，马克思、恩格斯虽然一方面批驳了拉萨尔的国家社会主义；另一方面却又提出"无产阶级将取得国家政权，并且首先把生产资料变为国家财产"①。这是把生产资料的国有化看作是实现生产资料公有制的必经之路。

高尚全同志对我国人民当家做主的国家所有，同拉萨尔主张的"普鲁士王国政府的社会主义"的区别，岂能不清楚？然而，"为了否定社会主义全民所有制"，他竟完全抛弃了马克思主义理论工作者必备的实事求是的科学态度。

高文一方面贬斥、否定我国国有经济，另一方面又竭力美化民营经济、私营经济。他说："我所提出的民本经济，就是以民为本，民有、民营、民享的经济，也就是老百姓经济。"多好听啊！那么高尚全如此美化的民本经济是什么呢？是集体所有制吗？显然不是。集体所有制作为公有制的一种形式，他是不感兴趣的。他对我国公有制已不占主体，人们提出意见，他不但不考虑，还予以斥责。十分明显，他所说的民营经济，"民有、民营、民享"的经济，就是私人经济。正因为如此，他才把马克思在《资本论》中所讲的那句著名的话"重建个人所有制"拿到这里来，作为他要推行私有制的护身符。他把马克思这句话孤立地拿到这里来，并

---

① 《马克思恩格斯选集》第三卷，人民出版社 1995 年版，第 754 页。

说"马克思提出,要重建个人所有制"。好像他搞民营化、私有化是遵循马克思之意。

但马克思关于"重新建立个人所有制"的说法,根本不能成为放弃公有制去发展私人所有制的根据。因为马克思所讲的"重新建立个人所有制",恰恰是在生产资料共同占有,即实现生产资料公有制的基础上实现的。请看马克思在《资本论》中是怎么说的:"从资本主义生产方式产生的资本主义占有方式,从而资本主义的私有制,是对个人的、以自己劳动为基础的私有制的第一个否定。但资本主义生产由于自然过程的必然性。造成了对自身的否定。这是否定之否定。这种否定不是重新建立私有制,而是在资本主义时代的成就的基础上,也就是说,在协作和对土地及靠劳动本身生产的生产资料的共同占有的基础之上,重新建立个人所有制。"①

很明显,这里马克思是在运用辩证法否定之否定规律对资本积累过程所进行的精辟分析,第二次的否定恢复了肯定阶段某些特征、特性,但并不是回复到以私有为基础的个体所有制,而是在更高的即在生产资料公有制基础上,重新建立劳动者对自己劳动、对自己劳动产品的个人所有。就社会主义阶段来说,就是经过按劳分配实现对个人消费品的个人所有。这就是说,马克思这里所说的重建个人所有制,是要在废除资本主义私有制,建立生产资料公有制的基础上实现的,与高尚全主张民营化、私营化正好相反。高尚全在这里引用马克思这句话作为他要推行私有化、民营化的护身符,显然是对马克思的歪曲。

为了美化民营经济、私人经济,他还提出一种说法、一种观点,他说,"这种经济它可以使'你要我干'变成'我要干',能使人民群众的积极性、内在动力和创造力充分激发出来。"这是在宣扬民营经济比国有经济、私有经济比公有经济优越,是一种私营经济优越论,是似是而非的。

很明显,在私有经济中,真正能够实现"我要干"的,只有个体生产者、独立劳动者。他们是同极落后的生产条件相联系的,随着生产力的发展,必然逐步被大生产所代替,在市场价值规律的作用下,必然两极分化,大多数贫困破产,沦为无产者,成为劳动力的出卖者,在资本家或私

---

① 《资本论》第一卷,人民出版社 1975 年版,第 832 页。

营企业主的管理下，为资本家、为企业主而生产。在这种场合，能够说是"我要干"，而不是"要我干"的，只有资本家、企业主；广大劳动者，他们的劳动都不是出于"我要干"，而是不得不接受"要我干"，而且是不想干也得干。所以，靠私有制，劳动者实现不了"我要干"，只有在生产资料公有制的基础上，才能改变这种"要我干，不想干也得干"的局面。

在生产资料公有制基础上，人们从事联合劳动，人人都是劳动者，又都是生产经营共同体的主人，都是为自己的联合劳动共同体干，也就是为自己干，不再是为资本家、为剥削者干了。都是以主人翁的身份，发挥主人翁的积极性、创造性。

但是以公有制为基础的社会主义经济活动，又不应是各自为政、一盘散沙；各企业、各部门，都要在人民自己选出的、代表自己利益的国家、政府、经济活动中心的统一领导下，有组织、密切配合地进行；各企业、车间、班组，也都是统一指挥，有组织有领导地进行。这就不能没有"要我干"的问题。在这里，"要我干"同"我要干"是相互结合的，是统一的，不可分割的。完全的"我要干"那只能是个体小生产，它必然被资本主义的大生产所代替。而在资本主义大生产中，对于广大劳动者来说，只能是"要我干"而不存在"我要干"了。只有废除了资本主义私有制，建立起社会主义公有制，劳动者才能重新开始"我要干"。但这不是恢复小生产，而是社会化大生产，是生产资料公有制基础的恢复。它要同有组织、有领导相结合，同"要我干"相结合。主张恢复完全的"我要干"那是个体小生产者的心态，是历史的倒退。资本主义以社会化大生产代替个体小生产，是生产发展的必然，是历史性的进步。社会主义以生产资料公有制代替资本主义私有制，也是历史的必然，是历史性的更大进步。资本主义比个体小生产优越，社会主义则更比资本主义优越，这种优越最主要的就是，它是在新的基础上重新恢复了广大劳动者的"我要干"，可以最充分调动广大劳动者、生产者的主人翁积极性、创造性。高尚全所说的那种"能使人民群众的积极性、内在动力和创造力充分激发出来"的情况，在社会化现代生产条件下，那不是民营经济、私有经济可以实现的，那只有社会主义公有经济才能实现。这正是社会主义的最大优越性。社会主义优越于资本主义，这已为最基本的历史事实所证明。

十月革命后的苏联人民，在苏联共产党的领导下，在帝国主义封锁包围下，在原来沙皇俄国那样落后（十月革命前沙皇俄国的工业产值只及美国的 6.9%）的基础上，又经过 14 个帝国主义国家的武装进攻和国内战争的破坏，在这样的废墟上，建成了一个在科学技术、经济实力和军事上，都能同世界头号帝国主义强国——美国相匹敌的社会主义强国。而且，这期间苏联在第二次世界大战中遭到了巨大的破坏，为战争的胜利作出了最大的牺牲、最大的贡献，而美国却大发战争财。然而，战后苏联经济得到了迅速的恢复和发展，并成功地发射了第一颗人造地球卫星，开创了人类宇航史的新时代。如果仅看"二战"前，从第一个五年计划（1928 年）开始，到 1940 年，短短的 12 年，苏联工业增长了 5.5 倍，年均增长率高达 16.9%，其中重工业增长 9 倍，年均增长 21.2%，基本上实现了工业化。而资本主义国家实现工业化却经历了一二百年。这些曾震惊世界的历史事实证明，以公有制为基础的社会主义具有资本主义所无法比拟的优越性。

中华人民共和国成立后，我们用短短三年时间完成了国民经济的恢复工作，第一个五年计划的超额完成，就打下了我国社会主义工业化的初步基础。几十年来，国民经济持续高速增长，在世界上处于领先地位，取得了举世瞩目、震惊世界的成就。

我国目前仍处于社会主义初级阶段，生产力仍然落后，仍然要允许多种经济成分并存，仍然要允许外资企业和私营经济的存在和发展，但这必须是在确保公有制为主体、国有经济为主导的前提下。前期改革成果显著，但也存在一些问题，最大的问题就是国有资产严重流失，公有经济比重严重下降，丧失了主体地位。必须采取有效措施，坚决扼制这种趋势，并逐步恢复公有制的主体地位和国有经济的主导地位。也就是说，我们的改革一定要在与时俱进的马克思主义指导下，坚持四项基本原则，沿着社会主义道路前进，只有如此，才能实现共同富裕，为构建社会主义和谐社会奠定坚实的基础。否则，靠私有化、民营化，只能如杨承训同志在《科学认识分配关系与所有制结构之间的内在联系》一文中所列出的那种事实情况，使收入差别显著扩大，仅靠二次分配的调节，只能是修修补补，解决不了根本性问题。

第七部分

有关社会主义民主政治建设的一些问题

如何理解自由化的资产阶级性质[*]

"自由化"一词，源出于原美国国务卿杜勒斯，他在一次国策声明中说，美国的政策是促进苏联东欧国家自由化（即自由主义化）。资产阶级为什么可以打起自由化的旗号，他们为什么会妄图用这个口号来实现他们对社会主义国家搞和平演变的梦想？

"自由"的原意是从被束缚下解放出来。在政治上，自由是指在社会活动中有按照自己的意志进行活动的权利。自由从来不是抽象的，在阶级存在的社会里，都具有一定的阶级内容。古罗马斯巴达克奴隶起义时提出的自由，是指从奴隶主的压迫和奴役下解放出来。资产阶级革命时期提出的自由是指"个性解放""保障人权""贸易自由"等，实质是要求打破封建专制制度的束缚，让资本家有发展资本主义的自由，有剥削工人的自由；工人有出卖劳动力的自由，有受剥削的自由。在阶级社会里，自由只能为一部分人所享用；有剥削阶级剥削劳动人民的自由，就没有劳动人民摆脱剥削的自由。只有在建立了生产资料公有制的社会主义社会里，才能使占社会上人口绝大多数的劳动人民获得真正的自由。既然如此，资产阶级为什么能打起自由、平等的旗号来实现他们的阶级统治呢？

资产阶级之所以能把自由、平等作为旗帜来实现其阶级统治，首先同他们革命时期所面临的对象是毫无民主、自由可言的封建专制制度有关。这种历史条件，使他们可以利用自由、平等的口号，把受封建主义压迫到难以忍受的广大劳动群众团结过来，投入反封建主义的斗争。其次，但也是更主要的，则是由于立足于商品经济之上的资本主义剥削方式的特点。

自由、平等是商品交换关系发展的内在要求。商品交换的前提是交换双方都要承认对方对自己商品的所有权，有自由处置自己商品的平等权

---

[*] 本文原载于《理论与实践》1987年第5期，原题为《什么是自由化，为什么叫资产阶级自由化》。

利。等价交换原则的贯彻就要以当事人双方都处于自由平等的地位为前提。但是，按照商品等价交换原则进行的这种自由、平等的交换中，实现着事实上的不平等。因为商品价值是由社会必要劳动时间决定的。商品的等价交换是等量社会必要劳动之间的交换，而不是按等量个别劳动时间进行的交换。按照等量社会必要劳动时间这个平等原则所进行的交换，对于具有不同生产条件和不同劳动能力的各个商品生产者来说，又是个不平等的交换。在等价交换中，那些生产条件好，技术水平高，劳动能力强的商品生产者可以以自己较少的个别劳动耗费同那些生产条件差，技术水平低，劳动能力差的商品生产者所耗费的较多的个别劳动相交换。前者通过交换得到额外收入；后者则要造成亏损。靠这种等价交换原则掩盖下所实现的事实上的不平等，资产阶级得以在小商品生产者的两极分化的基础上产生并发展起来，大资本家得以在竞争中战胜和吞并中、小资本家，实现生产和资本的积聚和集中。并且，靠着这个原则，先进的资本主义国家还可以以商品、资本的输出，在自由、平等、援助的口号下，把自己的手伸向世界各地，去剥削其他国家和人民。这种自由竞争中的自由，商品等价交换中的平等，只有那些条件好的大资本家才能如愿以偿，而对于那些条件较差的广大商品生产者和经济落后的国家和人民来说，这往往是贫困、破产、饥饿和死亡。

商品经济制度不仅使资产阶级在等价交换和自由竞争中，可以打着自由平等旗号来求得自己的发展。而且他们在剥削压榨工人阶级剩余价值的实践中，也披上了劳动力自由买卖的自由平等的外衣。只要是确保私有财产神圣不可侵犯，从而只要不触动生产资料的资本主义所有制。这种建立于私有制和商品经济制度之上的自由平等原则，就不但不破坏资本主义制度，而且是资本主义得以存在和发展的条件。这就是资产阶级为什么能用自由、平等来标榜自己，把自己称为"自由世界"，把自己打扮成"自由天使"的原因。

这样，自由平等的口号，在资产阶级那里，在反封建的革命时期，它可以成为一面旗帜，把一切受封建专制制度压迫的群众团结在它的旗帜下，从事反封建的革命，具有很大的革命性和历史进步性；在革命胜利以后，它又可以用以掩盖自己阶级压迫的实质，在自由平等的口号下实现对劳动人民和世界被压迫人民的剥削掠夺和压榨，具有极大的虚伪性和欺骗性。

当然，无产阶级也应利用资产阶级的某些自由、平等权利去组织自己的阶级队伍，同资产者进行斗争，但是一旦这种斗争达到足以威胁资产阶级的阶级统治的时候，资产阶级就要用刺刀、洋枪、监狱、警察来代替这些虚伪的口号。实际上，资产阶级的民主就是对无产阶级的专政，但资产阶级不敢公开这一点。这是因为，他们是少数剥削者对广大人民的专政，需要用虚伪的民主自由口号来加以掩饰。在社会主义条件下，劳动人民第一次真正作为国家和社会的主人，享有真正的民主和自由。但我们公开声明，我们的民主只给人民，不给资产阶级和其他反社会主义分子。我们的人民民主和对敌人的专政是分不开的，是相辅相成的两个方面。我们之所以敢公开声明这一点，是因为我们的专政是人民群众的大多数对少数剥削者和反社会主义分子的专政，是正义的专政。

总之，"自由化"这个口号是立足于资本主义商品经济之上，有利于资产阶级的口号，所以我们称自由化为资产阶级自由化。

认清资产阶级自由、平等口号的
虚伪性和欺骗性[*]

发达资本主义国家的资产阶级代表人物，总吹嘘他们那里是"自由世界"，对于社会主义国家，他们总扮作自由的天使，推行自由化政策，力图通过和平演变，来颠覆社会主义制度。国内那些搞资产阶级自由化的人，也打着争民主、要自由的招牌反对社会主义，搞资本主义。实践证明，他们这一套东西确有很大的欺骗性，很容易蒙骗一些人。我们必须彻底揭露资产阶级民主自由的虚伪性、欺骗性。

首先应当肯定，历史上，自由平等这面旗帜，确实是由资产阶级在反封建斗争中首先提出来的。资产阶级之所以能在反封建斗争中首先提出自由、平等的口号，那是因为资产阶级在封建社会末期，处于无权的第三等级的地位。他们要发展资本主义就必须反对封建等级制，突破封建主义的压迫和束缚。同时，资本主义的发展还要求把农民、手工业者从封建主义人身依附的束缚下解放出来，可以成为出卖劳动力的自由人，可以到劳动力市场上自由地出卖自己的劳动力，供资产阶级剥削。这就使资产阶级在革命时期提出了自由、平等的口号。这个口号在反封建斗争中起了积极作用。

一个特别值得注意的现象是，资产阶级不仅在反封建的革命时期，而且在其维持反动统治，甚至在推行对外掠夺和侵略中，也可以打着自由、平等的旗号。

马克思的历史唯物主义教导我们，在阶级社会里没有超阶级的自由、平等、人权等。有剥削阶级从事剥削的自由，就没有被剥削阶级反对剥削的自由。平等也是一样，只有消灭阶级才能实现人类的真正平等。在资本主义社会里，自由、平等、人权只能属于占有生产资料——资本、掌握国

---

[*] 本文原载于《理论与实践》1989年第18期。全文收入中国人民大学复印报刊资料。

家政权的资产阶级所专有。但是他们可以打着超阶级的、抽象的自由、平等的口号，来推行他们的剥削和压迫、侵略和掠夺。其原因何在呢？就在于资本主义生产方式即资本主义剥削方式的特点。资本主义剥削方式的特点就在于它立足于商品经济之上。这是资产阶级可以打起虚假的自由平等旗帜的经济根源。

以往的、奴隶的、封建的剥削方式，都是以超经济剥削，以人身依附为其存在前提的。离开了人身依附和超经济强制，封建主义一天也维持不下去。但是，资本主义剥削方式与此相反，它的存在和发展所要的不是超经济的强制和人身依附，而是自由、平等。这是由于，一方面，立足于商品经济之上的资本主义生产，离不开商品市场和劳动力市场的自由买卖和平等交易。没有这两种市场的自由买卖和平等交易，资本家就难以买到生产资料和劳动力，它的生产就不能进行，它的剩余价值就不能在生产中被创造出来，它生产的产品中的价值，也不能通过市场上的交换得以顺利地实现；另一方面，以私有为基础的商品经济，又使资产阶级可以利用其表面上的自由平等原则来实现其事实上的不平等，实现其剥削和掠夺。

自由、平等是商品交换关系发展的内在要求。商品交换的前提是交换双方都要承认对方对自己商品的所有权，都有自由处置自己商品的平等权利。等价交换原则的贯彻就是以当事人双方都处于自由平等的地位为前提的。但是，商品等价交换中这种自由、平等存在着事实上的不平等。因为商品的价值是由社会必要劳动时间决定的。商品等价交换是等量社会必要劳动之间的交换。这种交换，对于具有不同生产条件和劳动能力的商品生产者来说，实际上是个不平等的交换。因为在商品生产中，支出同量个别劳动，那些生产条件好、技术水平高、劳动能力强的商品生产者，可以生产出数量多或质量好的产品，代表较多的社会必要劳动量，而那些条件差、水平低的商品生产者，则只能生产出数量较少、质量较差的产品，代表较少的社会必要劳动量，通过交换，前者实现较多的社会价值，得到额外利润，而后者只能实现少量社会价值，发生亏损。在这里，等价交换这个平等原则掩盖着具有不同生产条件生产者之间交换上的事实上的不平等。靠这个不平等，资产阶级得以在小商品生产者的两极分化的基础上产生并发展起来，大资本家得以在竞争中战胜并吞并中、小资本家，实现生产和资本的积聚和集中。并且，靠着这个原则，先进的资本主义国家还可以以商品、资本的输出，在自由、平等、援助的口号下，把自己的手伸向世界各地，去剥削其他国家和人民。这种自由竞争中的自由，等价交换中的平等，只有那些条件好的大资本家才能如愿以偿，才能得到好处，而对于那些条件较差的广大商品生产者和经济落后的国家和人民来说，这往往是贫困、破产、饥饿和死亡。

商品经济制度不仅使资产阶级在等价交换和自由竞争中，可以打着自由、平等旗号来求得自己的发展，而且他们在剥削压榨工人阶级剩余价值的实践中，披上了劳动力自由买卖的自由平等的外衣。只要是确保私有财产神圣不可侵犯，从而只要不触动生产资料的资本主义所有制，这种建立于私有制和商品经济制度之上的自由、平等原则，就不但不破坏资本主义制度，而且还是资本主义得以存在和发展的条件。这就是资产阶级为什么能用自由、平等来标榜自己，把自己称为"自由世界"，把自己打扮成"自由天使"的原因。

但是，在资本主义社会，不可能有真正的自由和平等，劳动人民不可能得到真正的民主权利。

自由、平等的口号，在资产阶级那里，在反封建斗争的革命时期，它可以成为一面旗帜，把一切受封建专制制度压迫的群众团结在它的旗帜下，从事反封建的革命，具有很大的革命性和历史进步性；在革命胜利以后，它可以用以掩盖自己阶级压迫的实质，在自由平等的口号下，实现对劳动人民和世界被压迫人民的剥削、掠夺和压榨，具有极大的虚伪性和欺骗性。

在资本主义社会里，真正能享受到民主和自由的只能是资产阶级，而且是大资本家。工人阶级和其他劳动群众是得不到真正的民主和自由的，这是由资本主义的本质所决定的。在资本主义制度下，自由、平等和民主，作为资本主义社会的上层建筑，是由资本主义的经济基础所决定的，它反映着资本主义经济基础的要求，为资本主义经济基础服务。所以，资产阶级的自由、平等和民主，都要以私有财产神圣不可侵犯为前提，要以保护资产阶级所有制为前提。如果自由、平等、民主的发展，超出了一定范围，足以威胁资产阶级的统治，威胁到资产阶级所有制，那么，资产阶级就会撕下他们自由、平等的遮羞布，而用军队、警察来代替。任何一个资本主义国家，那里的民主和自由，实际上，都只能是资产阶级剥削无产阶级的自由，大资本家在竞争中排挤、吞并中小资本家和广大小生产者的自由。至于工人阶级，他们只有出卖劳动力、受资产阶级剥削的自由，而没有不受剥削的自由。在这里，平等也只能是商品等价交换中的平等。这种平等，在资本家和雇佣劳动者之间，只是在劳动力买卖中所表现的"平等"，也就是剥削者和被剥削者之间的"平等"。民主也只能以此为前提，不能不受到种种限制。例如，为了尽可能把广大劳动人民排斥在选举之外，资产阶级国家对选民资格规定了财产状况、居住年限、文化程度，以及种族、年龄、性别、宗教信仰等种种限制。而且由于选什么人是由资产阶级政党按照垄断财团的意图事先圈定的，竞选人都是资产阶级的代表人物，广大劳动人民对选举也不感兴趣，即使有选举权，也不一定参加投票。在美国，1960 年参加投票的人占选民总数的 64%，1972 年为 55.6%，1978 年为 36%。这就是资产阶级普选制的普遍性。至于参加竞选，那就更要花一大笔竞选费用。据一般估计，要在美国一个州议会中取得一个议席，必须花 20 万美元，相当于中等收入的人 10 年的收入，至于竞选国会议员和总统所需要的费用，那就更不用说了。如果没有垄断财团作后盾，提供巨额经费，是根本不可能的。这样选出来的议员和总统，当然不能不是大资本家或其代理人，不能不效忠于垄断资本。

所以，资本主义社会的民主只能为少数剥削者——资产阶级所享有，是资产阶级专政的一种虚假形式。资产阶级一直标榜的"多党制""三权分立"等民主形式，也是如此。这些形式之所以一直被大多数资产阶级国家所采用，除了它们是资产阶级内部各垄断资本集团之间矛盾斗争的产物（资产阶级不可能形成一个统一的政党），是各垄断资本集团之间互相抗衡、互相制约、调节相互矛盾的需要之外，就是因为，它还有一个特殊作用，那就是它可以给人们以民主的假象，可以把劳动人民的希望寄托在垄断资本集团这种内部矛盾斗争之上，缓解阶级矛盾。"多党制""三权分立"就是这种植根于资产阶级内部矛盾、适应于资产阶级民主制度虚假性的需要所确立下来的特有民主形式，它并不具有普遍适用性。

资产阶级民主制度这种虚伪性、欺骗性，根源于资本主义剥削制度，是客观的、必然的。只有废除了生产资料的资本主义所有制，建立起生产资料的社会主义公有制，在人民当家做主的社会主义国家里，才能有以劳动人民为主体的真正的人民民主可言。当然，实践也证明，社会主义如何搞好自己的民主政治建设，完善社会主义的人民民主制度，这也是一个需要在实践中逐步解决的重大问题。不过，这是另外一个问题了，不是本文所要回答的。这里需要指出的是，我们绝不能因为我国社会主义民主尚不健全，就羡慕资产阶级那种虚假的所谓民主自由。

怎样认识资产阶级自由化思潮长期存在的客观必然性[*]

邓小平同志在接见首都戒严部队军以上干部时的讲话中指出："这场风波迟早要来。这是国际的大气候和中国自己的小气候所决定了的，是一定要来的，是不以人们的意志为转移的。"中国自己的小气候就是指资产阶级自由化的泛滥，那么资产阶级自由化泛滥的必然性又是什么？应当怎样理解我们同资产阶级自由化思潮斗争的长期性？将这个问题弄清楚是很重要的。它关系到我们能不能自觉地把反对资产阶级自由化的斗争坚持下去。我很愿意谈一谈自己的认识，供读者参考。

在我国社会主义初级阶段，资产阶级自由化思潮之所以会长期存在，其主要原因是：

（一）阶级斗争还将在一定范围内长期存在，这是资产阶级自由化思潮长期存在的国内根源

党的十一届六中全会决议指出："在剥削阶级作为阶级消灭以后，阶级斗争已经不是主要矛盾。由于国内的因素和国际的影响，阶级斗争还将在一定范围内长期存在，在某种条件下还有可能激化。既要反对把阶级斗争扩大化的观点，又要反对认为阶级斗争已经熄灭的观点，对敌视社会主义的分子在政治上、经济上、思想文化上、社会生活上进行的各种破坏活动，必须保持高度警惕和进行有效的斗争。"

但是，这些年来，在我们批判以阶级斗争为纲的错误，反对阶级斗争扩大化观点之后，一些同志又滋长了阶级斗争熄灭论，他们反对用马克思主义阶级分析的方法来观察那些具有阶级斗争性质的社会现象，在思想上完全丧失阶级警惕性，对资产阶级自由化鼓吹的超阶级的人性论，超阶级的绝对民主、绝对自由，当作解放思想的表现并加以接受。

---

[*] 本文原载于《理论与实践》1989年第17期。

诚然，社会主义在生产资料公有制的基础上消灭了阶级，社会主义从经济关系上看，只存在阶级差别，而不存在对立阶级。但是，社会主义社会中，特别是在社会主义初级阶段，还存在着敌视社会主义的分子、反革命分子。这些反社会主义分子和反革命分子，总是企图利用各种机会在政治上、经济上、思想文化上、社会生活上进行各种破坏活动。煽动资产阶级自由化就是他们反对共产党、反对社会主义的一个重要表现。

应当看到，在剥削阶级作为一个阶级消灭之后，阶级敌人虽然已经基本上失去了在经济领域里同我们进行抗争的物质条件，但是，他们在思想文化领域里的影响，我们却不可低估，不可掉以轻心。

（二）世界上还存在帝国主义，还存在资本主义和资产阶级的思想影响，这是资产阶级自由化思潮长期存在的国外条件

只要世界上存在帝国主义、资本主义，就不能不存在帝国主义、资本主义的影响。西方资产阶级总是企图利用我们对外开放的时机，进行意识形态的渗透，把中国引向资本主义。虽然20世纪初，资本主义已经进入帝国主义阶段，帝国主义作为垄断资本主义，它是资本主义的最高，也是最后阶段，是无产阶级革命的前夜。从总体上说，它已经日趋腐朽没落。但是，正如垄断不能消除竞争一样，帝国主义的一般腐朽、停滞趋势，并不排除某些国家、某一时期存在经济跳跃式增长的可能性。第二次世界大战以后，美、日等国利用各自特殊条件，利用世界科学技术的新成就，取得了经济的较快发展，并且，他们在国家垄断资本主义的基础上，又大力推行了凯恩斯主义和资产阶级改良主义，一方面，加强了国家的宏观经济控制，减少了社会经济活动的盲目性；此外，又大大加强了社会福利措施，使工人阶级、劳动群众的生活状况有相当的改善、阶级矛盾有相当缓和，这些又使资本主义世界出现了一次相对稳定的新局面。这都加强了他们在世界上两种社会制度竞争中的影响力。另外，社会主义从其社会制度上来说是先进的、优越的，但是由于我们是在半封建半殖民地的废墟上建立起来的年轻的社会主义制度，原来基础太落后，和发达资本主义国家相比，我们的生产力和科学技术水平还很低。因而，我们的生活、消费水平都差得很远。这就容易使一些人看不清社会主义的优越性。为了发展社会主义经济，迅速提高生产力，还必须实行对外开放的政策，向发达资本主义国家学习先进的科

学、技术、经营管理方法以及其他一切对我们有益的知识和文化。闭关自守、故步自封是愚蠢的。但是，在对外开放的形势下，就难免要带进一些西方资本主义腐朽没落思想文化的影响，有一些缺乏马克思主义思想准备的人，在对外交往中，容易只看到资本主义世界中的一些表面繁荣现象，欣赏、赞颂资本主义。这是资产阶级自由化思潮容易蔓延的重要原因之一。而对外开放又是我们长期不变的基本国策，因而反对资产阶级自由化的斗争也就不能不是一项长期任务。

（三）我国现在还处在社会主义初级阶段，社会主义制度还很不完善，它的优越性还不可能一下子充分发挥出来

通过改革，使社会主义逐步完善起来，使社会主义的优越性充分发挥出来，但这要有一个过程。只要社会主义还不完善，优越性尚未充分发挥出来，就会有些人对社会主义存在怀疑，自由化的思潮就有可能产生和发展。另一方面，社会主义是新生事物，我们党领导人民搞社会主义也缺乏经验，搞改革更没有先例，需要在实践中不断总结经验。这就有可能在实践中发生这样那样的失误，使一些人产生对党的领导的不信任情绪。有这种情绪就容易接受资产阶级自由化的影响，或者被自由化的鼓吹者所利用。

（四）"文化大革命"的消极影响不可能在短时间内肃清

回顾30余年的历史，不容否认，在一个比较长的历史时期内，我们党在指导思想上的确曾陷入"左"的错误。"左"的错误，特别是"文化大革命"的错误，在很大程度上败坏了党的声誉，败坏了社会主义的声誉，败坏了马列主义、毛泽东思想的声誉。粉碎"四人帮"，特别是十一届三中全会以来，由于党进行了一系列的拨乱反正，纠正了"左"的错误，重新端正了自己的指导思想，制定了一系列正确的路线、方针、政策，在各个方面取得了举世瞩目的重大成就，得到了全国人民的热烈拥护。党的威望、社会主义的威望，都在日益提高。但是，"文化大革命"的严重破坏所造成的严重后果，在人们心目中对四项基本原则所产生的"离心"情绪，很难一下子完全消除。特别是在改革、开放碰到了困难的新形势下，一些人对国内外的许多重大问题，由于缺乏用马列主义、毛泽东思想进行正确的分析，对社会主义制度的优越性认识不足，而对旧体制的弊端和改革中出现的问题又看过了头，对西方资本主义世界产生了盲目崇拜，因而加剧了对四项基本原则的不信任情绪。在这种情况下如果不加强思想政治工作，不加强四项基本原则的宣传教育，就会使怀疑甚至否定四项基本原则的自由化思潮得以蔓延、泛滥。

总之，回顾过去，思考未来，我们要在改革开放中始终不渝地坚持四项基本原则，反对资产阶级自由化，才能确保沿着有中国特色社会主义道路不断前进。

这就是我们对这个问题应有的认识。

社会主义民主和社会主义法制
不可分割[*]

关于发展社会主义民主和完善社会主义法制的不可分割性，邓小平同志曾反复强调并作了深刻阐述。这次江泽民同志在国庆重要讲话中又对此作了精辟的论述。他指出："没有民主就没有社会主义。社会主义法制是社会主义民主的体现和保障。破坏社会主义法制，必然危害社会主义民主。"然而，有些同志总把发扬民主和健全社会主义法制分开，看到江泽民同志这里重点强调了法制建设，就认为好像可以忽视社会主义民主。这种看法是不对的、有害的。

首先，我们的社会主义法制是以民主为基础的。这是社会主义法制的根本特点和优点，离开社会主义民主的法制就不是社会主义法制，因为社会主义的根本点是在生产资料公有制的基础上劳动人民当家做主、建立起的平等互助关系。所以"没有民主就没有社会主义"。同样，没有民主也就没有社会主义法制。

但是，没有社会主义法制来保障，来规范，社会主义民主也只能是一句空话。邓小平同志指出："为了保障人民民主，必须加强法制。必须使民主制度化、法律化，使这种制度和法律不因领导人的改变而改变，不因领导人的看法和注意力的改变而改变。"① 这可以从以下几个方面来看：

第一，没有完备的社会主义法制，就无法稳、准、狠地打击阶级敌人，无法保障人民群众的利益和民主权利。

第二，没有健全的社会主义法制的约束，就难以确保党和国家的各级干部不搞特权、不贪赃枉法，都能坚持为人民服务，做人民的公仆。我们党和国家的各级干部，不管职务高低，都是人民的公仆，都要坚持为人民

---

* 本文是为学习江泽民同志国庆讲话而写的，原载于《党政干部学刊》1989年第12期。

① 《邓小平文选（一九七五——一九八二年）》，人民出版社1983年版，第136页。

服务的基本方向，不允许当官做老爷，不允许搞特权，不允许营私舞弊、欺压群众、腐化堕落。要保证这一点，当然要靠马列主义、毛泽东思想教育，要靠党的纪律和党内的民主监督，但还必须靠法律，靠有法律保障的和有法律依据的广泛的群众监督，靠必要的法律制裁。这是从法律制度上保证党和国家政治生活的民主化、经济管理的民主化、整个社会生活的民主化，坚持社会主义政治方向所必需的。

第三，只有健全社会主义法制，才能使人民群众的民主活动有所遵循，确保安定团结，避免陷入无政府主义的灾难之中。社会主义民主是按人民群众大多数人的利益和意志办事，而不是个人的任意行动。这大多数人当然包括人民群众中的每个成员。人民群众中的各个成员，按照宪法和法律，都享有充分的民主、自由权利，但任何人的民主和自由都不能妨碍社会公共利益和他人的民主权利。这就需要人人按照大家共同制定的法律来规范自己的行动，受法律、纪律的约束。否则，每个人只按照个人利益和愿望任意行动，整个社会就会陷入无政府主义的混乱之中，人民群众的公共利益甚至社会主义人民共和国的安全也就失去了保障。社会主义民主不能没有集中，不能没有纪律，不能脱离宪法和法律的约束，这是社会主义民主的一大特点。宪法和法律是由我国最高权力机关人民代表大会依据民主程序制定的，它体现着我国工人阶级和全体人民的意志和愿望，是人民民主权利的体现和保障。资产阶级自由化的鼓吹者煽动学潮、制造动乱和反革命暴乱，任意践踏宪法和法律，这本身就是一种反民主的行为。所以江泽民同志在讲话中强调指出："我们必须划清社会主义民主和资本主义民主的界限。极少数人鼓吹的'精英'政治，鼓吹政治多元化、多党制，其实质是要把广大人民群众排除在民主之外，否定共产党的领导地位，用资产阶级共和国取代社会主义的人民共和国。"

社会主义民主和资本主义民主的根本界限就在于，前者是工人阶级领导下的广大人民群众所享用的人民民主，后者则只是为少数剥削者——资产阶级所享用的资产阶级民主；作为国家制度，前者是广大人民对少数反社会主义分子的专政，即人民民主专政，后者是少数剥削者——资产阶级对工人阶级和广大劳动人民的专政，即资产阶级专政。由于这种根本界限和根本区别，又形成了其他的区别或特点。例如，虽然民主都离不开专政，但只有社会主义民主才公开声明这种民主同时也是对反社会主义的阶级敌人的专政，所以叫人民民主专政；但资产阶级的民主却不敢公开声明它是对工人阶级和广大劳动人民的专政,他们总要打起超阶级的民主旗号来掩盖其资产阶级专政的阶级本质。他们用商品等价交换这个表面上平等的原则掩盖事实上的不平等,在劳动力可自由买卖、商品交换可以自由竞争的掩饰下对工人阶级和劳动人民进行剥削和掠夺。因为在资本主义商品经济世界里,民主、自由、人权是以财产占有状况为基础的,对于无产者和其他劳动人民来说,它只能是一种虚假的骗人的口号。

再如,两者之间存在着根本对立的民主观。一种是以工人阶级集体主义思想为主导的社会主义民主观;一种是资产阶级极端个人主义思想为基础的资产阶级的民主观。前者坚持个人利益和集体利益的一致性,把民主和集中、自由和纪律、权利和义务统一起来,把发展民主和加强法制结合起来。后者从极端个人主义出发,宣扬超阶级的绝对自由、绝对民主,宣扬无政府主义。这种资产阶级个人主义和超阶级的民主观与小资产阶级无政府主义思想相结合,对于社会主义民主制度具有极大的破坏性。国际资产阶级反动势力很明白这一点,他们对我们社会主义国家推行和平演变策略,主要就是通过散布资产阶级个人主义和超阶级的人生观、民主观、自由观、人权观,培养资产阶级个人主义者、资产阶级自由化分子来进行的。正因为这样,我们要发展社会主义民主,必须时刻注意同资产阶级自由化鼓吹者们所宣扬的超阶级的绝对民主、绝对自由、绝对权利划清界限,时刻注意把发展社会主义民主同健全社会主义法制、反对资产阶级自由化的斗争紧密结合起来。

所以,社会主义民主和社会主义法制是彼此依存、密不可分的。社会主义法制建设要着眼于社会主义民主制度的完善,着眼于人民民主权利的发扬;而社会主义民主制度的发展又不能离开社会主义法制的健全和加强。着眼于、立足于社会主义民主的社会主义法制建设过程本身,就是社会主义民主的发展完善的过程。这两者是社会主义政治制度发展完善过程中不可分割的两个侧面。我们不能离开社会主义法制建设的渐进过程,去奢谈民主政治的发展。社会主义民主的发展完善不仅要受到我国社会生产力和科学文化发展水平以及人们思想觉悟的制约,而且要受到社会主义法制建设的渐进过程的制约。离开这些客观因素和客观过程的制约,急于求成,企图一个早晨就完善社会主义民主制度,不仅是一种不切实际的空想,而且会造成十分有害的恶果。正如江泽民同志指出的:"我们的民主法制建设必须从我国的实际出发,沿着社会主义方向和轨道有领导有秩序地逐步进行。"

但这并不意味着我们党会放松社会主义的民主和法制建设。相反地,我们党从十一届三中全会以来一直把发展社会主义民主、健全社会主义法制作为一项重要任务来抓,并且取得了显著的成效。这次江泽民同志讲话又强调指出:"建设高度的社会主义民主和完善社会主义法制是我国社会主义现代化建设的一个重要目标和任务。"我们把完成这个任务看作是通过改革完善社会主义制度的一个不可缺少的重要方面。

反对无政府主义　加强民主基础上的集中[*]

最近有些人以"上访"为名，聚众闹事，搞游行示威，阻断交通，冲击机关，抢占办公室，静坐绝食……这些情况说明，无政府主义思潮有所抬头。无政府主义是一种资产阶级的思潮，是资产阶级个人主义的反映。它对于巩固安定团结的政治局面，完成国民经济的调整任务，顺利实现四个现代化危害极大，应当引起我们足够的注意。

但是，有些同志认为，这不过是个别人的问题，不过是个别现象，它无碍安定团结的大局，不值得大惊小怪。我们说，这确实是极少数人的问题，但是它反映了一个十分重要的问题，就是：当前社会上存在一种打着"民主"的旗号，反对四项基本原则的"右"的思潮。这股思潮如不解决，势必妨碍贯彻三中和四中全会精神，影响全国人民集中精力搞四化，绝不能等闲视之。我们必须坚决反对无政府主义，以加强民主基础上的集中，加强社会主义的纪律，加强社会主义的法制。

有人说：你们不是要发扬民主吗？

是的，我们是要发扬民主，我们发扬的是社会主义民主，是集中指导下的民主，而绝不是个人的任意妄为。所谓民主，它的原意就是大多数人的统治，社会主义民主就是无产阶级和人民群众实行名副其实的统治。如果少数人、个别人可以不服从大多数人的决定，不服从忠实地代表大多数人的党和国家领导机关的集中领导，下级可以不服从上级，那就根本不是社会主义民主，而是无政府主义，是社会主义民主所必须纠正和制止的反民主行为、反社会行为。因此，我们既要讲民主，又要讲集中。没有集中，就没有社会主义的民主；破坏了集中，就从根本上破坏了社会主义民

---

[*] 与张庆民合写，本文原载于《理论与实践》1979年第12期。全文收入中国人民大学复印报刊资料《思想政治教育》。

主。那种只要民主，反对集中的人，实际上他们所要的并不是社会主义民主，而是以个人主义为基础的资产阶级民主，以损害别人和公共利益为前提的"民主"。这种民主是社会主义的死敌。

有人说：你们不是要给人民以自由吗？

是的，我们要给人民以自由。我们的国家是无产阶级专政的社会主义国家，是人民当家做主的国家，我国人民所享受的自由是历史上所从来未有过的最广泛的自由。人民可以自由地发表意见，批评我们的工作，可以自由地选举自己的领导人，可以自由地讨论并研究制定国家的大政方针。中国人民流血奋斗建立起来的社会主义制度，就是要保证人民的自由。但是，我们所保证的只是人民的自由，而不是别的什么自由。这种自由同社会主义纪律是相辅相成的。没有社会主义纪律就没有人民的自由。我们要保证人民的自由，就必须反对那种损害大多数人自由的无政府主义行为。如果容许那种"自由"存在，如果容许那些人破坏社会主义纪律，破坏安定团结的政治局面，破坏社会主义现代化建设，那就没有九亿人民的自由，就没有社会主义的自由。这一林彪、"四人帮"横行时的沉痛教训，我们难道忘记了吗？

有人说：你们不是要保证人人心情舒畅吗？

是的，我们是要保证人人心情舒畅。但是我们首先必须指出，我们所说的人人，是指的人民，而不包括人民这个范畴以外的什么人。我们所说的心情舒畅，是符合广大人民利益的那种舒畅，而不是建立在损害人民利益之上的那种"舒畅"。我们粉碎了"四人帮"，人民皆大欢喜，但总有少数人感到沮丧；我们结束了十年动乱的局面，出现了安定团结的大好形势，人民欢天喜地，但总有极少数人感到受束缚，感到不舒服。这也没有办法。人民群众心情舒畅了，他们就会不舒服，这是无法兼顾的。就是在人民内部，所谓心情舒畅，也是要有个原则的，这就是要讲统一意志。没有统一意志，各行其是，那我们全国人民就不可能步调一致，我们的经济建设就不可能搞好。心情舒畅，要有个物质基础。不讲统一意志，经济工作搞不上去，我们的物质和文化生活条件就得不到改善，就谈不上心情舒畅。像林彪、"四人帮"那样，几乎把人民搞到喝西北风的地步，请问你喜从何来？你饥肠辘辘，有何"心情舒畅"？因此，我们是要保证人人心情舒畅，但又要服从统一意志，服从党中央的统一号令，服从四化这个中心。离开了这个中心，损害了这个中心，我们就不可能有全体人民的心情舒畅。

有人提出，你们一会儿强调民主，一会儿又强调集中，一会儿强调反对官僚主义，一会儿又强调反对无政府主义，这不是在"翻烧饼"吗？

在这些同志看来，强调了发扬民主，就不能再同时强调集中。他们把民主与集中对立起来，以为强调了集中，就是否定了民主，这是完全错误的。民主和集中是一个对立的统一体中两个矛盾着的侧面。我们不能强调一个方面而忽视了另一个方面，更不能把它们割裂开来、对立起来。当然，事物的发展是不平衡的，不同的时期会出现不同的情况，我们必须根据不同时期出现的新情况，着重强调某一个方面，反对某种倾向。

粉碎"四人帮"以来，特别是党的十一届三中全会以来，我们着重强调发扬民主，这是完全必要的。我们的国家是在半封建半殖民地的废墟上建立起来的，封建统治的历史很长，封建专制主义的影响很深。这种影响阻碍着社会主义民主制度的发展。特别是林彪、"四人帮"横行期间，大搞封建专制主义，完全剥夺了人民群众的民主权利，使社会主义民主制度遭到了严重的破坏。所以，粉碎了"四人帮"，我们在政治生活中的重要任务，就是要彻底批判他们的封建专制主义，恢复人民群众的民主权利，让人民群众真正当家做主。只有这样，才能充分调动广大群众的社会主义积极性，巩固和发展安定团结的政治局面，顺利进行四个现代化建设。

但是，实践证明，在着重发扬社会主义民主的同时，也应当同时强调加强民主基础上的集中，反对无政府主义。我们应该看到，在我国不仅发扬民主是一项艰巨的任务，反对无政府主义、维护集中统一，也是一项艰巨的任务。我国是个小生产者的汪洋大海。小生产作为分散的个体私有者，他们往往只顾个人利益，只看到自己的小天地，而不顾集体的利益，特别容易滋长个人主义和无政府主义。这就使无政府主义思潮特别容易泛滥。林彪、"四人帮"的十年破坏，使无政府主义发展到了登峰造极的地步，给我们留下了极其严重的后遗症。当我们强调发扬民主的时候，有些人无政府主义旧病复发，打着"民主"的旗号，反对党的领导，破坏社会主义纪律，破坏集中。这就证明，只强调发扬民主，不强调民主基础上的集中是不行的。

目前，有些同志对反对无政府主义，加强集中统一，并没有引起足够重视。他们对林彪、"四人帮"大搞封建法西斯专政、摧残社会主义民主是深恶痛绝的。对恢复和发扬社会主义民主有迫切感，这是好的。但是，他们对林彪、"四人帮"大搞无政府主义的反革命罪行及其所造成的严重后果，对于无政府主义的流毒和影响却认识不足。在他们看来，现在似乎只有发扬民主的任务，而没有加强集中、加强纪律的必要。这是不对的。五届全国人大二次会议的《政府工作报告》中指出："'四人帮'竭力煽动无政府主义思潮，反对任何必要的集中和权威，把危害国家利益和危害人民生命财产当做个人的所谓'自由'，曾经在我们国家的许多地方实行打砸抢、冲击机关、破坏生产和交通，造成了极其严重的灾难。这种无政府主义的流毒仍然是当前破坏安定团结的一个重要因素，是社会主义民主的一个不容忽视的大敌。"正因为如此，现在我们有必要强调指出：我们既要进一步发扬社会主义民主，又要加强集中和纪律，在无政府主义兴风作浪的情况下，更需要强调集中和纪律。没有民主基础上的高度集中和严格的纪律，社会主义现代化事业就会陷入空谈。我们应该牢记列宁的教导：社会主义的利益"要求群众无条件地服从劳动过程中的领导者的统一意志"[1]，"无产阶级的无条件的集中制和极严格的纪律，是战胜资产阶级的基本条件之一"[2]。

那么，我们强调反对无政府主义，加强民主基础上的集中，是不是说我们发扬民主的任务已经解决了呢？是不是说我们的民主"过头"了呢？不是。我们的社会主义民主还远远不够，在有些地方、有些方面，民主的风气并没有出现，人民当家做主的权利并没有真正实现。发扬社会主义民主，发展社会主义的民主制度，过去是、现在是、将来仍然是我们的一项十分重要的任务。但是，这和我们当前强调反对无政府主义，加强民主基础上的集中并不矛盾，而是完全一致的。我们的目标，是想造成一个又有集中又有民主，又有纪律又有自由，又有统一意志、又有个人心情舒畅、生动活泼那样一种政治局面，以保证我国大规模经济建设的顺利进行，以保证四个现代化宏伟目标的实现。

---

[1] 《列宁全集》第二十七卷，人民出版社1958年版，第247页。
[2] 《列宁选集》第四卷，人民出版社1972年版，第181页。

反对资产阶级自由化　发展社会主义的民主和自由[*]

资产阶级自由化的实质是反对党的领导，否定社会主义，主张资本主义，其特征之一是宣扬资产阶级的自由和民主，打着"争民主""要自由"的旗号。为此，有必要在理论上弄清楚我们的社会主义民主和自由，同资产阶级自由化所要的"自由"和"民主"的根本区别。

资产阶级自由化所鼓吹的自由、民主，是以资产阶级个人主义和超阶级的人性论、人权论为基础的，是超阶级的绝对民主、绝对自由。这种超阶级的绝对民主、绝对自由，所要达到的就是某些人从事反革命和反社会主义活动的自由。这样的民主和自由，社会主义绝不能给。我们社会主义国家实行的是人民民主专政。非常明确，人民民主专政的民主只给人民，不给反社会主义的阶级敌人，如果社会主义国家给他们民主和自由，广大人民群众的民主自由就得不到保障，人民民主政权就得不到巩固。对人民实行民主，对敌人实行专政，这两个方面是不可分割的。然而，只有我们社会主义国家才公开讲明这一点。资产阶级实行的是资产阶级专政，却打着"自由""平等"的旗号。他们需要这样做，因为他们是少数人对大多数人的专政，是剥削者的专政，不敢公开讲；因为他们是立足于剥削制度之上的，只要宣布生产资料私有制神圣不可侵犯，就可以在"自由""平等"的旗号下实现其剥削和统治。

另外一点根本区别则在于，我们社会主义的民主和自由，同集中和纪律是互为条件、不可分割的，自由不能不受到客观条件和客观规律的限制，也不能不受到他人利益和社会利益的制约。只讲自由、不讲纪律，把自由当作可以随心所欲，那是不行的。硬要那样就要受到惩罚，就要因侵犯他人的自由和权利、损害社会利益而理所当然地受到抵制或

---

[*] 本文原载于《辽宁日报》1989 年 8 月 17 日。

制裁。同样，民主也不能离开集中。民主要按多数人的意志和要求去做，而不能各行其是，必须有集中。所以，社会主义需要实行民主集中制的原则。按照民主集中制的原则，一方面，人民群众享受着广泛的民主和自由，行使各种民主权利；另一方面，每个人又要受着社会主义国家的法律、法令、纪律的约束。这样做，并不是限制人民的民主和自由，而是为了保证广大人民真正享受民主和自由，使广大人民能够正常地、有秩序地从事生产、工作、学习和生活。如果只讲民主、不讲集中，只讲自由、不讲纪律，无视法律、法令，那是极端民主化，是无政府主义。它只能使国家和社会陷入混乱，破坏社会主义建设事业，并为反社会主义的敌对势力所利用。资产阶级自由化的鼓吹者所要的民主和自由，就是这种绝对民主、绝对自由，就是要搞大民主、搞无政府主义，制造动乱，破坏社会主义事业，并在乱中夺权，以实现他们妄图否定党、否定社会主义的罪恶目的。前不久他们煽动学潮，制造动乱，最后发展为反革命暴乱的事实，就证明了这一点。

我国社会主义事业的发展既需要高度民主，又需要在高度民主基础上实现高度的集中统一。把民主和集中统一起来，把自由和纪律统一起来，人民群众既享有广泛的民主、自由，又要遵纪守法，听从指挥，这样才能形成既有统一意志，又有个人心情舒畅那样一种生动活泼、安定团结的政治局面。这种局面，对于社会主义来说，是绝对不可少的。因为社会主义以生产资料公有制为基础，整个社会生产离不开国家（或社会中心）的计划指导，必须在安定团结的条件下有领导、有秩序地进行，不能没有必要的集中统一。

其实，在资本主义那里，也不是可以只讲自由、不讲纪律的，而且正是在他们那里对于劳动人民来说，"民主"和"自由"具有虚伪性，而纪律、法规却是要强行遵守的。在他们那里，学生的游行，如果违背了政府的规定，提出了威胁到资本主义统治的口号和要求，他们就会动用军队、警察进行血腥镇压。在资本主义的历史上，镇压学潮的事实屡见不鲜。

上述这些区别表明，资产阶级自由化所争取的不是真正的人民民主；发展人民民主必须反对资产阶级自由化。反对资产阶级自由化不会影响社会主义的民主建设，相反地，它是社会主义民主政治建设正常发展的必要条件。那种把反对资产阶级自由化同发展社会主义民主对立起来的认识是不正确的。

第八部分

其他问题

国家干预和按经济规律办事是否矛盾[*]

强调国家干预和强调按客观经济规律办事,并不是互相矛盾、互相排斥的。首先应当肯定,国家干预和客观经济规律是两个不同的概念。前者是人们运用国家政权的力量来左右经济活动。它是和人们的主观意志相联系的,是主观范畴。而经济规律则是经济过程的内在联系,或客观必然性,是客观范畴。这是不能混同的。国家干预只表现为人们的意志行动,也只有同客观经济规律的要求相符合,才能取得预期的效果,否则就要在实践中失败。所以,我们的一切经济工作,都必须符合客观经济规律的要求。

但是,也应当看到,在社会主义社会里,社会发展的客观规律,并不像过去几个社会里那样由客观规律自发地支配着人们的活动来实现的,而是通过人们在共产党的领导下,进行有计划的、有明确目的的自觉活动来实现的。这种有计划、有目的的自觉活动,很多是通过国家计划、国家政策、法令的实施来进行的。这就表现为国家干预。但这种国家干预不能是主观随意的,而应当严格遵循客观经济规律的要求。例如,在民主革命时期的土地改革,在社会主义革命时期的三大改造,都是在共产党和人民政府的领导下进行的。但这些社会改革工作之所以都取得了伟大的胜利,根本的原因是在于这些工作都正确地反映了客观经济规律的要求,特别是反映了生产关系一定要适合生产力性质的规律的要求。

变革生产关系是如此,搞社会主义建设更是如此。例如,社会主义建设必须通过社会主义国家制定和实施国民经济计划来进行。没有统一的国家计划指导,社会主义建设就无法进行。通过制定和实施国民经济计划和

---

[*] 本文原载于《理论与实践》1981年第4期。全文收入中国人民大学复印报刊资料的两个复印集:《国民经济管理与计划》和《政治经济学》。

其他政策、法令来指导整个国民经济的发展，是社会主义国家所特有的经济职能。这种特殊职能是由于有计划按比例发展规律发生作用的结果。社会主义国家所制定的国民经济发展计划能否胜利实现，也并不取决于它的政治强力的大小，而是取决于这种计划有没有正确地反映客观经济规律的要求，特别是看它有没有反映社会主义基本经济规律和有计划按比例发展规律的要求。第一个五年计划和第二个五年计划期间正反两方面的经验都证明了这一点。所以，社会主义建设不能没有国家干预，但国家干预又必须遵循客观经济规律的要求。我们要把国家干预同按客观经济规律办事统一起来。

有些同志把国家干预同按经济规律办事对立起来，是同他们把国家干预和行政手段等同起来有关。实际上，国家干预同行政手段并不是一回事。社会主义国家的国家干预有两种手段，即行政手段和经济手段。运用经济手段的干预，就是运用价格、财政、信贷、税收等经济杠杆和经济机制，按照经济活动中内在的客观必然性来调节经济活动。这种调节直接借助于经济规律的客观作用，不能离开经济规律的要求。我们提倡按经济规律办事，就要提倡多用经济手段，少用行政手段。行政手段（也称行政方法）就是采取行政方式，运用行政力量、组织力量、法律力量等超经济的力量来干预和调节经济活动。这种行政方法的干预，如果运用不当，就很容易使经济活动衙门化、僵硬化，容易犯瞎指挥的错误，办违背客观经济规律的蠢事。但是必要的行政手段是少不了的。没有必要的行政手段，国家就难以实施对国民经济的计划指导，就无法对偷税漏税、贪污盗窃、投机倒把等破坏社会主义经济的行为进行强有力的斗争，就无法贯彻党和国家的路线、方针和政策。不过，我们运用行政手段，也要同按经济规律办事的要求一致起来。例如，我们实施国民经济计划就要运用行政手段，严格控制财政的收入和支出，控制基本建设的规模和构成，掌握积累和消费的适当比例，对于某些关系国计民生的重要产品还要下达指令性的指标和计划调拨任务。这都是行政手段，但又是有计划按比例发展规律的要求。我们不仅不应当把国家干预同按经济规律办事对立起来，也不应把运用行政手段同按经济规律办事对立起来。

应当指出，我们说按经济规律要求办事，绝不意味着应当客观主义地对待各项经济规律的要求；我们要遵循客观经济规律，考虑它的作用，绝不意味着我们在经济规律面前是无能为力的。某项经济规律，如价值规律的作用，如果同社会主义基本经济规律和有计划按比例发展规律的要求发生了冲突，我们就要创造条件，采取某些必要的措施来加以引导和限制。这样做，从某些局部方面来看，好像没按经济规律的要求办事，但从全局上看，从经济规律交互作用的总体上看，还是按经济规律要求办事的。特别是在国民经济出现了严重比例失调、市场供求严重不平衡的情况下，为了稳定经济，有效地进行国民经济的大调整，更有必要这样做。

还应看到，行政手段、经济手段作为国家干预经济的两种形式，往往又是互相结合、相辅而行的。如利用价格、税收、信贷等经济杠杆的作用，都是经济手段，但国家利用这些经济杠杆又不能不通过自己制定的价格政策、税收政策、信贷政策来进行。从这些政策的制定和实施来看，这又是行政手段。一项经济活动往往既有经济手段，又有行政手段。为了更好地按经济规律办事，应当提倡多用经济手段，但永远也不能废除行政手段。把行政手段和经济手段结合起来，充分发挥国家对经济生活的指导作用，这正是社会主义制度优越性的一种表现。特别是在国民经济出现某种困难的时候，为了战胜困难，更需要发挥社会主义国家对经济活动的这种集中指导作用。这种作用可以保证我们以较快的速度、较少的损失，渡过难关，把国民经济重新引向按比例发展的正常轨道。

当然，这也给我们带来一种危险，它使我们容易犯官僚主义和唯意志论的错误。这种错误已经给我们国家和人民带来了灾难性的破坏，应当充分吸取教训，不能让它再重复了。但这种错误同国家干预并无必然联系。我们绝不能由此而厌弃国家干预或它的行政手段，不能因噎废食。只要我们经常注意反对主观主义和唯意志论，把行政手段和经济手段结合起来，把国家干预和按经济规律办事统一起来，我们就可以避免重犯这种错误，社会主义制度的优越性就能得到充分发挥，社会主义经济就能沿着有计划按比例发展的轨道迅速前进。

宣传共产主义思想　执行党的现行政策[*]

——重读《新民主主义论》等著作的一点体会

在纪念毛泽东同志诞生90周年之际，认真学习毛泽东同志《新民主主义论》中所阐述的关于要扩大共产主义宣传，把这种宣传同推行新民主主义行动纲领区别开来的思想，具有重要的现实意义。

早在民主主义革命时期，毛泽东同志就特别重视共产主义思想体系的宣传，特别是在《新民主主义论》中，更作了集中的阐述。在这一光辉著作中，毛泽东同志从中国革命所处的社会历史特点出发，论述了中国的民主主义革命，只能是由中国共产党所领导的新式的民主主义革命，论述了新民主主义的政治和经济，然后又着重论述了新民主主义的文化。他指出"所谓新民主主义的文化，就是人民大众反帝反封建的文化，在今日就是统一战线的文化，这种文化只能由无产阶级的文化思想即共产主义思想去领导"，"由于现时中国革命不能离开中国无产阶级的领导，因而现时的中国文化也不能离开中国文化思想的领导，即不能离开共产主义思想的领导。"

但是，毛泽东同志又指出，在新民主主义阶段，这种领导"是领导人民大众去作反帝反封建的政治革命和文化革命"，而不是去实现社会主义。所以"在现时，毫无疑义，应该扩大共产主义思想的宣传，加紧马克思列宁主义的学习，没有这种宣传和学习，不但不能引导中国到将来的社会主义阶段上去，而且也不能指导现时的民主革命达到胜利"。但我们必须把对共产主义的思想体系和社会制度的宣传，同对新民主主义行动纲领的实践区别开来。

我们党所领导的、包括民主主义革命在内的全部革命运动，都是以共产主义为最终目标的共产主义运动的组成部分，都要以共产主义思想为指

---

[*] 本文原载于《理论与实践》1983年第12期。全文收入中国人民大学复印报刊资料。

导。但在其各个发展阶段上，它们又是性质不同的革命过程，具有不同的任务和对象，要制定不同的行动纲领，执行不同的方针、政策。在新民主主义阶段所制定和执行的只能是新民主主义即反帝反封建的纲领，而不能是社会主义、更不能是共产主义的纲领。我们不能"把共产主义思想体系的宣传，当做当前行动纲领的实践"，也不能"把用共产主义的立场和方法去观察问题、研究学问、处理工作、训练干部，当做中国民主革命阶段上整个的国民教育和国民文化的方针"。毛泽东同志这些科学论断，不仅是指导我国民主革命取得胜利的重要原则，也是指导我国社会主义革命和社会主义建设取得胜利的重要原则。十一届三中全会以来，我们党不仅坚持了这一重要指导原则，而且根据新的情况在实践中给以丰富和发展。党一方面坚定不移地贯彻执行适应我国社会主义现阶段的方针政策；另一方面又积极地扩大共产主义的思想宣传，并把这两者结合起来。十二大报告中指出："在现阶段，我们必须在经济和社会生活中坚持按劳分配制度和其他各项社会主义制度，我们当然不能要求每一个社会成员都成为共产主义者，但必须用共产主义思想要求共产党员、共青团员和一切先进分子，并且通过他们去教育和影响广大群众。如果忽视在共产主义思想指导下在全社会建设社会主义精神文明这个伟大任务，人们对社会主义的理解就会陷入片面性，就会使人们的注意力仅仅限于物质文明的建设，甚至仅仅限于物质利益的追求。"因此，我们既要认真执行社会主义的现行政策，又要加强共产主义思想的宣传教育，绝不能把共产主义思想的宣传，同执行党的现行政策对立起来，忽视甚至否定宣传共产主义思想的必要性。

在社会主义阶段上，只能实行社会主义制度，必须贯彻按劳分配、等价交换原则。我们绝不能重复1958年和十年动乱时期那种企图过早地否定等价交换、按劳分配，急于向共产主义过渡的错误。这种"左"的错误，给我国社会主义、共产主义事业造成了难以估量的损失。为了将来的共产主义事业，我们今天必须坚定不移地贯彻执行社会主义的现行政策。但我们绝不可因此而忽视共产主义思想宣传和马克思列宁主义学习。在社会主义时期必须搞好共产主义思想宣传，其原因概括地说，至少有以下几个方面：

第一，是党的奋斗目标和社会主义的前进方向决定的。党的奋斗目标是共产主义，我们党的名称和我们的马克思主义的宇宙观，明确指明了这个将来的、无限光明的、无限美妙的最高理想。党在各个时期所制定和执行的政策，都是为了最终实现这个伟大目标所采取的实际步骤。它既要符合当时的具体条件，又要反映未来共产主义目标的要求。这只有在共产主义思想的指导下才能达到。现在，我们已经前进到社会主义阶段。社会主义是共产主义的初级阶段，它的建设过程，也是为将来实现共产主义逐步创造条件的过程。为了保证这个过程发展的正确方向，最根本的是共产党的领导和共产主义思想的宣传教育。

第二，是社会主义经济基础的巩固和发展的需要。任何一个社会的经济基础，都要有与其相适应的上层建筑为其巩固和发展服务。作为一种新的社会形态——社会主义，更是如此。社会主义的经济基础是生产资料公有制，这一点和共产主义阶段是相同的。因而社会主义社会是属于整个共产主义社会形态的一个发展阶段，它的上层建筑也应当是以共产主义思想体系即马列主义、毛泽东思想为核心的。正如毛泽东同志指出的："以马克思列宁主义为指导的社会主义意识形态，……是和社会主义的经济基础即社会主义生产关系相适应的。"离开共产主义思想的指导，社会主义就难以巩固，更不能健康地发展。

第三，是抵制和消除旧痕迹所带来的弊害的需要。社会主义作为共产主义的初级阶段，既有新生的共产主义因素，又存在着"它脱胎出来的那个旧社会的痕迹"，存在着资产阶级和封建主义思想的残余和旧的传统观念的影响，存在着资产阶级式的权利，存在着资产阶级私有观念得以保存，甚至发展的一定条件。离开了共产主义思想的指导，离开了党的思想政治工作，我们就难以抵制资产阶级腐朽思想的侵蚀和污染，社会主义就有变质的危险。

谈到旧社会的痕迹，我们不能忘记马克思对按劳分配中平等权利的科学分析。当然，马克思主义者首先要充分肯定，按劳分配是对资本主义和其他一切剥削制度的根本否定，是迄今为止人类历史上最进步的分配制度。这种分配制度把劳动者个人的物质利益同他给社会所提供的劳动贡献联系起来，实现了等量劳动领取等量产品的平等权利，可以充分调动劳动者的社会主义生产积极性，加速社会主义经济的发展，为过渡到共产主义的按需分配准备条件。但是，马克思主义者也不能把按劳分配绝对化、理想化。正如马克思在《哥达纲领批判》中所阐明的，按劳分配中所实现的平等权利，并没有突破资产阶级权利的狭隘眼界，这里的平等，无非是以同一尺度——劳动来计量。这里不承认任何阶级差别，但它默认不同等的个人天赋，不同等的工作能力是天然特权。这种分配制度，绝不是我们共产党人的最高理想。既然按劳分配还没有突破资产阶级权利的狭隘眼界，也就不能不具有自己的局限性。因此，在贯彻按劳分配原则时，必须加强以共产主义思想为主要内容的思想政治教育工作，否则就很容易使人们接受资产阶级思想的影响，走上只追求个人物质利益、斤斤计较个人得失的道路。

作为一个共产主义者，我们不能把按劳分配理想化，更不能把商品制度理想化。实践证明，社会主义时期还要存在商品生产和商品交换，特别是像我国这样原来经济很落后的社会主义国家，更要大力发展商品生产和商品交换，更要尊重价值规律、贯彻等价交换原则。但在商品等价交换中，不仅要承认人们的劳动差别，而且要承认人们劳动条件差别所带来的收入差别。因此，等价交换原则，较之按劳分配存在更多的事实上的不平等。如果不加强共产主义思想教育，一些人就会走上利润挂帅、金钱挂帅的邪路，甚至在价值规律的盲目支配下，从事投机倒把等破坏活动。

第四，是抵制和消除外来资本主义影响和侵蚀的需要。为了加快我国社会主义现代化建设，在坚持独立自主、自力更生的前提下，我们还要实行对外开放，同发达的资本主义国家打交道，学习他们先进的科学、技术和企业管理方法中合乎科学的方面，允许他们到中国来办工厂。这就难免要带来资产阶级腐朽的思想和生活方式的侵蚀和污染。抵制和消除这种侵蚀和污染的最锐利的思想武器是共产主义思想体系，是战无不胜的马列主义毛泽东思想。

第五，是社会主义精神文明建设的需要。正如小平同志所指出的：我们要建设的社会主义国家，不仅要有高度的物质文明，而且要有高度的精神文明，所谓精神文明，不仅是指教育、科学、文化，而且是指共产主义思想、信念、道德、纪律、革命的立场和原则，人与人的同志式关系，等等。共产主义思想，就是社会主义精神文明建设的核心。

总之，在社会主义时期更要加强共产主义思想宣传，同资产阶级和一切剥削阶级的思想影响作斗争，建设高度的社会主义精神文明。只有这样，才能确保社会主义的巩固和发展，确保它的共产主义方向。认为社会主义时期还不能实行共产主义措施，就否认共产主义思想教育的必要性和重要性，是错误的、危险的。

宣传共产主义思想同执行党的现行政策也是完全一致的。我们宣传共产主义思想绝非要在现阶段实行共产主义高级阶段的制度和措施，而是让人们了解共产主义实现的历史必然性，树立共产主义的理想和世界观；弄清实现共产主义的条件和途径，了解党的现行政策的根据；弄清目前利益和长远利益、局部利益和整体利益的辩证关系，了解国家、集体、个人三者利益的一致性以及处理这三者利益关系应遵循的原则，等等。这些都有利于党的现行政策的贯彻执行。扩大共产主义思想宣传同执行党的现行政策是相辅相成的。一方面，为了实现共产主义伟大目标，现阶段必须执行党的现行政策；另一方面，党的各项现行政策又都是在共产主义思想指导下制定的，也只有在共产主义思想指导下才能正确理解和自觉贯彻。那种一听到要加强共产主义思想宣传，就担心党是否又要放弃现行政策的疑虑是不必要的，党不会再搞那种"左"的东西，它同共产主义思想体系是格格不入的。这是没有问题的，无须多说。我们现在应当着重反对的是忽视思想政治工作的"右"的倾向。

略论马克思对社会主义
设想中的空想因素*

马克思主义的伟大学说,包括它的科学社会主义学说,过去、现在和将来都是我们党从事革命和建设的基本指导思想,但我们绝不可把马克思主义当作一个僵化的、封闭的体系,当作万古不变的教条。我们现实的任务是把马克思主义基本原理同现实条件、同中国实际相结合,在实践中开辟建设有中国特色的社会主义道路,不断地把马克思主义推向前进。

马克思、恩格斯运用他们所创立的历史唯物主义,在深入剖析资本主义政治经济制度,揭示资本主义的基本矛盾及其发生、发展、灭亡的客观规律的基础上,阐明了在资本主义灭亡基础上所建立的将是共产主义的第一阶段——社会主义社会。社会主义的基本特征就是在社会化生产的基础上建立生产资料公有制,并在生产资料公有制的基础上消灭阶级,消灭剥削,实行个人消费品的按劳分配原则。这是被几十年来世界共产主义运动和各社会主义国家建设社会主义的伟大实践所证实的科学真理。但是实践证明,马克思、恩格斯当年的某些个别论断,囿于历史条件,也带有空想因素。其中最主要的一条,就是没有料到社会主义仍然要采取商品经济形式,而认为在生产资料公有制的基础上不仅可以实现按劳分配,而且可以废除商品制度。马克思这一判断的失误是从何而来呢?我想主要是由于马克思认为,生产资料私有制和社会分工是商品经济存在的两个前提条件。按照这一结论,无产阶级革命胜利后,废除了生产资料私有制,当然也就废除了商品生产。但是,虽然生产资料私有制是以私有为基础的商品经济产生和发展的前提条件,然而,现实和马克思的判断不同,生产资料私有制的废除,并没有导致商品制度的消亡,社会主义虽建立了生产资料公有制,但商品生产和商品交换仍然存在。

---

* 本文原载于《理论内参》1988 年第 6 期。

问题何在呢？我想，是由于马克思忽略了劳动力个人所有制对于商品经济形式存在的意义。社会主义可以废除生产资料私有制，建立生产资料公有制，但只要存在劳动力的个人所有制，只要劳动力还是个人谋生手段，即使是在全民所有制经济中，也要承认各个企业作为联合劳动共同体，对自己联合劳动共同成果的相对独立的所有权。在这种情况下，企业之间的经济联系，就不能不按照等价交换原则，采取商品交换的形式，就不能不承认企业具有相对独立的商品生产者的经济地位，社会主义经济就不能不仍然要采取商品经济的形式。

当然，这并不是说，马克思当年没有想到在共产主义的第一阶段，即社会主义阶段上，劳动力仍然要归个人所有，马克思在《哥达纲领批判》中已明确了在共产主义第一阶段上劳动还是谋生手段，社会还要默认不同等的劳动能力是个人的"天然特权"。马克思在《资本论》中也曾指出，社会主义在"生产资料的共同占有的基础上重新建立个人所有制"，"实现个人所有权"。

这里所说的"重建个人所有制"当然不是重建生产资料的个人所有制，而是承认劳动力的个人所有，实现劳动成果的劳动者个人所有权。

社会主义应如何承认劳动力的个人所有，实现劳动者劳动成果的个人所有权？现在看来，一个是要贯彻按劳分配，一个是要贯彻等价交换，并且要把这两者结合起来。

马克思、恩格斯当年已经看到通过按劳分配来实现劳动的个人所有权的必要性，但他们忽略了等价交换的必要性。他们没有看到，劳动力的个人所有，不仅要求在个人消费品分配上贯彻按劳分配，而且要求企业之间的经济来往要贯彻等价交换，承认企业作为联合劳动共同体的产品所有权。这也是实现按劳分配的一个不可缺少的基本环节。这就使社会主义经济不能不继续采取商品经济形式。

马克思之所以忽略了这一点，我想这与马克思、恩格斯当年没有社会主义在复杂条件下的实践经验有关，他们只能根据当时所能设想到的某些条件作出大致的预测。在这种设想和预测中，他们把社会化生产的复杂有机体，在抽象分析中简单化了，把整个社会生产看作一个大工厂，可以像一个自由人公社一样，很简单地处理社会劳动的按比例分配问题；在分工基础上所形成的生产部门、生产单位之间的经济联系，可以由社会经济中心很容易地加以直接处理。这就难免要有空想因素了。

实践证明，这种存在复杂社会分工的社会化生产体系中，存在着无数门类和行业，存在着数以万计的大小企业，生产着种类繁多，要适应多头的、复杂多变的社会需要的产品。在这种情况下，由一个社会中心，按照一个统一的计划来指导整个社会生产，至少在生产的社会化没有达到足够的高度、社会经济组织没有高度完善、管理手段和管理经验没达到应有高水平的条件下，是不可能很好实现社会生产的按比例协调发展的。在这种情况下，只有利用商品货币形式，利用市场机制，把计划建立在商品经济的基础上，和市场结合起来，才是社会主义经济发展的最好途径。这就要给企业以经营自主权，并且要把责、权、利紧密结合起来，使他们的眼睛盯住市场，根据市场多变的需要灵活地去处理自己的供、产、销活动。这对于一切社会主义国家都将如此，包括那些高度发达的资本主义国家，经过无产阶级革命，即使能够实现全面全民所有制，也要借助于商品货币形式。这样，只要没有过渡到按需分配的共产主义，社会主义就要采取商品货币形式。这是马克思、恩格斯当年所没有想到的。

另外，我国现在所实践的社会主义的另一点不同处，就在于我们所面临的情况不是马克思主义创始人当年所设想的在资本主义高度发展的基础上建设的社会主义，而是在半封建、半殖民地，生产力十分落后的基础上建设的社会主义。在这种条件下建设的社会主义，就不能不经历一个很长的社会主义初级阶段，去实现许多资本主义国家经过数百年所实现的工业化和生产的商品化、社会化、现代化的历史任务，在这个阶段上，适应生产力状况，在坚持公有制为主体的前提下，要允许各种经济成分，包括允许私营经济的一定发展；在坚持按劳分配为主体的前提下，要允许多种分配形式同时存在。

这也是马克思主义创始人所没有料到的。他们没有料到社会主义会由于以后进入帝国主义时代，资本主义政治经济发展不平衡规律的加剧，而使社会主义不是在一些发达国家中，而是首先在不发达国家中突破资本主义的锁链，然后又在半封建半殖民地国家中突破，这更是马克思、恩格斯当年所难以预见到的。

关于我国实践中的社会主义同马克思科学社会主义的关系[*]

怎样认识有中国特色的社会主义同马克思所设想的社会主义的关系，是个很重要的理论问题和实践问题。这里谈谈我自己的看法，同读者共同探讨。

我们所实践的社会主义，即有中国特色的社会主义，确实和马克思主义创始人当年设想的社会主义有了很大的不同，我们不应当固守马克思主义创始人当年的某些具体论断。但是，我们又不可笼统地说，我们搞的不是马克思的社会主义，或者说不是马克思所设想的社会主义。十三大报告指出："我们所面对的情况，既不是马克思主义创始人设想的在资本主义高度发展的基础上建设社会主义，也不完全相同于其他社会主义国家。照搬书本不行，照搬外国也不行，必须从国情出发，把马克思主义基本原理同中国实际结合起来，在实践中开辟建设有中国特色的社会主义道路。"这句话只是讲我们所面临的情况不同了，不能照搬马克思当年所讲的，而要把马克思主义基本原理，当然也包括马克思科学社会主义基本原理，应用于我国社会主义建设的具体实践。

马克思的社会主义学说，一般地讲它主要包括两个方面。首先，它要包括马克思科学社会主义一般原理，这一般原理我们是要坚持的（当然它也要在实践中得到丰富和发展）。其次，它还包括马克思当年的某些具体设想。这些具体设想，有的囿于历史条件难免带有空想因素，有的由于情况和条件的变化而不能完全实现。我们不能固守这些东西，而要把马克思主义基本原理应用于新的历史条件和我国社会主义建设的具体实践，建设有中国特色的社会主义。有中国特色的社会主义，既包含马克思科学社会主义原理中所阐明的社会主义一般，又包含由我国具体条件所决定的特

---

[*] 本文原载于《理论与实践》1988年第4期。

殊，是一般和特殊的统一。

马克思科学社会主义原理中所阐明的社会主义一般，就是马克思科学社会主义学说中所阐明的关于社会主义的性质的规定性，从经济特征上说，列宁在《国家与革命》中曾作过科学概括，这就是：生产资料公有制加按劳分配。这是对社会主义所作的最本质的规定。只要是实现了生产资料公有制，以及在这个基础上的按劳分配，那就是实现了马克思的科学社会主义。至于社会主义在实践中将采取什么具体形式，马克思从不愿做具体的设想。他认为那应当由未来的社会主义实践去解决，而且要依各国的具体情况而定。

当然，当年马克思在某种场合也曾对未来社会主义社会作过某些比较具体的设想。例如，在《哥达纲领批判》中，对按劳分配的实现形式就曾作过大致的设想。但那是在批判拉萨尔"不折不扣的劳动所得"和"公平分配"论所不得不作的一些具体阐述。在这些具体设想和阐述中，囿于当时历史条件所限，也还"带有空想的因素"，如认为可以直接采取"劳动券"的形式，而实践却证明，由于社会主义仍然要采取商品经济形式，因而按劳分配还要借助商品货币交换来实现，要和商品等价交换相结合。但是，尽管具体实现形式改变了，它仍然是按劳分配，社会主义个人消费品的分配仍然要以劳动为基本尺度，仍然要实行马克思所阐明的按劳分配原则。

我国目前所实践的社会主义，用邓小平同志的话说，是要坚持两条：（1）以生产资料公有制为主体；（2）实现共同富裕的目标。所谓共同富裕的目标，就是要在生产资料公有制基础上废除剥削，实现按劳分配，或以按劳分配为主要分配形式。这就是坚持生产资料公有制加按劳分配这些科学社会主义的基本原则。我们建设有中国特色的社会主义，并没有离开科学社会主义这些基本原则。

但是，讲到这里，我们要强调指出：我们所坚持的马克思的科学社会主义，绝不是某种封闭的体系，绝不是某种固定不变的僵化模式，而是在实践中不断发展着的科学理论，并且是已经在实践中大大发展了的科学理论。我们现在所坚持的科学社会主义同马克思当年对社会主义的某些具体设想已经有很大的不同。这里最主要的一个不同，就是马克思当年设想的社会主义是不存在商品生产和商品交换的产品经济，而我们实践中的社会主义，则仍然要采取商品经济形式。这是最主要的不同。

由于这一不同，按劳分配的形式就不再是马克思当年设想的"劳动券"，而是货币工资，不是直接到社会储存中领取消费品，而要通过商品货币交换来实现。由于这一不同，社会主义的计划经济就不能是产品计划经济，而只能是商品计划经济，即有计划的商品经济。这就要把计划和市场有机地结合起来。

社会主义是有计划的商品经济，这是马克思的科学社会主义在实践中具有世界历史意义的重大发展。实践预示我们，一切社会主义国家，只要还处于社会主义阶段，就不能不采取商品经济形式。社会主义采取商品经济形式，把计划经济和商品经济统一起来，把计划和市场结合起来，这使社会主义经济既有统一性，又有灵活性，可以更好地适应生产力发展的要求，更充分地发挥社会主义制度的优越性。

我们目前所实践的社会主义同马克思当年所设想的社会主义的另一个不同就是，它不是在资本主义高度发展基础上建设的社会主义，而是在半封建半殖民地、生产力十分落后的基础上建设的社会主义。在这种条件下建设的社会主义，就不能不经历一个很长的社会主义初级阶段，去实现许多资本主义国家经过数百年所实现的工业化和生产的商品化、社会化、现代化的历史任务。在这个阶段上，适应生产力状况，在坚持公有制为主体的前提下，要允许各种经济成分，包括允许私营经济的一定发展；在坚持按劳分配为主体的前提下，要允许多种分配形式同时存在，包括允许某些合法的非劳动收入的存在。这是由我国社会主义初级阶段上的生产力状况所决定的。我们只有这样做，经过改革，使我国的经济、政治体制同我国社会主义初级阶段的生产力状况相适应，才能促进我国生产力的迅速发展，逐步使我国由落后的农业国，过渡到现代化的工业国，把我国建设为富强、民主、文明的现代化社会主义国家。

然而，这些并没有离开马克思主义，没有离开马克思的科学社会主义，而正是马克思科学社会主义在我国社会主义建设实践中的运用和发展；它并没有证明马克思的社会主义学说已经过时，而是证明马克思的社会主义学说需要在实践中得到不断的丰富和发展。马克思主义作为科学真理的生命力正是在于它在指导实践中，会得到不断的丰富和发展。所以，要建设有中国特色的社会主义，我们既要坚持马克思主义，又要发展马克思主义，并在实践中把这两者紧密地结合起来、统一起来。

总之，我们现在所搞的，是在实践中不断发展的马克思的科学社会主义，是真正的科学社会主义。有中国特色的社会主义，正是马克思科学社会主义在我国社会主义实践中的运用和发展，而不是背离。

　　这就是我个人对这个问题的认识，不一定都准确，说出来无非是同读者共同探讨。

为人民谋利益是党的全部活动的出发点和归宿[*]

《中共中央关于加强党同人民群众联系的决定》（以下简称《决定》）指出："我们党的性质、宗旨和指导思想，决定了党必须把为人民谋利益作为自己全部活动的出发点和归宿。"这是学习《决定》需要认真学习领会的一个基本思想。

我们党是以马列主义、毛泽东思想武装起来的中国工人阶级的先锋队。党的基本性质决定其宗旨是全心全意为人民服务。把为人民谋利益作为自己全部活动的出发点和归宿，就是我们党这一基本宗旨的体现。也是党忠于工人阶级利益的体现。

以往的一切剥削阶级的政党，即使是历史上曾经起过重大作用的资产阶级政党，虽然他们在革命时期也能提出一些革命口号来争取群众，但其是为了少数剥削者夺取政权。他们一经取得了政权，就要把劳动群众抛到一边，踏在脚下，作为他们剥削和统治的对象。世界上所有发达国家的资产阶级及其政党莫不如此。

无产阶级政党则全然不同。它始终同群众站在一起，代表最广大人民群众的最大利益，为广大群众谋利益，同群众保持最密切的联系。这是无产阶级政党的一个重要特征。之所以如此，是因为，无产阶级本身就是劳动群众，而且是劳动群众中同社会化大生产相联系，随着社会化生产的发展不断发展壮大、最有发展前途的一个劳动阶级。同时，它是在人类历史上最后一个剥削方式中成长壮大起来的被剥削阶级，因而又是革命最彻底的阶级。它的自身解放是以废除一切剥削，使一切劳动群众摆脱剥削和压迫为前提的。正如马克思、恩格斯在《共产党宣言》中指出的：无产阶级如果不同时使整个社会摆脱剥削和压迫，解放全人类，就不能最后解放

---

[*] 本文原载于《理论与实践》1990年第9期。

它自己。因而，由这个阶级的先进分子所组成的党——共产党，就不仅要代表无产阶级自身的利益，而且代表着所有被剥削、被压迫劳动群众的利益。它不仅要为工人阶级，而且要为所有劳动群众谋利益。

另外，同社会化大生产相联系的工人阶级又是最有组织性、纪律性，最富于集体主义精神的阶级，由这个阶级的先进分子组成的共产党也就是最富有组织性、纪律性和大公无私的集体主义精神。忠于工人阶级，忠于人民利益，全心全意为人民服务，把为人民谋利益作为自己全部活动的出发点和归宿，就是这种精神的集中体现。

全心全意为人民服务，把为人民谋利益作为自己全部活动的出发点和归宿，这也是我们党的指导思想，马列主义、毛泽东思想的基本要求。马克思主义作为工人阶级的思想体系是我们党的基本指导思想的理论基础。是我们党的行动指南。马克思的历史唯物主义教导我们，人民群众是历史的创造者，是历史的主人；共产主义是人类历史的必然，是人类解放的最高理想。我们党为共产主义而奋斗，把共产主义的实现作为自己奋斗的最终目标，这既是基于对人类历史发展客观必然性的科学预见，又是出于对人类解放事业，对工人阶级和人民群众利益的无限忠诚。

我们党在马克思主义理论指导下，从我国实际出发所制定的路线、方针、政策，所从事的一切斗争，都是从工人阶级和人民群众的基本利益出发的。中国共产党从诞生的那一天起，就把为人民谋利益作为自己一切活动的出发点。在民主革命时期，党提出了一条以工人阶级为领导的，人民大众的，反帝、反封建、反官僚资本主义的新民主主义的革命纲领。为实现这个纲领，取得新民主主义革命的胜利，党又不避艰险，前仆后继，流血牺牲，进行了几十年的艰苦卓绝的革命斗争。党之所以这样，就是因为帝国主义、封建主义、官僚资本主义是压在中国人民头上的三座大山，是中国贫穷落后、被侵略、被压迫、被掠夺的总根源，只有在中国工人阶级的领导下，团结全国人民，打倒帝国主义、封建主义、官僚资本主义，灾难深重的中华民族才能翻身解放，国家才能独立富强。

历史告诉我们，轰轰烈烈的大革命是由蒋介石的叛变、发动"四一二"大屠杀而失败的。然而，当日本帝国主义把侵略的魔爪伸向全中国，中华民族处于严重危亡关头，中国共产党便提出了"停止内战，一致抗日"的主张。而当张、杨二将军发动了"西安事变"，扣住了蒋介石之后，党又派周恩来同志亲赴西安调解，说服了张、杨二将军放蒋回南京，促成了第二次国共合作，建立了抗日民族统一战线，推动了抗日战争的胜利发展。众所周知，蒋介石是一个"宁肯错杀一千，也不放过一个共产党人"的刽子手。"四一二"那一次就屠杀了成千上万的共产党人。党之所以还力争放蒋，正是由于中国共产党人考虑一切问题都是从工人阶级和全体人民的利益出发的，就当时来说，是从抗战的全局出发的。对于我们中国共产党来说，除了工人阶级和人民群众的利益之外，党并没有自身的特殊的利益和目的。

社会主义时期也是如此。中华人民共和国成立后，党提出了"一化三改"的总路线，实现了对农业、手工业和资本主义工商业的社会主义改造，使我国走上了社会主义的发展道路。党之所以如此不仅是因为，在我国具体条件下，经过新民主主义过渡到社会主义，是中国社会发展的历史的必然，而且是因为只有走社会主义道路，才能确保国家的独立和繁荣，才能使我国人民避免两极分化，永远摆脱受剥削、受压迫、贫穷困苦的境地，走上共同富裕的道路。十一届三中全会以来，党之所以纠正了"文化大革命"时期的错误，抛弃了"以阶级斗争为纲"的早已过时的口号，提出了改革开放的总方针，坚持"一个中心、两个基本点"，把坚持四项基本原则同坚持改革开放结合起来，建设有中国特色的社会主义，这同样是为了上述目的，同样是从人民群众的根本利益出发的，因而都得到了人民群众的广泛支持和拥护。

这些，都是由我们党的性质、宗旨和指导思想所决定的，也都反映着我们党的性质、宗旨和指导思想。

现在，我们党和国家正处于历史发展的关键时期。我们要更好地贯彻执行党的基本路线，推进社会主义现代化建设，深化经济、政治改革，扩大对外开放，实现20世纪末国民生产总值再翻一番的战略目标，巩固和完善社会主义制度，挫败国内外反共反社会主义势力的和平演变活动，任务十分繁重艰巨。在这种情况下，我们每个共产党员都要认真学习贯彻六中全会的决定，从党的性质、宗旨、指导思想上充分认识我们党必须把为人民谋利益作为自己全部活动的出发点，牢固树立全心全意为人民服务的观念，坚持群众路线，进一步密切党同群众的联系，推动我们党的事业不断前进。

科学技术是第一生产力与历史唯物主义的基本观点[*]

科学技术是生产力，而且是第一生产力，这一科学论断是对近代，特别是对第二次世界大战以来科学技术同生产力发展之间关系的总结。如何用历史唯物主义的基本观点正确理解这一科学论断，是需要认真思考的课题。这里谈一谈个人的初步理解。

一 科学技术是生产力，是马克思主义的历来观点

马克思早在《政治经济学批判大纲》中就曾指出：科学"日益使自然力服从于人类"，并说，这是一种"无穷无尽的生产能力"。[①] 以后，在《经济学手稿》中又明确提出了"生产力中也包括科学"的科学论断。

历史唯物主义认为，生产力就是人们通过有意识、有目的的劳动改造自然界、生产物质生活资料的能力，它表现着人类对自然界的一种能动关系。这种能动关系的状况如何，改造自然界能力的大小，就现代而言，它取决于科学技术的发展。

认识自然才能改造自然。人们改造自然的能力取决于人们对自然界各种物质运动形式的本质及其运动规律的认识程度。人类社会在它发展的早期阶段，在那漫长的岁月里，人们靠直接生产经验的日积月累，缓慢地改进着生产工具（由石器、铜器到铁器），提高着自己的手工技艺，推动着生产力的缓慢发展。那时，人们对自然界的认识也在加深、扩大，但总的说来还是处于片断的、零散的、感性认识的阶段，人们对自然界还没有系

---

[*] 本文原载于国家级学术理论刊物《真理的追求》1991年第11期，其标题作为该期的重点文章用黑体字印在封面上。全文收入中国人民大学复印报刊资料的两个复印集：《技术与哲学》和《社会基本矛盾》。并获省优秀论文奖。

[①]《马克思恩格斯全集》第一卷，人民出版社1956年版，第616页。

统的、完整的、深入的了解，因而也就不可能使生产力有个突飞猛进的发展。发生在18世纪英国的人类历史上第一次产业革命，固然得力于15—16世纪"文艺复兴"的思想解放和后来的资产阶级革命的推动，但直接加速那时生产力发展的是科学技术的发展和它在生产上的应用。这也就是以牛顿力学为基础的科学发现，和以纺织机、蒸汽机、早期机器体系为重点的技术发明，使工厂从手工业过渡到机器大工业，使英国的劳动生产率，从1770—1860年平均提高了近20倍。这表明，科学技术一经和生产相结合，就转化为生产力，并显示出它的巨大推动作用。

科学技术之所以能发生如此作用，还应当从科学技术的本质上来考察。就自然科学而论，它是正确反映自然界发展变化客观规律的系统知识。它来自人类改造自然的实践经验，即生产斗争经验的科学总结，又要回到生产实践中为改造自然、发展生产服务。人类之所以要在总结生产斗争经验基础上发展科学技术，也正是为了靠它更好地改造自然，发展生产，提高生产力。正是这种改造自然、发展生产的需要，才赋予了科学技术发展以强大动力。科学技术和生产实践相结合，互相促进，既加速了科学技术本身的发展，又促进了生产力的发展，使科学技术在促进生产力发展上的作用日益突出。例如，进入19世纪70年代以后，科学技术开始全面发展，世界又相继发生了第二、第三次科技革命和产业革命，使近代生产力由蒸汽时代又过渡到电子时代和电子、生物时代。科学技术在生产和社会发展中越来越显著地表现出主导作用。

二 科学技术在现代生产中发挥其主导作用的主要途径和表现

科学在仅仅作为知识和理论形态时并不是现实的生产力。但它和生产力中各个基本要素相结合，就转化为现实的生产力，成为生产力发展中的主导因素。

首先，它可以和劳动者相结合，提高劳动者的科学技术素质。劳动者是生产力的主体。劳动者素质的提高是生产力发展的基本条件之一。随着科学技术的不断发展，生产工具不断革新，技术装备水平不断提高，要求劳动者的文化技术素质不断提高。特别是现代工业生产，电子计算机广泛应用，智力劳动成分大大增加，劳动者必须通过学习掌握现代科学知识才能从事生产劳动。劳动者的科学技术素质越高，越能在生产中发挥更大的能动作用。

其次，它可以和劳动资料，特别是劳动工具相结合，通过改革工具系统，提高劳动生产率。生产力的发展主要是通过劳动工具的改进来实现，科学技术推动生产力的发展，也主要是通过促进劳动工具、技术装备的革新来实现。历史上科学技术发展所引起的产业革命，都是从促进工具的革新来实现的。第一次产业革命使简单的手工工具发展成拥有发动机、传动机和工具机的机器体系。产业革命后，科学技术的继续发展，又相继出现了内燃机、发电机、电动机和初级的控制机，实现了远距离的输电，使机器系统突破了空间限制并向四个环节的机械体系过渡。进入20世纪后，相对论、量子力学和控制论相继出现，代表电力时代的机器体系又提高到电子控制的水平，使机器体系进入电子计算机时代。它使机器体系的各个构成要素都发生了革命性变化，使机器性能大幅度提高。

最后，就是通过同劳动对象相结合，有效利用和扩展劳动对象的范围，促进生产力的发展。劳动对象作为生产资料的一部分，也是生产力不可缺少的构成要素。科学技术促进生产力的发展，还表现在它使人们充分利用自然资源，创造新材料，扩大劳动对象的范围和加工深度。比如，新材料技术的崛起和发展，从只使用天然材料发展到使用高效合成材料，包括橡胶、塑料、合成纤维等，以及复合材料、太阳能、原子能的利用、海洋的开发等，都是由于科学技术的发展，拓宽了劳动对象的领域的例证。

上述事实表明，在现代生产力三大要素的变化中，科学技术的发展起着主导作用。小平同志关于科学技术是第一生产力的论断，是对这种情况所作的科学概括，也是对马克思历史唯物主义生产力学说的重大发展。

三 关于"科学技术是生产力，而且是第一生产力"的新论断，同历史唯物主义关于生产力基本要素的固有观点是否矛盾的问题

当我们强调科学技术是生产力，而且是第一生产力的时候，这里就碰到了这样一个问题：在马克思历史唯物主义关于生产力的学说中一直讲生产力的基本要素是两个：一是劳动力；二是生产资料（由于生产资料中又分为劳动资料和劳动对象两个部分，也可以说是"三要素"）。现在又

强调科学技术是生产力,而且是第一生产力,这里是否存在矛盾,应当如何理解。

我认为这里并不矛盾。强调科学技术是生产力并不意味着原来关于生产力基本要素的观点已被否定。这是因为:

第一,上述两种说法在回答问题的层面、角度上不同。生产力构成上的基本要素同生产力发展中的促进因素,两者虽有密切联系,但并非一回事。

当我们回答人类社会,从原始社会开始,其生产力构成上的基本要素是什么,以及它的性质和状况由什么规定,推动其不断发展的基本动因是什么的时候,过去和现在,我们都必须坚持历史唯物主义关于生产力的二要素、三要素说的基本观点,即它是由劳动者和生产资料的二要素,或者是由劳动者、劳动资料和劳动对象三要素构成的。因为纵观人类历史各个阶段,其生产力都要具备这些基本要素;同时,只要具备了这些基本要素,就构成了社会生产力。在这些基本要素的运动变化中,我们既可以找到规定特定阶段生产力性质的基本标志(劳动工具的状况),又能找到推动生产力不断发展的基本动力(劳动者)。相反地,如果我们把科学技术列在其中,也看作生产力构成上的基本要素,那就会得出18世纪产业革命发生前,由于尚未形成科学理论,在那数千年的人类历史发展中不存在生产力的荒谬结论。这是不符合历史事实的,是违背历史唯物主义的基本观点的。因为如果这种说法能够成立,那生产力岂不是从天而降或者成为少数科学家、天才人物头脑里的产物了吗?这当然是荒唐可笑的。

这就是说,从历史观的见地上来回答生产力的基本构成要素时,那我们就不能不坚持已经确立下来的历史唯物主义的基本观点。因为,这种回答不仅要适用于现代,也要适用于人类历史发展的早期和中期;不仅要适用于科学技术纳入生产力之后,也要适用科学理论尚未形成之前。当然,如果我们考察这些因素的状况、变化的诱因、发生作用的条件等,那么在现代科学技术发生作用的今天,同以前就大不一样了。以前,在手工生产时代,劳动者只要具备一定的生产经验和工艺技能就可以从事生产劳动,甚至可以逐渐改良生产工具,现在则必须具有相应的科学技术知识。从生产工具方面看,它已经不是手工工具,而是电气化、自动化的系统的生产技术装备。在当代,生产力中的各个基本要素都必须同科学技术相结合，才能在现代生产力发展中发挥各自作用。然而这是另外一个问题了。

第二，不管科学技术在现代生产力发展中的主导作用如何大、如何突出，它在生产力中都不是单独发生作用的，而是如前边所说的那样，都是同生产力中那些基本要素相结合，通过那些基本要素的发展变化来起作用的。从这一点上来说，科学技术也不能同那几个基本要素相并列，成为其中的一个要素。

这就是说，科学技术是生产力，而且是第一生产力，但它不能成为生产力构成要素。它是人类历史上逐渐形成和发展起来并日益发挥作用，促进生产力发展的因素。在人类生产活动的早期，只是作为脑力活动、智力因素，通过手工业劳动者本身的技艺发挥作用，还没有同直接从事生产劳动的劳动者身上独立出来。随着科学理论的形成和技术的发展，科学技术开始以独立的姿态出现，但它仍然要同劳动者及其他基本要素相结合，只能通过劳动者科学技术素质的提高和其他基本要素的相应变化来起作用。随着科学技术的继续发展，不管它的作用大到何种程度，都不可能改变这种基本格局。

由此可见，我们绝不能因为要强调科技是生产力，而且是第一生产力，就要否定历史唯物主义关于生产力构成要素的固有观点；更不能由于要坚持历史唯物主义这些固有观点，就要排斥科技是生产力，而且是第一生产力的科学论断。不能把这两者看成是互相排斥的。

四 关于"科学技术是第一生产力"同劳动者是生产力中最活跃因素的历史唯物主义观点是否矛盾的问题

当谈到科技是第一生产力这个提法时，有的同志觉得不好理解，他们认为，如果这个提法成立，那么历史唯物主义中一直讲生产力中最活跃的因素是劳动者又如何解释，两者是否矛盾。这也是需要认真探讨和回答的问题。我觉得和上边那个问题一样，这两者也是不同层面中的问题，并不互相排斥。

劳动者是最活跃的因素，是指在生产力构成上的两个或三个基本要素中，作为生产力主体的劳动者，人的因素是活跃的、能动的因素。因为生产工具固然重要，是生产力的尺度，但它是由人来制造和使用的。没有人，就没有生产力。从这个意义上说，人是生产力中的决定因素。这种说法，过去、现在和将来，都是不可能改变的，它是历史唯物主义不可动摇的基本观点。

但是，如果我们在肯定这个基本前提的条件下，作为劳动者或者劳动者集体，或者劳动者总代表——国家，在考虑如何更好地发挥自己的能动作用，促进生产力的更快发展，那么，固然要做好许多方面的事。例如，要适当增加积累，扩大资金和劳动投入；要调整好产业结构、企业结构、产品结构；要加强宏观调控，搞好综合平衡；要发展社会分工，加强地区协作；要加强企业管理，开展增产节约，搞好技术改造；要健全企业内部领导体制，进一步发挥党组织的政治核心作用，坚持和完善厂长负责制，全心全意依靠工人阶级，等等，都需要做好，都是重要的，但是极为重要的，则是要发展和依靠科学技术。离开科学技术，就要落后，就要挨打。所以，从这个层面上来考虑，则必须如实地承认，科学技术是第一生产力，是促进生产力发展的首要因素。

这里讲的科学技术是第一生产力，是发展生产力的首要因素，显然不是把它列入生产力基本构成要素范围，同劳动者这个基本要素相并列、相比较而言。科学技术也不可能在这个范围内同劳动者这个基本要素相并列、相比较。因为科学技术本身也是人创造的，是从事脑力劳动的科学技术工作者在总结直接生产者生产经验基础上所进行的创造。脑力劳动者也是劳动者的一部分，而且随着科学技术的发展将成为主要部分。他们同直接生产者、同体力劳动者一起构成了生产力中人的因素。他们在总结直接生产者生产经验基础上所作出的科学技术创造，正是生产力中人这个基本要素的能动性的一种表现，而且是越来越重要的表现；也是他们（劳动者）在生产力发展中发挥主导作用的一个途径，而且是越来越重要的途径。把科学技术的发展同生产力中人的因素的作用分开，把科学技术是第一生产力同生产力基本构成中人是最活跃因素对立起来，是不科学的。

还有个类似的问题。江泽民同志在中国科协四大的讲话中指出："当今世界，科学技术飞速发展并向现实生产力迅速转化，愈益成为现代生产力中最活跃的因素和最主要的推动力量。"这种说法同小平同志关于科学技术是第一生产力的论断是完全一致的。对这一提法我们同样不能把它同生产力基本构成要素中人是最活跃因素的提法相并列、相对立。这同样是两个不同层面中的问题。如果讲它们之间的联系，那么，从总体上看，科学技术在现代生产力发展中越来越成为最活跃因素，这正是人这个生产力基本构成中的最活跃因素越来越活跃的生动表现。所以这两种提法，也不是互相排斥的，而是一致的。这不是诡辩论，而是坚持辩证法，如实地揭示客观事物的内在联系。

总之，科学技术是第一生产力的论断同历史唯物主义的基本观点是一致的。而且，只有依据历史唯物主义的基本观点才能对它作出科学的解释。